冬の花園

臼杵千枝子 著

白帝社 刊

霜枯れて摘まれて雪の上で生命《いのち》の甦った花びら

庭に咲く雪割草

雪が解けて姿を現したカレンデュラ

春陽の中のカレンデュラ

春の前庭、奥にあるのは軒下で冬を越した三色菫の花

春の裏庭、軒下には昨年から咲き続けている三色菫の花も

真冬の前庭の軒下の花。
下の白い部分は積もった雪

天空から降り積もる雪にも押しつぶ
されずに咲き続けるカレンデュラ

雪の降り積もるなかの、石油タンクの下に咲く花

裏庭の花。左が軒下に新たに
創った花畑に植えた三色菫

氷点下に冷え込む二月の
ポーチに置かれた花

贈られた花束の薔薇を挿し木して根付いて
花を咲かせたもの。花が咲ききってしまった状態。

夜雪の降るなかでプランターに植え替えた花

左は二度咲きの菊の花

十二月の菊の花

一週間以上雪の下に
なっていた後のプリムラ

一九九九年十一月十一日に

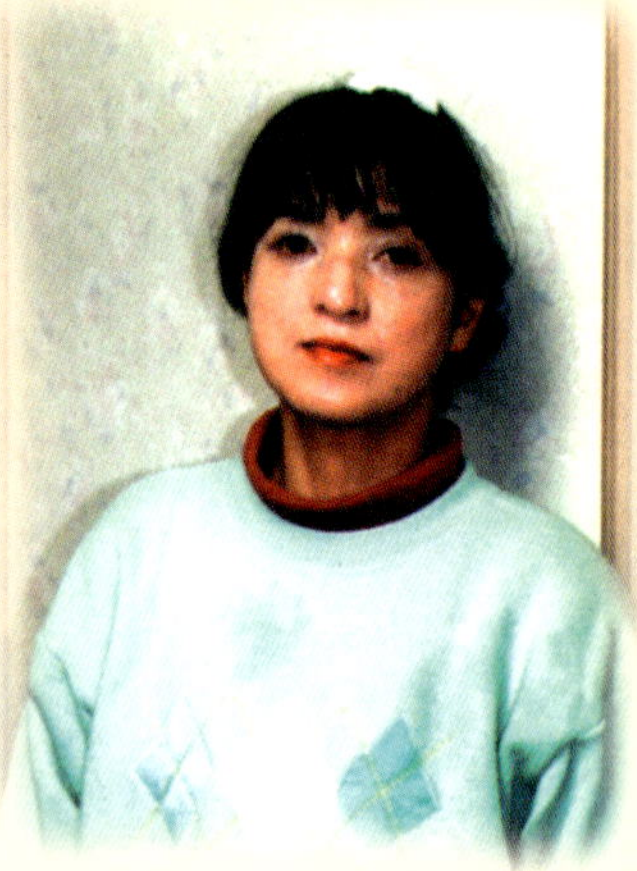

二〇〇〇年一月一日に

一九八二年八月高松市で開かれた国語の全国大会の夜。
左から二番目が国語の第一人者の一人故大矢武師先生

雪のなかに咲く
カレンデュラとプリムラ

目次

はじめに

人と過ごしている時間の中で、私は、タワー館にあるこの部屋の窓から飛び降りたいと思い続けていました。私に書く力がないと意識されるときは、強い愛で包んで下さる人の傍らにいることも生きる支えになってくれないのです。それほど書くことにこだわりながら、半世紀を生きて書き遺せたものは小さい箱に入った遺骨ぐらいにしか映りません。

書くことと同じように恋にもこだわりました。もし恋を失ったら、たとえ二十歳という年齢であっても一瞬のうちに白髪としわだらけの老婆と化してしまうだろうと思われます。それほど大切なもの故に、書きたいという夢を実現するためには捨てるしかないと思ったのです。神に何かを祈るときには一番大切なものを捨てて一心に祈らなければ願いがかなわないと思ったからです。

それならこれだけしか書き残せないことに絶望するしかなく、花に囲まれて暮らすなどできないはずと思われるかも知れません。確かにそうです。でも私は、そのようにこだわってしまって生きてきたからこそ古典の美しさ、そこに表現されている人間の普遍的な真実を若い人たちに伝えることができるのです。その誇りで今日も生きています。

冬の揚島の六人

揚島展望台。

六月には橋のたもとにキカンゾウや岩百合が群れて咲く遊仙橋を渡ったところにある揚島展望台。

北欧ノルウエイのハルダンゲル峡湾の景観に勝るとも劣らずといわれる尖閣湾を展望できる。

観光客の訪れも絶える冬の揚島。暖冬異変といわれた冬、中学卒業を控えた私たちは高校入試のための補習を逃げて、冬の揚島の子どもたちだけとなった世界で遊んでいた。

尖閣湾を背にした揚島展望台で過ごす六人の写真。（この日留美子さんはいなかった）

写真の奥、右端から　　手前、右端から
邦　行　　姫　代
好　則　　千枝子
輝　機　　勝　枝

冬の揚島の物語

中学校を卒業する年の冬、放課後になると揚島で遊んでいた。揚島は、正確には尖閣湾揚島遊園という名称をもち、佐渡島随一の景勝地、尖閣湾にある。

尖閣湾は、新潟からの船の着岸する両津港から車で約四十分、佐渡の北西部にある相川町達者から北狄までの2キロ余りの海岸線をいう。尖閣湾の名は、昭和七年に文部省天然記念物調査委員の脇水鉄五郎理学博士が踏査した際に、世界一と呼ばれている北欧ノルウエイのハルダンゲル峡湾の景観に勝るとも劣らないので、それを直訳して付けた。

揚島遊園は、私が通っていた中学校の窓から展望できた。小高い丘の上にある中学校の坂を下りて、バスの通る道を横断すると、すぐ揚島遊園へ通じる道があり、付近には観光旅館や食堂も建ち並んでいた。

春から晩秋にかけては「尖閣湾を見ずして佐渡観光にあらず」といわれるほど素晴らしい景観のために観光客で身動きもとれないほどになる。近くの中学生でも放課後に訪れようなどとは考えもしない。冬になると揚島は観光客も地元の人の姿も見られなくなる。例年の冬には暴風波浪警報が発令され瞬間最大風速三十メートル以上を記録することも珍しくなく、海は牙を剥いたような高波。怒濤が逆巻く。浪の花（言葉は美しいが黄ばんだ泡の固まり）が、浜辺を埋め尽くす。浪の花は、浜辺から遠く離れている家の庭にも舞い落ちる。子どもが高波にさらわれて死亡した、高波を警戒して浜辺を見回り中の男性も高波にさらわれて死亡した、といったこともあった。

珍しく朝から晴れ上がった日には海は凪《な》ぎ、早朝の凍てつくような寒さから守るための身支度をした主婦たちが、岩海苔摘みの口が開いたという知らせを待って岩場に出かけて行く。そこでも岩場から滑って海に転落して死亡するといった危険も待っている。だが、高波と厳しい寒さのなかで成育する岩海苔の味は大変よいので、売ったり、家を離れている子どもや孫たちや知人への贈り物としても歓ばれる。また、畑の青い野菜の不足する冬場のビタミン補給源としても家庭料理の材料としても重宝される。摘んで帰ったばかりの岩海苔をそのまま口に入れても美味しく、軽く火にあぶって食べても美味しく、薄い味つけをした御御御付《おみおつけ》に一つまみ落としても美味しくなる。御御御付《おみおつけ》とはお味噌汁の方言で明治や大正生まれの人はこの言葉を遣った。もと女房詞の「御付《おつけ》」に尊敬・丁寧や美称の接頭語の「御《お》」「御《み》」がついた詞である。

岩海苔の話に戻るが、岩海苔は佃煮にしても大変美味しく、保存もきくので大変歓ばれる料理の一つである。このような貴重な岩海苔なので主婦たちは歓び勇んで冬の凍てつく海の岩場に摘みに出て行くのである。

岩海苔の他にも凪いだ海には、子供たちも楽しめることがたくさんある。

波の荒いときには海水のなかに隠れている岩が姿を現す。かなり遠くの沖まで岩が飛び石のように続くのである。その飛び石伝いにぴょんぴょん岩と岩の間を飛んで沖まで出て行く。そのときの気分は、鰐の背の上を飛んでいるときの因幡の白ウサギ以上である。因幡の白ウサギは騙したことがバレて皮を剥がれてしまうが、飛び石伝いに飛んで沖へ出て楽しんだ後にはそんな心配はない。誰かに舟に乗せてもらわないと出ることのできない沖へ出る。青い海と青い空のなかに立っていると、小さなことにくよくよ悩んでいる心もどこかへ吹き飛んでしまう。友達と一緒でも一人であっても、飛び石伝いに沖へ出ることは楽しい。

冬の海には岩海苔の他にも沢山の美味しい海藻が生えている。岩海苔と違って好きなときに自由に摘むことができる。料理方法によっては岩海苔よりも美味しいものもある。ただ岩海苔のように上品ではないから土産物にして贈ることはしない。ただ、家庭で家族だけで食べる料理に使っていた。その一つが角又《つのまた》。紅藻類スギノリ科の海藻で、波の荒い岩の上に群生する。冬の海で取れるものはまだ若いものなので、柔らかく、煮るととろみもでて、味は、だしの素を入れなくとも、それを入れて味つけしたような味がする。これも青い新鮮な野菜の不足する冬場の御御御付の材料となる。次にぎんばさ、ホンダリラの一種。このホンダワラの古名「名告《なの》りそも」「勿告《なの》りそも」(「名告《なの》りそ」「勿告《なの》りそ」)は、万葉集で「名告《なの》る」を導く序詞に用いられた。「名告《なの》りそ」は、名を告げるな、「勿告《なの》りそ」は告げるなに掛けるなどしてしばしば歌に詠まれている。

うちなびき繁《しげ》に生ひたるなのりそが
などかも妹《いも》に告《の》らず来にけむ
(万葉集四)

みさごゐる磯廻《いそみ》に生ふるなのりその
名は告《の》らしてよ親は知るとも
(万葉集三)

この「名告《なの》りそ」、ぎんばさは、褐藻類ホンダワラ科の海藻で、小さな粒がたくさんついていて丈も比較的長い。冬に食べるものはまだ若いうちのものなのであろう。熱いお湯をかけるときれいな緑色になり、酢の物にしても美味しく、乾燥させたものをそのまま味噌漬けにしても美味しい。次にふく海苔。これは食べる楽しみよりも遊ぶ目的で手にしたがる。ゴム風船を薄く小さくしたようなもので、膨らませて歯で音を立てて楽しみ、破れると噛んで食べる。子供たちには岩海苔の入った籠のなかにこのふく海苔をみつける方が、岩海苔の多い少ないよりも重大な関心事であった。これらの他にも冬の海には食用となる海藻がたくさんあるが、貝類の話題に移る。したたみは、かたつむりに似た小さな海産の巻き貝、と古語辞典には書いてある。大伴家持が富山で詠んだ歌にも、したたみは出ている。東京のデパートの地下の食料品売り場に並べられているのを見たこともあるが、一般には地元のお店でさえも売られていることはない。しかし、大変美味しいのである。凪いだ海の岩場に這い出ているので、手を濡らさなくとも採れる。大きさも大小さまざまで、味もいろいろである。したたみの入っている籠には栄螺《さざえ》が混じっていたり、かせ（海胆《うに》のことで、古語辞典に「かせ」は出ている。）が混じっている。紫海胆は海に潜らないと採れないが、栗のいがの小さいもののような海胆は子どもでも簡単に岩場で採ることができる。この小さな海胆は食用にする卵巣の部分が紫海胆よりもきれいなオレンジ色をしていて味も大変よい。見かけは紫海胆のようにきれいではない。紫海胆が女王様とすれば、岩場で簡単に採れる小さな海胆は村の二、三歳の女の子という感じがある。海鼠《なまこ》も子供にも採ることが可能だ。

暖冬異変といわれた一九六四年の正月。たくさんの友達からの年賀状のなかで邦行からのものが一番うれしかった。邦行とは中学二年生で同じクラスになって初めて知り合った。というのも、小学校が違っていたからである。同じクラスになってすぐに仲良しになった。ところが、いつか誰かが邦行の筆箱に千枝子と書いた。それを誰かがからかった。それから突然、邦行は避けるようになった。そのことで長いこと悩んでいた。悩み続けているうちに年賀状を書く季節となり、いつまでも悩みを引きずっているよりも、思い切って年賀状を出してみたのである。邦行はすぐに返事をくれたので、卒業を間近にした三年生の新学期から再び二人は教室で仲良く話し合うようになった。それればかりではない。教室以外のところに場所をみつけて遊ぶようになった。その場所は海辺にあった。暖冬異変といわれた年なので海の凪いだ日がずっと続いていた。しかし、彼らの遊びは、前述したような佐渡の北西部のどの海辺でも見られる子供たちの遊び、飛び石を伝って沖まで行ったり、海藻や貝を採ったりというものとは違っていた。その場所は揚島遊園であった。

中学校の窓からも、揚島遊園をシルエットに日本海に沈む美しい夕日を遠く望むことができた。夏の灼熱の太陽は一刹那の情熱に身を狂わせ、滅びへと誘《いざな》わないではおかないような激しさがある。だが、冬の海に沈む夕日は、浅葱色の空に淡い光を静かに放っていた。だが夕日に誘われて、放課後を過ごす場所をそこに求めたのではない。

ところで放課後には、受験勉強の最後の追い込みの為の補習が連日行われていた。当時の高校入試は現在よりももっと大変であった。国語・数学・理科・社会・英語・音楽・体育・家庭・美術の九科目の筆記試験が二日間に渡って行われた。その上に第一次ベビーブームの最初の方なので競争倍率も大変高かった。島内には公立高校しかないので、一回の試験の結果で明暗が分かれてしまう。

ただ当時は今日のようにほぼ全員がどこかの高等学校へ入学するわけではなかった。中学校を卒業してすぐ、就職する人が多かった。冬の揚島遊園で遊んだ、邦行、輝機、好則、勝枝、姫代、留美子、千枝子の七人は皆高校進学を希望していた。それなのに晴れた日の放課後、七人の姿は教室にはなかった。いつ誰が言い出して遊びが始まったのかははっきりしない。七人とも真面目に勉強する中学生であった。七人で何かに反旗を翻してということでもなかった。素直で健全な中学生であった。成績も中以上であった。

ただその前年の暮れに千枝子は突然志望校を変更した。同級生たちのなかで最も成績優秀であった千枝子は、一人だけ遠くの進学校へ進むことになっていた。ところが突然担任と母親に、みんなと同じ地元の高校へ進学すると言い出したのである。もちろん担任も母親も反対した。父親は愛娘を自分の目の届くところにおくことができるということもあって、ただ一人賛成してくれた。父親の知人は、県内でも十指に入ると噂《うわさ》されるほど成績優秀な娘を地元の高校へ進学させた。その知人の言をいつも引用した。どこの高校であろうと本人がその気になって勉強すれば、志望する大学へ現役で合格できるのだと。

千枝子の理由は父親のそれとは違っていた。千枝子が自分の意志で歩き出したのは、小学六年生のときであった。その頃のことを先に語ることにしよう。

小さいときの千枝子は無口でおとなしく素直な子どもであった。ただその頃から、真っ直ぐ続く平らに整備された道を歩くことに退屈をおぼえてしまうのであった。小学四、五年のときの担任はよく屋外授業を行った。教室を離れて野道を歩くのだが、千枝子はいつも道のない藪のなかへ入ってしまった。藪のなかには背の高い茅《かや》が生い茂っていた。手を切ったりヘビに遭遇する恐れのある藪のなかを歓んで歩いていた。この場合は他にも仲間がいたから特筆すべきほどのことでもない。

小学六年生の八月下旬から三ヶ月入院した。三ヶ月入院する児童が珍しいことは、病院へ行かないとわからない。当時は健康で学校へ通っている児童ばかりだったと断言してもおかしくなかった。ところが千枝子は、その三ヶ月が余りにも短か過ぎて不満であった。退院しても学校へ行ってよいという許可を医者は出さなかった。それで自宅療養をしていた。二週間おきに遠くの町にある病院へ通っていた。ある日医者が、検査の結果の説明をするときに母親だけを呼んだ。検査の結果が悪かったからということはわかったが、母親に何を話すのか知りたくて、何かの機会をとらえてこっそり入って医者が母親に話すのを聞いた。このまま病状が悪化すると命が危ないというのであった。ところが千枝子は、むしろその危篤状態というものを体験してみたいと強く思うのであった。そんなことを思ったことは絶対誰にも知られてはならない。だが病院からの帰り、例えば土砂崩れで通行止めになっていて、かなりの距離を歩かなければならない場合など絶好のチャンスとばかりに走った。そんなことをしたら病気が悪化するので、母親は勿論止める。だが、聴こえないふりで走り続けるといったことの連続であった。

十二月二十四日クリスマス・イブの夜、何度めかの心臓発作に襲われた。昼間比較的気分がよかったのでクリスマスツリーの飾りつけをしていた。だが、夢中で飾ったものでも、全体を見渡すと、どこかおかしいところがある。それを直すのにまた夢中になってしまう。ただ、きれいにでき上がったクリスマスツリーを見たい一心で動いていただけだった。だが、夜中になって心臓発作に見舞われた。車で約四十分のところにあった病院から主治医が往診に駆けつけてくれて、その晩のうちに再入院した。

危篤状態を経験したいということは、死にたいということではない。むしろその状態を生き抜くという「冒険」をしたいということなのである。だから病魔と闘った。病状の重い状態で過ごす夜が何日も続いたとき、眠ってしまうと深い海の底に仰向けになったまま頭から吸い込まれてしまいそうだった。眠ってはいけない。眠ったら死んでしまう。誰かがそのように教えたわけではない。そう直感した。絶対眠ってはいけない。深い奥底に吸い込まれようとして意識も朦朧《もうろう》としていこうとするなかで、眠ってはいけない、眠ったら死んでしまう、そう思って一晩中眠らないでいた。そういう夜が何日も続いた。

この病気はリューマチ熱というが、リューマチとは異なる。ある種の溶血性連鎖球菌感染をきっかけとする免疫学的異常によっておこる炎症性疾患で、おもに心臓・関節・神経系が冒される病気である。リューマチ熱によって心臓が冒された場合の死亡率は当時高かった。

絶対安静で動くこともできない。医者は本を読むことも鉛筆を持つことも禁止していた。晴れた日の昼間は空を見ていた。空というスクリーンを動く雲を見ていることは、映画を見ているのと変わらなかった。王子様やお姫様や馬車がつぎからつぎへと目の前を通り過ぎていく。お城も近衛兵たちも。雲の動きのなかにはたくさんの物語が表現されていた。だから晴れた日の昼間は楽しかった。雪の日も空を見上げていた。雪の降る日は、母親に雪の深さを何度も尋ねた。病院は佐渡の平野部金井町にあった。佐渡の北西部の海岸にある集落は波風が激しくて降り積もる雪は少なかったが、金井町に降り積もる雪の量は、朝、昼、夜、聞くたびにびっくりするほどの深さになってゆく。窓から見える大小、形もさまざまな雪が上へ下へ右へ左に動く様子。それは無数の小さな笛を吹く童子たちの舞いにも見えた。

日が暮れてカーテンを締めてしまうと、天井を見上げていた。天井は家を建てることのできる広い敷地に見えた。そこにいろんな家を建てて楽しんだ。畳の部屋で窓側は縁側になっていて、庭には紫陽花の花が群生している。その庭には日本のお城の庭のように池もある。その池を渡る橋があって橋のたもとには菖蒲の花が群生している。そんな和風の家や、暖炉があり、レンガの煙突のある西洋風の家を建てたりした。その庭には「秘密の花園」に出てくるような花園を造った。

その頃は病室に持ち込むほどテレビの普及している時代ではなかった。個室であったが、病室にはテレビもなかった。ラジオもなかった。当時、皇太子妃でいらっしゃった今の皇后様が、現在の皇太子様を出産されたというニュースは、母親が自炊室で、他の患者の付き添いの人から聞いた話として伝えてくれた。小学校の教室で美智子様は、男の子にも女の子にも憧れの的としていつも話題になっていた。授業中書いてくれた友達の手紙が届けられたが、そのなかの正典さんの書いてくれた「美智子様のように美しくなって帰ってきて下さい」という言葉がとてもうれしかった。正典さんは大変な秀才で、今は国立大学の教授をしている。放課後、先生は算数の問題が早く解けた児童から帰っていいということにしていた。算数は得意だったので、正典さんと一緒に二人だけで歩いて帰るのがうれしかった。私の方が早くできることがあると、負けず嫌いの正典さんは泣き出してしまった。私は正典さんと一緒に帰りたいと、ただそれだけ思って問題を解いていたのに。授業中俳句や短歌を創るのも正典さんは上手だった。

小学六年生になって学校へは一学期に通っただけだった。二月の末頃、担任の先生が病院へ来て進路の話をした。このまま皆と一緒に中学校へ進学するようにもできると話してくれた。その頃は危篤状態も治まり、夜眠るようにはなっていたが、退院の目処も立っていなかった。表向きは、中学生になると新しく英語の学習が加わるが、途中から学習するのではみんなについていけなくなるから進学しないということにした。ここでも、何かの物語の主人公のような体験をしたいと考えてしまっていたのだ。ただこのときは、医者が母にこのままでは再発して命が危なくなると言うのを立ち聞きして、危篤状態を経験したいと思ったときとはかなり違っていた。先生が病室を出てから、「今母に頼んで先生を呼び止めてもらって、正典さんや仲良しの辰乃さんと一緒に中学校へ上がらせて下さい」と頼んでもらえば間に合う、たった一言そう言えばいいのだ、と思ったが、そのたった一言が口に出せなかった。誰かに遠慮したり邪魔されたりしたからではない。心の奥深くにそれを口にさせない力が働いていて、そんな自分を不幸だと思って涙を流していた。母親は、みんなと一緒に進学できなくて悲しんでいるのだと思って慰めの言葉をたくさん並べた。泣いたのは一言先生に進学させて下さいと言えない、気が弱いからではなく、物語の主人公のような体験をしたいと思う、もう一人の自分の存在に泣いていたのだ。

二学期から小学校へ戻り、新しい同級生と一緒に机を並べた。ところが、教科書を開いても内容がつかめない。書いてある文字は読めても、内容が理解できない。そのことについて誰にも相談しなかった。直感で、小学一年生に戻って勉強しようと思った。近所には小学一年生から六年生までの児童がたくさんいた。全教科の教科書を一年生から順に借りてきて、あいうえおから学習した。夜の十二時を過ぎても一人起きて勉強していたので、小学一年生から六年生の一学期までに習ったこととの復習に一か月もかからなかった。その学習が終わると今度は国語・算数・理科・社会の学習参考書を父に買ってもらって勉強した。そして大学へ行きたいが、どの勉強だけが好きだと限定できないから、何学部と限定しないで入れる大学へ行きたいと思い続けていた。

娘が九死に一生を得て喜んでいた親たちは、遅くまで寝ないで勉強している姿に不安を覚えて、私たちにはお前の命が大切なのだから、身体を大切にして睡眠時間も十分とって下さいと口癖のように言っていた。私は「安穏として暮らして長生きするよりは、全力を尽くして生きて短くしてこの世を去った方が悔いが残らない」と言い返して勉強をしたいだけした。佐渡の北西部は強風が吹き荒れるとすぐ停電になった。停電になったためにおもしろいところまで進んでいた勉強を途中でやめるのは嫌だった。そう思ってしばらく暗やみのなかにいると、目が慣れたことと、外に積もった雪の明るさで文字が読めるようになったので、そのまま勉強を続けた。

同じ年齢の従兄弟の薫さんは中学生になっていたが、時々私に数学の宿題を教えてもらいに来た。私は算数しか習っていないのに、数学の問題を教えるということもできたからである。教科書の、その単元の説明を最初から読んで問題を解けるようになったのだ。

正典さんや辰乃さん、薫さんとも再び一緒に勉強したいと強く思うようになって、いつも飛び級ということが可能であったら、と思い続けていた。そんな奇跡が起きて欲しいと思い続けていた。

学芸会で「ベニスの商人」を演じることになって、ポーシャ姫の役が回ってきた。お姫様の服装で出る場面は短く、裁判の場面が大部分で、裁判官に扮しているときの服装は、中世の大学の教官のような六角の帽子を被ってマントという黒ずくめの服装である。その劇は成功して、感動のあまり泣いてくれた父兄も観客のなかにいたと後で聞いた。その中世の大学の教官のような服装を見て誰かが「よく似合う。本当の学者みたいね」とほめてくれたとき、「本当に学者になるんだから当然でしょう」などと生意気なことを口にした。

中学生になった。小学校は、戸地と戸中の二つの集落の児童が通うところであったが、中学校は、達者、姫津、北狄の生徒たちも通うところである。学校の窓から揚島遊園を見晴かすことができた。

中学一年生のときの担任は、定期考査の総合得点の高い順に教室で並ぶ席を定めた。全校のなかで、そういうクラスはたった一つだった。珍しがってみんなが教室を覗く。他の学年の人まで覗いていく。私がいつも一番でいることを当たり前としか誰もが思ってくれない。もし、一番でなくなったらなんといって笑うのだろうかと思うと、いつも一番を維持しなければならなかった。この体験のなかで次第に勉強が嫌いになっていった。勉強しなくても、というよりテスト前の数分教科書の範囲に目を通すだけで、そこに書いてあったものの記憶をたどることができたから、全学年の一番は維持できた。

初めて自殺をしようと思ったのは小学六年生のときだった。家族の誰もが家庭円満を望んでいるのに、波風を立ててしまう。学校では「落第した」と言っていじめる児童たちがいる。悲しくても泣き顔を見せまいとして心とは逆の笑顔を見せる。何を言われても笑顔を見せていることの反動から、家で大変わがままを言うようになった。わがままを言うだけでも大変いけないことだったので、自分は生きていてはいけないのだと思い込むようになった。暴力を振うということはなかったが、いつも家の中の誰かと口論していた。そんな私を母は殺したいと思ったが、夫である私の父や、他の娘たちのことを思ってそれができなかったと、二十歳をすぎてからの手紙に書いてきたことがあった。母はそのような心を私の目の前では見せなかった。いつも、英語の教科書の中にあった、「神さまはいつも、一人一人を見守ることはできないので、代わりに母親をお遣わしになった」というような意味の言葉を、その通りだと思えるほど優しい、怒り顔一つ見せない母だった。

あるとき、自殺をしようと思い首を締めていた。意識が朦朧としていくなかでふと思った。イエス・キリストには、なぜ十字架の刑の苦しみが与えられなければならなかったのだろう。

起き上がって急いで聖書をペラペラ捲《めく》った。

苦しみをうけて三日目に、
死者のなかからよみがえった
キリストの名によって、
諸国のはての地の人にまで、
罪の許しが約束されると
むかしの書物は記している。
よいか、使徒たち、おまえたちは、
そのことの、
生きた証人。
地のはてまでもでかけてゆけ。

（「聖書物語」犬飼道子――当時開いた聖書ではないが）

この言葉に出会ったことでそのときは自殺を思いとどまった。しかし、学校ではいつも何を言う人がいても笑顔だけ見せて、家へ帰るとわがままを言って家族に迷惑をかける悪い子になってしまうという状態はそのまま続いた。

いつの頃からかキリストの教会に通うようになった。バスで約四十分のバス会社の相川営業所で下りて両津方面行きのバスに乗り換えて三十分乗って、河原田の本町で下りる。そこから南東へ五分歩いたところにある石田橋を通って、北北東に金北山を仰ぎながら、畑のなかの道を歩いていく。秋の早朝の空気は冷たく澄んでいた。畑ではサツマイモの収穫に励む人も見えた。

教会で賛美歌を歌ったり、牧師さんの話を聞いたり、他の信者と心の交流をしたりしているうちに心が和んでいくのを覚えた。クリスマスを機会に洗礼を受けることにしようと思った瞬間に、「キリストだけを唯一絶対の神と思うことはできない」との思いが心に押し寄せてきた。母親がいつも、天神様のお祭りの日には、あられを炒ってお供えしていた。子供達には教科書をお供えすると勉強ができるようになると話してくれた。戸地学友会の会合の場は村の鎮守の神様を祭った古いお宮さま。そこで元気な声で戸地学友会の歌を(注1)、小学一年生のときから歌い続けてきた。お盆の浴衣をきれいに着込んでお宮さまの急な石段を喜び勇んで駆け上がった。親戚の赤ん坊のお宮参りのときもそこへ行った。そんな思いがキリスト教から足を遠のかせた。

そして、同じクラスの仲の良い友達との語らいのなかで心が癒されるのを感じるようになって、突然志望高校の変更を言い出し、クラスの仲間たちのほとんど全てが希望している高校に変更してしまった。そのように志望変更をしてしまったことで、社会に出てから何の不利益も被らなかったということはできない。だが、もし友達と離れて一人だけ遠くの進学校へ行っても、自殺してしまうか気が狂ってしまうかして、社会はもちろん大学へさえ行かないうちにこの世には存在していなかったように思われる。これ以上言及することは避けるが、今日振り返っても小学生のあのときから、地獄の旅をさすらい続けていたように思われる。やっと地獄を出て煉獄へ辿り着くことができたのが、和泉式部を調べるために大学へ派遣されたとき。生まれて初めて自分がこの世に存在してもいいのだと思えるようになった。煉獄を出て天国へ辿り着くことができたと思えたのは、夫との出会い以後。二人で話していると、両親がいつも言っていた幼い頃の素直な子に自然にかえっているように思われた。

揚島遊園は、揚島峡湾に浮かぶ揚島を本土と長さ五十四メートルの遊仙橋で結んで遊園地化したものである。遊仙橋は、菊田一夫の不朽の名作「君の名は」で真知子と春樹の再会した橋であり、昭和二十九年にはその映画ロケも行われた。当時は吊り橋で渡るとき揺れて、スリルを味わう快感で渡る人もいれば、恐怖におびえて橋のたもとで蹲《うずくま》ってしまう人もいた。

それがまた、大勢で渡ったときの後々までの話題ともなったものだ。だが、現在では揺れない橋になっていて、揺れる吊り橋を知る人には味気ないものに感じられる。遊仙橋のたもとには六月頃はオレンジ色の岩百合の花が群れて咲く。岩百合の花は危険な岩の頂上に咲いていることが多く、その美しさに心を奪われて手折ろうとして岩や崖から落ちる危険な花だ。そのことを村の年寄りたちは幼い子どもたちによく言い聞かせる。あふれるように咲く野萱草と違って岩百合の花は、村の子どもたちの心には危険も顧みず手折りたいという誘惑の多い花であった。その花が六月に群れて咲くさまを想像しただけで、冬の黒褐色の岩肌のあたりに、オレンジの岩百合が見えてしまうほどであった。

その橋のたもとに立つと、当時NHKテレビの「みんなの歌」で歌われている歌「禁じられた遊び」の歌詞、

川のそばに今日も立てば
青い空が微笑んでいる
青い空は過ぎた日々をみんな知っている
川のそばを通る風は水の声を運んでくる
水の声は過ぎた日々を耳にささやく

あれは過ぎた幼い日よ
二人だけで遊んだ日よ
水車だけが回りながらそれを見ていた

を話題にした。「おとなになったら、こうして揚島で過ごしているときを思い出そうね」と、話したりした。青い空、眼下の青い海、つり橋、七人だけの遊び、白い灯台。

揚島展望台からは近くの尖閣湾の断崖絶壁と、その断崖上に広がる田園、その上の丘にある中学校の校舎の赤い屋根、そしてその背後のなだらかな山並みを見渡すことができる。下に広がる尖閣湾は、ノルウエイのハルダンゲル峡湾の景観というよりも、地中海辺りのように思われた。そこで沢山の写真を撮った。

夏の晴れた日には海面には宝石が浮かび、それに太陽が反射してキラキラ輝いているように見えた。だが、冬の晴れた日の午後の日ざしはやさしく海面にふりそそいでいた。

揚島は尖閣湾の北寄りにあり、尖閣湾内の幽仙峡湾、立島峡湾、金剛峡湾、膳棚峡湾、揚島峡湾などを遊覧船で海上から探勝する基地の一つである。遊覧船の乗り場は、笹子洞窟を通って行く。笹子洞窟のなかには階段があって、その階段の両側も洞窟になっている。目が慣れるまでは暗く感じられる。そこで男の子たちがかくれんぼをしようと言い出した。じゃんけんで負けた子が鬼になる。隠れるところは洞窟のなかの洞窟、さらにその奥にある洞窟である。誰かがこのなかのどこかに曾祖父の死体が埋めてあるなどと冗談を言った。そんな話も信じられそうな不気味さが漂っている。でも誰一人かくれんぼは嫌だとは言わなかった。

鬼が隠れた人たちを捜している間に隠れていた人のうち誰かが鬼に見つからないように、鬼の守っていた場所にたどり着くと、再び鬼にならなければならない。見つからなかった人はそのまま同じ場所に隠れていることができる。それぞれが誰がどこに隠れているか全くわからない。隠れる場所をこの笹子洞窟のなかに限定されていても、底の知れない深さがあった。それでも好んでかくれんぼをした。笹子洞窟のなかは完全に子供たち七人だけの世界になった。

何度もかくれんぼが繰り返された頃、かくれんぼに慣れ親しんだ頃、どこか誰にも見つからない所に隠れたいと思った。輝機の名を呼んだ。返事があったので、そこへ行ってもいい？と聞いた。良いという返事が返ってきたので、そこへ手探りで入って行った。一人でもやっとの、細いでこぼこのほら穴のなかだった。洞窟のなかを落ちる水が、規則正しく音を立てていた。雨だれの音を歌った歌があった。洞窟のなかを落ちる水の音も調べをもった一つの音楽のように耳に響いていた。

「青春の濤《なみ》まに」から第一章

あらし

これが最後だ
残った紙の舟を
そっと波の上においた
雨よやんでおくれ
そんなに悲しめないでおくれ
どうか伝えておくれ
ここに一人で待っていることを
暗いさみしい岩かげで
この思い出の場所で

一人待っていることを
雨よやんでおくれ
無事にとどけておくれ
あの浜辺にいる人に

一九六四・六

「風立ちぬ」を読んで

なんと平凡で静かなのでしょうか。初めから終わりまで大きな盛り上がりもなく、サナトリウムでの単調な生活を描写しているにすぎません。本人たちしかわからない幸福、他人から見れば、そう見えないものを静かに感じています。何か深い感動のようなものをその奥に感じさせます。読むものが能動的に働きかけなければ、作品のなかに内在するものを、つい見落として読み終わりそうな作品です。

私が今読みかけている「風と共に去りぬ」とは対照的です。「風と共に去りぬ」は感情が豊かで情熱的で変化に富んでいます。風景も雄大であり人間もそうです。絵にたとえれば陰影のはっきりある原色を使った洋画で、遠くから見れば見るほどくっきり浮き上がって美しい。それに比べて「風立ちぬ」はひっそりと静まりかえった山村の冬です。単純な色彩で描かれた日本画のようです。

私は自分が島国のなかのさらに小さな一つの島のなかに生まれたことを悲しく思います。日本の小説を読むたびに貧弱で、もの足りなく、つまらないと感じられます。出てくる人々もなにか底ぬけに明かるくなれないものを感じさせます。人間はやはり環境に支配されるのでしょうか。たぶん作家達が無意識のうちに、環境や伝統の影響が作品の上に描き出されてくるのでしょう。外国の小説をいくらかでも読む前はそれに満足することができるでしょうが、今の私はもの足りなさを感じないではおれません。しかし、単純な色彩で描かれた日本画を見るとやはり美しいと思います。

誰の作品か知りませんが「彩雨」という美しい日本画があります。「風立ちぬ」を読んでいて「彩雨」を鑑賞した文を読んでいるような錯覚に陥ってしまいました。静かでしっとりとして、深い趣があるあの絵のような二人の生き方。静かで寂しい山麓《さんろく》で二人なりの生き方を味わい、喜びを感じている彼ら。彼らの生き方にはいろいろ賛成でき難いところもあります。「しかし人生というものは、お前がいつもそうしているように、何もかもそれに任せ切って置いた方がいいのだ……そうすればきっと、私達がそれを希《なが》おうなどとは思いも及ばなかったようなものまで、私達に与えられるかも知れないのだ……」この一節にそれがあります。このまま解釈すると、運命のなすがままに任せてそれに抵抗しないということになります。人生は自分で切り開いていくものではないでしょうか。この生き方には希望も理想もありません。その一節のなかには何かこのまま受け取れない、いい知れない悲しみが秘められているような気がします。

美しい自然、深い愛情につつまれ単純で美しく過ぎていく日々。若い二人の間には汚れというものがありません。もちろんお互いの破滅となるようなこともありませんでした。美しい物語。でもこの美しさのなかには自主性がないような気がします。のがれることのできない運命にあやつられながら、彼らなりに生きていく、のがれることのできない運命。刻々と近づいてくる彼女の死。彼らの生き方は本当に美しく、彼らの愛は深い。おそらく彼らにとっての現実の一コマ一コマは死など問題にならなかったにちがいない。

節子の死後も彼らは二人で生きました。彼の心にも、体にも、ノートにも、山小屋のなかにも節子は生きていました。幸福の思い出は彼らを永久に生きさせました。彩雨のなかを語り行くように、美しく、静かに、深い趣をもって。

「風立ちぬ、いざ生きめやも」

＊

これは私にとって、もっとも重要な問題ですので、次の欄より書きはじめます。

私にもし才能があったなら、いいえ、なかったとしても、どうしても書きたい。人の心を揺さぶるものを、私の胸をおおっている感情のすべてを吐き出して、激しい情熱の渦のようなものを。私の胸をおおい、今そこから外へ出ようと——なぜなら、もうそれでは場所が狭すぎるから——しているものすべてを、文に書きあらわしたい。私の死後、唯一、私に代わるものとして、私のすべてを尽くして書きたい。私の生きているすべては、それを書きあらわすためにあり、それが最も、私をよく表して書けたとき、私の生きた使命は終わり、私は眠りにつく。何十年という歳月をかけてすべてを書き尽くしたい。生きた人間のすべてを。偽りも、愛も、すべてがその人間の美しい真実であるような。私が郷土部の仕事に加わっているのも、もっと広い自然を、もっと豊かな経験をつくりたいと思っているからにすぎない。それを拒もうとする惰性を、ある人々にかこつけて止めているにすぎない。私の生きているすべては、その作品のためにある。私というものが永遠に死ぬような、むなしい死に方はしたくない。

一九六五・一〇・一〇

私は、はっきりとした形で次の言葉を言えたわけではありませんが、先生に言ったような気がします。

「私はやっぱり私の感情の求めるままに生きたいのです。かつて、理性的な人間として生きることを求めて生きたこともありました。でもそれはむなしく、空虚なものでした。私はどんなに愚かであってもいいのです。私の求めるままに生きて、そのなかでいろんなものを知り、いろんなものを生み出していきたいのです。私は自分を偽りながら、理性的に生きていこうとは思いません。愚かであっても……愚かであるからこそ、私は私のままで生きていきたいのです。」

一九六五・一〇・二五

試験始まる。悲しく思ったことは、あれほどおもしろいと思って勉強していた範囲だったのに、満足な点数とならないであろうということ。そのときは試験という意識なしに、ただおもしろいと思ってしていたことだった。だが、こうして試験に向うとなぜかやるせなくなる。すべてがむなしく思える。いったい何に重点をおいて日々の勉強をすべきかと。もちろん、学校が勉強の好きな人たちの場なら、結果よりも、またそれに備えての勉強よりも、日々にいかに興味をもって、本当に楽しく学んでいるかということだと思う。ただそれだけでいいだろうと思うのに、試験という壁が、すべてをゆがめてしまう。試験に備えての勉強？ああ、いやだ、もう何もいやだ。結局は、私がもっと読書などすべきだったということになる。読んでおきたいものもいっぱいあるのに、すべてが、ただ受験、受験という川のなかに流されて、私がひとりそこでもがいて、もがくだけで……そして終わってしまいそうで。時間を止めて、私がゆっくり読書する時間、資料で調べる時間、そういうときをもたせてやりたい。こう受験、受験と言われたら、ゆっくり勉学を楽しむときもない。

私の強くない心は、すっかり弱って、安らぎを与えてやりたくなっている。ああ、せめて私がこうしてもがき苦しんでいるとき、黙って見つめていてくれる人がいたら、やさしく待っていてくれる人がいたら。

二学期も又成績は下ってしまうだろう。何もしないで一九六五年も終わろうとしている。

この流れにどうして追いついていけるのだろうか。それでも私は生きる。絶対死なない。それだけは確信できる。自ら命を絶つ人もいるが、そんなに命はそまつなものじゃないんだ。どうせ短い世、長い歴史のある点にしかすぎない。たとえそれが白年であったとしても。まして、その百年も危ぶまれるもの。せいぜい五十年、それだけしかない命なのに、どうして自ら命を絶つことができるのだろうか。

自分について真実を語るほど勇気のいることはないと思う。私はよほど勇気を出して、道徳的ではないと思うことでも私の心に思ったことは書いて来た。だがすべてを語り尽くす勇気はない。

一九六五・一二・一

私はやっぱり生きたいんです。今日胸がとっても苦しくなったとき、死ぬのがとても恐しかったのです。もしそんなことを考えたら、お母さんにそばについていてほしいと思うのです。でないと、さみしくて、恐ろしくて、一人でいることに耐えられなくなります。お母さんにしっかり手を握っていてもらいたいのです。まだ幼い日に、お母さんに死ぬのが恐しいって泣きついた夜と同じ気持ちにおそわれて、私はこわくなりました。私が仮にどうして神様は早くおそばへ召してくれないのかしらなどとつぶやいたとしても、それは私の本心ではありません。それは、一種の現実からの逃避の卑怯な姿にすぎないのです。

私は死にたくありません。生きたいのです。生きていて、平安神宮に祈ったことをかなえさせてもらいたいのです。私の代わりに、私のすべてを言い尽くす人はいません。私というものが、永久にうずもれてしまうのはいやです。私の生きたという影も、足跡さえも残さないで。いやです。それに、私は思ったんです。死ぬ前に誰よりも好則《よしのり》や輝機《てるき》に会いたくて、そばに呼んでもらいたいと思いました。輝機とは離れたくなくなっていたのです。絶交状を書いたのは、そうすれば、これからは(学校の規則を破って)二人だけで逢ってくれるかもしれないと思ったのです。その手紙を同級生の満《みつる》から手渡す形を取ったのは、輝機だけと思っている、この心を隠すためだったのです。工藤君と二人で、輝機が帰って行く北狄で降りたのも、そういう形でしか見つめることができないほど、許しを乞うことも、呼び戻すこともこわくてできない、他に誰がとって代わることもできない絶対的な存在だったのです。心とは逆に、遠くなって行ってしまうことも知らなかったのです。スカーレットがどんなに反抗し続けようと変わらぬ愛で待っていて下さったレット・バトラーに対するような期待が、心のどこかにあったのです。

そんなになってしまった私の心を、せめて死の床で、許して欲しいと思ったのです。

一九六五・一二・二

私もいつか鳥になろう
大空にはばたくことのできる鳥に
あの人も飛んでいる大空で
飛べる日が
いつかきっと——近い将来ではないにしても——
来ると思う。
いつまでもここに留まっていなくて
すべてのものを振り切って
飛んで行く日が——でも私にはそれは肉体との離脱の時か——

いつか飛ぼう
いや飛び出すであろう

大空にはばたくとは、私にしてみれば何を意味するのだろうか。あの人にしてみればそれは現在のあの人自身がそれであるが、私に与えられているものはいったい何なのであろうか。何をせねばならないのか。その何がわかり、すべてを振り切って私がそれにのぞんだとき、大空にはばたいていることになるのだろう。それは今日知って明日できることではなく、又永久にそれを知らず、ただ自分のまわりの小さな円のなかをぐるぐるまわって終わってしまう人の方が多いのではないかと思える。そんな点でいって、私にないものをもってるあの人は雄々しく思える。そんなあの人にあこがれ感動しても、あの人のようにはばたくことは一生できないような気がする。悲しいことだけど。学生である私にとって、はばたくということは学問（いや受験勉強に）――女だからしてはいけないということはない――に熱中することであろう。だが、どれだけはばたいていられるのだろうか。以前（このときほど輝かしい時代はなかったであろう）のように……そして現在に至ってしまうのだろうか。いやもう一度やってみよう。もう一度。年老いてはいけない。若いんだから。

一九六五・一二・一五

雨の朝

とある朝、
わたしは雨の降りこめる林の中を
一人で歩いていた。
悲しかった過ぎし日の想い出が
糸をひくように
次から次と浮かんできた。
それもこんな雨の降る日だった。

すべてを、それもやがて
静かにぬぐい去ってしまうように
音もなく降りこめる雨のなかで、
あの人を寂しく待っていた。
緑の木々が雨にぬれて

美しい日だった。

今日もまた、ひとり雨のなかを
わたしは歩いている。
この雨が、過ぎ去った
あの遠い日々を甦えらせて
くれることを祈りながら……。

それは遠い日の、
六月のある朝だった。
ちょうどこんな雨の朝だった。
こころよくかさを打つ雨、
なだらかな斜面の窪みが
小川となって勢いよく流れる水は
晴れた日のすべてを

そこに押し流して消えていった。
わたしの待つ人も
「もしや」と思われて、
甘く悲しいものが胸をおおいつく
してくるのだった。
緑の葉の重なりからも、
水滴がはげしく流れ落ちていた。
なおもあの人は見えなかった。
いっそこのまま、
わたしはこの雨のなかに
消えてしまいたいと思った。
雨は、なおもいっそう
はげしく降っていた。

郷土部歴史班で活動して想ったこと

今でも覚えているのは、初めて野坂へ登った日のことです。ちょうどその頃は苗代の頃で、あちこちの田んぼからは耕運機の音が聞こえていました。そんな忙しい頃だったのに、私達が行くと、家族のものがいやな顔もしないで、ちょうど肉親であるかのように迎えてくれたことです。大切な地図だったので、先生からは写してくるように言われて行きました。それなのに持ち出しを許してもくれました。ここへ連れて来てくれた友と、今上って来た道が見渡せる竹やぶのそばのあぜの上でパンを食べながら、郷土部のことや、その他私たちが好んで話題に出すことなどを話して帰ってきました。

鉱山史に対する人々の情熱に動かされて入ったクラブなのに、ここに今まで知らなかった新しい土地の、古くから残っていると思われる素朴な心や自然に接して、新しい希望に心ははずみました。

相川中学校の生徒や史学会の先生方をまじえて、野坂へ登り、新しく発見した城址に立ったとき、下に広がる一帯は谷間の川の流れに大きく広がるよく肥えた土地を思わせました。

そこはよく実り、その昔、殿様がどんな面持ちで、広い自分の土地を、働く人々を見下ろしていたかわかるような気がしました。きっと、山の小さな城の殿様は情け深いお方であられたにちがいありません。

進学だの、就職だのと、ただ受験勉強のみに縛られて終わってしまいそうな高校生活に美しい自然をもつ郷土の過去の歴史はささやかな喜びと安らぎを与えてくれます。そこにはいつも楽しいことばかりだなどと、そういう甘い考え方ではもちろんクラブは続きません。対人間関係においてもいろんなトラブルは当然起きてくるでしょう。でも大きな自然、困難な過去の推測などにぶつかると、それらの小さなことはどこかへ吹き飛んでしまいます。こうして一学期の土曜日、日曜日はほとんど野坂か、そうでないときは、各種さまざまの試験かのどちらかに使われました。交通費はすべて自己負担ですからバカにはなりません。それに猫の手も借りたいような田植えどきの忙しさもふり捨てて出かけるのですから容易なことではありません。

雨の日も風の日も、夜の暗いときにも、私達の仲間の影は、野坂のどこかで動いていました。聞き込み調査のとき、税務署の人に間違われたり、何の収穫もなく、無駄足を運んだにすぎなかった日もありました。それだけに夏休みの発掘に備えての予備調査がほぼ完了し、集められた原稿の山のなかでの、私達の喜びはひとしおでした。

佐渡を離れての初めての一人暮らしのなかで、ふと耳にしたテレビの声は私達のクラブの穴窯炉址の発見を告げていました。そのときの喜び、暑いなかでの発掘がどんなものかを考え、それでもなお一生懸命働き、活躍してくれているクラブ員や先生方、地元の人、かけつけてきてくれた部以外の生徒たちのことを思うと、私にはもっと苦しみが与えられてもいいはずだと思いました。

十三日間のサマースクールでの受講を終えて帰って来たとき、同じクラブではない人から「おまえはあの発掘がどんなものだったか知らないのか。あの発掘に加わらないようなおまえは郷土部の一員である資格はない」と言われました。もちろん返す言葉はありませんでした。

九月の終わりの頃、発掘した跡を埋めに行かなければなりませんでした。ちょうど稲刈りの頃だったので、上ったのは先生方二人と私の三人であるかのように思えました。もちろん三人で行ったところで何にもなりません。せめて発掘の跡だけでもと思ってついて行きました。以前あった雑木が切りとられ、深く広く掘り起こされた跡を見て、改めて夏の発掘の激しさがどんなものだったかを思い知らされていると、後の雑木林から人の声がして来ました。

見ると地元の生徒達四人でした。しばらくしてクラブの人も、協力して下さっている先生方も来ました。私はすぐいつもお世話になっている寺尾さんの家へ行って昼食の用意です。ここでも又、秋の忙しいときなのに、稲を刈る手を止めて、夏に残った米や野菜などを出してくれました。町まで遠いので、あり合わせの物で作るよりほかはありません。

日のさし込まない暗い台所、ポンプ、かまど、木置き場などの配置はすべて昔のままでした。私たちがほんの子供だった頃、小さな足を運んでいたのは、そんな台所だったのでしょう。なぜかなつかしく、秋の日にぴったりの台所でした。そのなかで忙しく飛びまわっているとき、はねつけて耳にも入れなかった今は亡き祖母の言葉が、一つ一つよみがえってきました。その言葉に導かれて、半世紀前の世界に私は生きていました。やがて明るい笑い声が庭木戸から聞こえてきました。そのときの喜びは女の人でしたらわかってもらえると思います。みんながその「いとをかし」(?)味について、いろいろ言い合っている時、公務員試験の何かのために出かけていた生徒がかけつけてくれたので山を下りました。途中もう一人別の先生が上ってくるのとすれ違いました。

哲学者たちは、幸福について定義づけようとやっきになっています。でもこの日の、台所での、単純で平凡な喜びを私は幸福という言葉で表現してやってもよいような気がしました。

「こんな幸福もあるのに……」とそのとき思いました。

今年最後の連休も、いわば鉱山屋として終わりました。「鉱山史報」――第二号――の冒頭の言葉は、私たち郷土部歴史班の発足以来一年間の歩みを告げています。

「激しい闘争のなかに
遙なる夢への狂熱が生まれる」

春の嵐

〝あの日から十三カ月の月日が流れた〟と僕は突然友達に向かってつぶやいた。友達はそんな僕を不思議そうに見ていた。

僕は自分ではっきりとあの日のことを、友達にでも誰にでも言うつもりなら言えるようになっている。それほど僕の心から君の思い出はうすらぎ、この世で最上の幸福を意味したあの一瞬があったことすらも、もはや信じがたくなっている。いったいどんな日が過去にあったのだ、と僕は尋ねてみたくなる。去るものは日々に疎しという。だが、僕の場合は違うと言いたい。君がもし、今でもこの学校にいたとしても、僕は友達に向かって、十三ヵ月の年月が流れたと、大手を振って言えたであろう。君が去ったからではなく、時がそれを教えてくれたからである。

僕は今、あのとき君との間に求めたような楽しみを求めようとは思っていない。君への思いが無に等しいくらい消えた今でさえも僕の愛した人は君一人であり、それ以外に誰をも求めてはならないのだと思っている。なぜか知らないが、時々出してみる君の写真が僕にそれを誓わせているようだ。それに僕はクラスの者たちのしている交際とかいうものを、あまり好きでない。十三ヵ月前の僕たちもそうであったのではないか、と言われればそれまでだが。だが僕はそれが彼らのものと同類であったとは認めたくない。僕たちは自然のうちに友達になり、自然のうちに求めあったと言いたい。浮ついたものでもなく、形式だけのものでもなかったと。そうだ。こんなことを書いているうちに、君との最初の日がわかって来たような気がする。

その日、確かに僕たちは会うことを約束していたね。まだ、たくさん仲間達がいて、一緒に野坂に登ろうって。

僕たちが卒業や受験をひかえていたその年の冬は、暖冬異変といわれ、春の陽気が続いていたんだ。君は雪が積もらないといって不満そうに窓の外を見ていたね。君と和子《かずこ》が僕たちの写真を写している海辺へ来たときは、びっくりしたよ。義雄《よしお》や和久《かずひさ》が君たちとクラスにおいて、すごく仲の良い友達であることは知っていたけど。だが、僕たちはすぐ卒業するのかと思うといろんなものがなつかしくなり――そういえば初めて中学校に入った頃、僕と君はよく二人で話していたんだっけ。でもどうしたことか長続きはしないで、しかも二年、三年とクラスが違ってしまって、なお遠くなっていたんだったね。しかも、人の心をなごやかにしないではいられないあの陽気な冬は、そうして君たちと海辺で過ごさせることに、何の不自然さも、不快ささえも与えてはくれなかったのだ。むしろ、僕たちに、次の日も遊ぶ約束をさせたのだ。次の日は野坂へ登ろうってことだったんだね。

せっかく登りかけたのに大雨が降り出して、みんなはばらばらに飛んでいったっけ。僕が偶然空き家を見つけて、雨やどりをしていると、君が入って来たんだ。「ここにいてもいい」君は幼い子供のような瞳をして言ったね。「うん、いいよ」僕も又幼い子供のように小さな瞳を輝かせて答えたんだっけ。

僕はそのとき、なんだか急に幼い子供に帰ったような気がしたよ。昆虫を集めにはだしで駆け巡っていた夏休みに急に夕立に会って、それに似たような空き家の軒先で雨やどりをしたことがあったんだよ。そのとき、僕は麦わら帽をかぶって、僕の頭がすっぽり入るような大きなタモを持っていたんだよ。

僕たちはその短い会話を最後に、一言も話さないで降りしきる雨をじっと見つめていた。昼を告げる鐘が鳴り、夕方を告げる鐘が鳴っても、僕も君も動こうとせず、ただ黙って雨を見ていたんだ。雨は美しい音をたてて、規則正しく地面を打っていたのだ。

僕たちの住む、屋根の重なり合った、ごみごみした町並みと違って、野坂はなんと自由で広々としていたことか。君はそこがふるさとの町より好きだなんていって、毎日でも登ることを望んでいた。いつか晴れた日、僕達五人は新しい発見をした。それは野坂にため池が多いということ。

そのため池のなかでも比較的大きく、砂漠のなかにあるオアシスを感じさせる〝湖〟（僕たちはそう呼んでいた）の岸辺は土堤になっていて、そこには年数を経た古い松の木が何本も立っていた。君はそのなかでも一番太い幹に腕をまわして、顔をうずめて苦しそうにあえいでいた。やがてうつろなその目ははるかにそびえたところにある松のこずえを見つめた。松のこずえのすき間から見える青い空を君はうれしそうに見つめはじめた。僕が「いったいどうしたんだい」、と尋ねると君は、「なんでもないのよ」と答えただけだった。

湖にはいろんなものの影が揺れて、流れゆくときを語るかのようであったし、はるかかなたのこずえからは、遠い昔聞いた音楽が流れ出してくるようであった。と後になって君は書いていた。でもそれは君のいう最後の手紙に書かれてあった。今気がついたけど、僕たちが、そんな過ぎた日について、語りあったことは一度もなかったのだ。君にはそれが不満であったらしいね。

君が急にこの高校を受験するんだ、と言い出したのもそれから後だった。両親と先生方はびっくりして止めたけど君はきかなかった。君は先生に「あそこへ行くということは私を牢獄へ押し込めるようなものだわ。そこで私に何になれというの。暗い鉄ごうしのなかに入れて私を気違いにでもさせたいの。私はきっと死んでしまうわ。それがわかるの。ね、お願い。私は大学など行けなくなってもいいの、もっと健康でもっと自由な世界に住ませて。私の神経をこれ以上苦しめたら……私はそんなに強くないの……本当。私にはわかるの。私は安らぎを欲しい。私を静かに眠らせてくれる大地を」と最後に言って承知させたそうだね。

君は成績もずばぬけていたし、大学へ行くように育てられていた。君にとって、合格ということは誰もが確信していたことだし、たいした重荷でもなかったと思って、うらやんでいた僕たち以上に、苦しんでいたなんて知らなかったよ。

僕たちは卒業前に何度野坂へ上ったのだろうか。僕たち五人の合格率は六十パーセントでしかなかった。五人とも科は違っていたけど、同じ学校を受けて、受かったのが、君と僕と義雄だけだった。だが僕たちはそれを、僕たちの楽しい思い出のせいなどにはしなかったし、そんなこと考えたこともなかった。合格が発表されてから集まったのは四人だけだったね。君は和子が来なかったことを悲しんでいた。僕たちにもやはりおもしろいものでもなかった。

　こうしてまったく見知らぬ土地での高校生活は始められた。日曜日ごとに野坂で遊ぶ僕たちの習慣に変わりはなかった。だが今までのように廊下で会ったとき、気軽に話し合うことはできなかった。そういう空気はないのである。僕たちは男子ばかりの工業科、君は女子の多い普通科、中学校は同じだったけど、僕と君の住む村は遠く離れていた。お互いに会合場所を知らせたり、いろんな連絡をすることは、より困難で、しかも学校という目を通ってであった。もちろん僕はこの学校にいる三人だけで集まろうなどと考えてはいなかった。しかし君にとってそれは重要な問題であったらしい。だが僕にはわからなかった。

　あの、君をいつまでも待たせたという、雨の降る日のために、僕たちは何度手紙を書いたのだろうか。土曜日になっても、もめていた。僕ははっきりした返事を君に会う機会がなく渡せなかった。君は中学生で近所の仲のよい生徒と、あの場所で雨やどりをしながら待っていたとか。僕は、まさか君が登っているなんて知らなかった。すぐわびの手紙を出したけど

（郵便局を通して）、一日後に僕が受けとったのは、同級生の男子の手を経て渡された、最後の手紙だというそれであった。僕はそんなに君を縛りつけていたのだろうか。僕の手紙には、君と二人だけの世界を約束するという、君にとっても僕にとってもうれしいことが書かれてあったのに（実は二人は手紙を同じ日の同じ頃に書いていた）。だが夕子は、E・ブロンテの詩の一節「わが姿をかくし得ぬときもあった。それがわびしく思えたときもあった。わたしの悲しい魂がみずからの誇りをも忘れて、この地上でわたしを愛してくれる者を恋い求めたこともあった」というような心の状態にあって苦しんでいた。

その年の夏、君はお父さんの仕事の関係から、新潟市内にある学校へ転校したそうだね。僕は君がどこに住んだのか、全然わからなかった。君がいなくなって、僕がどんなにつらかったか。君にはわかるまい。だが、今日こうして、その日を思い起こさせ、たいした思いもなくそれができるほどに年月は流れた。僕が最初の半年間というもの、どれほど苦しんだことか。だがそれも遠い日の思い出となって、いつかはその日があったことさえも、忘れようとしている。もう夜も更けた。再び僕が君との思い出を思い起こすことはあるまい。

こうして僕はその不思議な夜を明かしたのである。今まで忘れた人のことを、どうして今になって思い起こしたのかわからない。十三ヵ月という言葉が、どうして僕の口から出たのかもわからない。僕はすごく健康で、ゆかいな毎日を送っている。そろそろ就職のことも考えなければならない。

それから一週間たったある日、僕のところに一通の手紙が来ていた。差し出し人は、小村サキと書かれてあった。確か夕子の母親の名前であったと思う。そこには簡単に夕子がもはやこの世の人でないこと——何かの病気のためであったらしい——が書かれてあった。

僕はその日の夕方、野坂へ登ろうと思いついた。十三ヵ月ぶりに見る野坂は少しも変わってはいなかった。夏と秋の違いはあったが。自然にとって、一人の人間の存在の有無は問題ではないのである。人というものが全く存在しなくなっても、太陽は昇り、風はそよぎ、川は流れる。森の木々は、なおも深く年輪を刻みつけるだろうし、湖はそれらの影を映すことをやめないだろう。夕やみが訪れる頃には、カラスはねぐらへ帰るだろう。すすきが風に揺れる季節になると、月は明るく森を照らすことを忘れないだろう。夏にすっかり疲れた木々の、あるものは来年も生きるためにその葉を落とすだろう。

僕が野坂を後にする頃、暗やみはあたりを包んでいた。

*

今日はよい日でした。私はいっぱいいろんなことを忘れているのに気づきました。邦行《くにゆき》というかわいい友達がいたことを改めてうれしく思いました。いとしくて、いとしくてたまらない人です。弟とか兄とか、そんなのではありません。男の人であるとか、そういうのでもありません。ただ、いとしくてならないのです。私の書き著したものとか、大切にしまってあるいろいろなリボンをいとしくてたまらないように。つまり私が私をいとしくてたまらないのと同じにいとしい人なんです。好則は初めて年賀状を下さいました。私が好則に、お母様達と楽しい日を送り、友人関係においても、よい友達を得て幸福になってもらいたいと思う気持ちは今も同じです。輝機についても……。私の彼への思いも大変誤解がありました。彼は私なんかよりももっとしっかりしたよい人でした。結局は、私があまりにも感情的になりすぎて理性を失ったから、彼は去っていったということになります。彼がいつまでも私に、よい思い出を残してくれるのを感謝しています。私も、もっともっとよい人になって、私との思い出をいつでも楽しく思い起こさせてやりたいと思います。さようなら、やさしかった人。本当に心から大切に思えた人。はじめて恋しく思った人だったから、あんなに愚かな私になってしまって。いつまでも心に残る甘く、胸を裂かれるように悲しい思い出。私が邦行や好則とこれからも友達でいたとしても、輝機とは、もう何でもない人にならなければならないのかしら。せめて、もう一度。

一九六六・一一・一

今の私のみじめな気持ち、あせればあせるほど、実力のなさを知るばかり。もう何を書く自信もない。読解ができなくて、どうして自分自身で人に理解される文を書けるというのだろうか。たった一つの誇りとしたかったものも、これではおしまいだ。今は何もない。成績は下がる一方。一体何があるというのだ。みじめな私。もうどこへどう歩いていいのかわからない。こんなとき、すべてを打ち明ける友達を欲しくなる。だが後で自分をみじめにするだけにすぎない。後でなお苦しみもがくだけにすぎない。読書、それもいいだろう。だが、ただ感動するだけの読書にも自信がない。何も手がつかない。明日が終わっても、手がつかないだろう。そのうち冬休みも終わってしまう。宿題も残ってしまう。何もかも、今度の模擬テストまで数Ⅱと現代文だけはやっておきたいのに。もう受験も、すべてダメ。

私は相変わらずつまらないことばかり書いてしまった。感情に走りすぎて、自分自身がわからなくなって、とりとめもないようなことを書いている。少しも進歩していないのが残念でならない。

一九六六・一一・三

学校の帰り道にいつも咲いている小さな花。あまりにも小さくてちょっと見失いそうな花です。でも私の一番好きな花。「忘れな草」といつも心で叫んでいます。
今日も帰り道で「忘れな草」を見る。水色をした小さなこの花が咲いていなかったら、今どうなっているのかしらと思うと、やさしい「忘れな草」さんありがとうとつぶやきたくなる。

一九六六・四・一〇

先生。いとしい人。
どうか離さないで下さい。
白痴と化したそのときも
あなたのその腕のなかに置いて下さい。
いじわるな人たちから救い出して下さい。
自由に飛びまわる野原へ
あなたは連れて来て下さい。

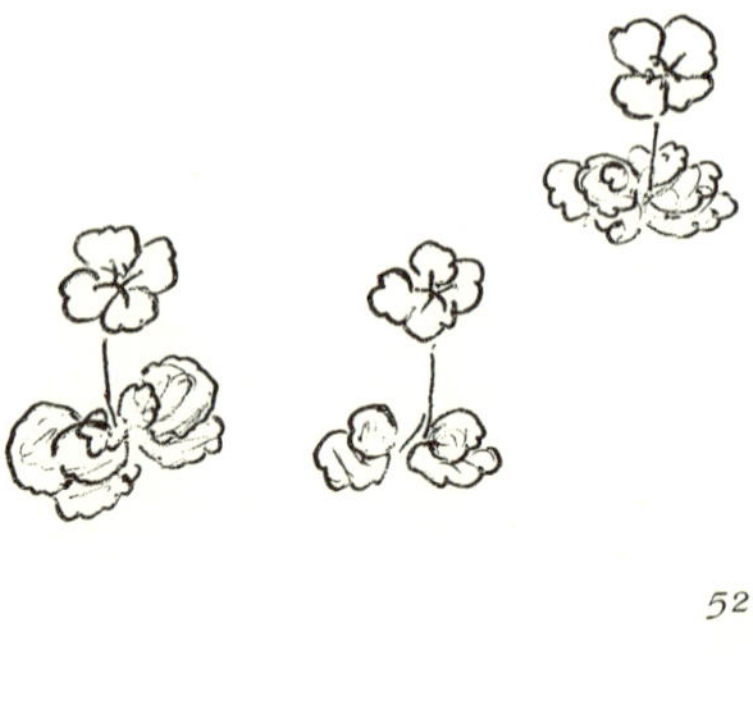

もし大雨の日に花を摘みに出かけても
流れ出る水と、降りしきる雨のなかを
飛び回っている顔がどんなにうれしそうであるか
それだけを見ていて下さい。
晴れた日に私がつつましく花を摘んだときには
目が何度か憂いに満ちて、遠くを見つめるのを
あなたは見て下さい。
いつか遠い日に何かしら幸福な日があって
いいえ、何かの悲しい日の予感かもしれません。
白い床の上で眠るとき、
あなたはその手をいつまでも離さないと約束して下さい。
あなたの顔がいつも顔の上にあると
目が覚めたときあなたの顔が見えたら
そしたら安心して眠れるでしょう。
何もこわくはないのだと思えるでしょう。

知らないうちに変わって
灰だけになってしまっても
あなたはそれを愛して下さい。
私でない私を
借りて住んでいたそのものを
そのかけらを
あなたはやさしくすくって下さい。
その地に白い花を植えることも
あなたは忘れないで下さい。
いいえ、白い花は一人でに咲くでしょう。
その白い花の咲く季節には思い出して下さい。

この恐怖が単なる通りすぎるものにすぎなかったらどんなにうれしいかわからない。これを口に出すことさえ恐ろしい。そのときはもう来たのだと思えて。でもこうしているよりも、先生のそばへ行ってすべてを言って、いいえ何も言わないで、ただその昔、死ぬのがこわいといって母に泣きじゃくったように、泣けたら。でもそれはタブー。そんな日は一日でさえもあってはならないこと。それでいて何よりも欲しい日。あなたがあの人にもっと長い日を、永遠に続く日がほしかったら、この道の向こうへいってはならないこと。あなたの心をすべて吐き出すなど絶対にいけないこと。永遠の日が欲しかったら。

知りたいのは誰に対するものが真実の愛であるかということ。もしそれがわかったら、もっと素直になって、その一人の人だけに仕えるでしょうに。いつも願うことは永遠に変わらないというたった一人の人の愛。もしそのようなものがあるのなら、誰もかれも忘れられるでしょう。ただ、その愛だけを信じて生きればいいのでしたら。

あの人に近づけるのが私だけではないのだと知ると私はさみしくなります。それはあきらめなければならないことでしょうに。あの人という存在を知ったのもあの人に近づけるのが誰でも許される位置にあったから、もしそうでなかったら、あの人を知ることはなかったでしょうに。

あの人だけの愛で生きたい心も、そのさみしさには勝てないで、つい別の世界へ飛び出してしまう。あの人に私の入ることの許されない世界があるように、私にもそういう世界があるのだと。でもそのときも、それを見てあの人が連れ出してくれることだけを期待するだけ。あの人がさみしくなることがあったらそれでいいのだと思ってしまう。さみしくなってくれなかったら困ると思ってしまう。その喜んでいる顔をあの人がなぐってくれたら、あの人のそばだけにいるよういってくれたら、私はそればかり期待して反抗を続ける。仮のその世界も長くなると愛着を感ずるもの。そのなかからもう逃れようと思っても逃れ出ることはできなくなってしまう。それらがいろいろと組み合わさってしまって、私にはどれが私の本当の世界なのかわからなくなってしまった。誰のために何をしているのかわからない。救い出してくれる人はあの人でもあり、もっと別のあの人でもあり、また別のあの人でもあってしまう。それらのなかで迷い続けるだけ。

一九六六・五・四

あなたを忘れたと思って暮らす日も一日のことだけ。夕べの夢が再びあなたへ。あなたを待っていた日の洞窟がただなつかしいだけ。いつまでたっても私はあなたの影から逃れられないで、後退こそあれ、進歩も発展もないのに。なぜあなたはこんなにも私を苦しめますか。いいえ、あなた自身ではありません――そうであったらどんなにうれしいでしょうか――。でも私を苦しめるのはあなたの影です。あなたの姿を夢にもうつつにも見ることがなかったら、このまま忘れていたでしょうに。いいえ、あなたが目に見えずとも、木の葉のささやきが、朝露のこぼれる音がその昔の音を知らせるでしょう。あの規則的な水の音を、暗い洞窟の私たち二人の世界を刻み続けていた水の音を。私たちからは何の音も漏れず、私たちは洞窟の始まるその昔から住んでいた小さな虫のような存在となって、人間というものの全く存在しない暗やみの世界には、ただ水の音だけが永遠の時を刻んで。あの日の手さぐりの感覚も私の記憶のどこかに残っているでしょう。ではあの日がなかったらあなたを思う日もなかったというのでしょうか。

一九六六・五・一六

近づくことも
許されない
悲しみを背負って
飛び立っていく人
小さな私は
ただ見送るだけ
はるかなる夢への

あこがれを胸に
いいえ、小さな
無知の少女となって

私のどんな状態の時もあの人がそばにいてくれるという確信さえあったら、こんなに孤独な気持にならなくてすむでしょうに。あの人のいなくなるのが恐しくて、あの人が行ってしまうのが、すでに行ってしまっているのが恐しくて、こんなにさみしくふるえているのです。その状態にいるのが恐しくて、そんなみじめさがいやで、別の人の名を呼ぼうとするのです。本当の気持ちを偽って、別の人のなかに求めようとするのです。

あの人が絶対離さないでいてくれたら、どこへも行かないのに。あの人さえいつまでもいてくれるという確信さえあったら、ひっそりと暮らしてもおれるものを。どこへも旅をしようなどとは思わないのに。あの人が離さないでしっかりつかまえていてくれたら、偽りの世界に住まないものを。ほんとうにひっそりと、ただあの人の帰りだけを待って生きていくでしょうに。

一九六六・五・二〇

なぜそんなにいつも王道ばかり求めるのでしょうか。努力しないで得られるものがあるというのでしょうか。

でも真に楽しみであるものは、他人の目には努力に見えても、本人にはただ楽しみだけとなるのです。

それを欲しいのです。私の本当に行きたい道を、苦しい努力をも楽しみにしてくれる道を。でも。それですべてが終わるというのですか。いくらでも平凡になろうと思えばなれます。それでいいの？　そういうふうに人生が終わってしまっても、それでいいの？　でも波瀾な生涯というものは自ら求める――人生にインタレストを感じることによって――ことにより、自らつくり出したものではないでしょうか。つまり私たちの能動的な人生への働きかけによって、私たちが常に新天地を求めることによって得られるものではないでしょうか。自分の運命は自分でつくり出しているのです。少なくとも、そういう運命をつくり出したものの源流をたどると自分自身に行きつくのでしょう。平易な人生を送っているものは、自らその状態に満足してしまってこれ以上のものを求めないか、求めることを恐れているか、それとも人生にインタレストを感じていないために、何もそれらのことが苦にはならないかのどちらかなのです。

他人が波瀾を与えるのではなく、自分が何かを求め、それに働きかけることによって、波瀾が生ずるのではないでしょうか。留まることを知らない人、金銭的な利益にではなく、人生へのインタレストが。そういう人になりたいのです。

死に際して、せめて、自分をさいなめたいろいろの出来事に対して、それらがすべて、自分を打ち負かしはしないで、そのなかで何かを与えられ、現在の自分をここへ収束させてくれたのだ（川の流れが最後には広い海に出るように）と振り返れるようなそのような死が欲しいのです。私がどんなに人生がいやになっても、自殺をしようなどと考えないのはそのためです。そのような死が欲しいから何の備えもない今は死にたくはないのです。

さっきから雷が鳴り続けていました。今、大つぶな雨が降ってきました。雨はまるで神様からの恵みであるかのように思えるのです。それが雨の中の太陽であろうともこれまでの状態から変わるのだと思うとうれしくなるのです。夏が来るということも、秋になったということも、やはり、私には喜びを与えてくれるのです。

いつも、思っていることですがこうした自然、四季の移り変わりのある間は、私はどんな苦しみのなかでも生きていけるような気がします。

今、急に強くなった雨の音も、何か今までの状態から開放されているようでうれしいのです。雨のなかをせんたくものを入れにとび出しました。うれしいのです。心の底から、すべてが洗い流されていくようです。

一九六六・六・二七

悲しく思ったのは、決して先生にあんなことを言われたからではありません。意志の弱い私を悲しく思ったのです。

「初心を貫徹するように努力して下さい」という先生の字を見てなおさら悲しくなりました。すっかりあの頃の夢まで忘れてしまっていたのです。あの頃の決心は、あの頃の希望は、もうどこへ行ったのでしょうか。自分がなさけないやら悲しいやらでいっぱいでした。これくらいのショックも又私を再びたち上がらせはしないことを思うと、こんな自分がなお悲しく思えました。そのくせに、又言訳をさがし出そうとしていたのです。心のなかで「何も弁解してはいけないのだ。理屈はどこからでもつくのだから」と言い聞かせていたのにもかかわらずこんなに意志が弱くなったのは、それを考えるにはずっと昔からの私の歩いてきた過程を振り返らなければならないなどと寛大なことを言って、夢中で勉強した頃、大学院を必ず出るという夢をもっていたことなど思い出して又泣いていました。誰にも涙は見せてはいけない。泣いているなどと思われてはいけない。そう思うと、涙は消えうせました。又しばらくして先生の「初心を云々」という言葉が思い出されて涙がいっぱいこみあげてきました。そして又このようなことも言ったりしたのです。「もし、あの人が私をしっかりつかまえていてくれたら、私はどこへも迷わなくてもいいものを」、私は自分を叱りつけました。「バカ、メロドラマの主人公ではないんだ。どうしてあの人がいなければならないのだ、人間は一人で生きなければならないのだ。あの頃、誰かの支えがあって勉強をしたとでもいうのか。一人の意志によってしたではないか」

それでも、歯が痛いという理由をつけて早退しました。そのとき女の友達が私をひどく叱りつけました。「男の子だったらなぐってやりたいくらいだ」と言ってくれました。私はその言葉をどんなにうれしく思っているかわかりません。先生からも同じように、叱りつけられることを期待しました。叱りつけられ、なぐられ、私自身もわぁと泣き出すことを。でも先生は私の言葉を信じて何も言いませんでした。ただ「歯が痛かったら歯医者へ行かなければダメだ」と言っただけです。

帰りの道々「せめて、あの人に会えたら、あの人がこんな私をなぐりつけてくれたら。私の理屈も何も耳に入れないで、又一言もそれらしきものを言わせないで、叱りつけてくれたら、なぐりつけられて、あの人にすがって泣かれたら」とひとりごとを言っていました。もう何日あの人に会えず、あの人の授業を受けてないのでしょうか。今日もつぶれました。せめて今日の五時限にいつものように授業が行われて、あの人の顔が見られるとわかったら、私は早退しなかったでしょうに。

ずっと山奥へ登って行きました。田を越えてしまって、林のある方へくると、林が霧にかすんで、日本画のなかにいるようでした。足から濡れ、雨にもうたれながらも、道々、くるみを採ったり、あざみや水菜の花を採ったりしていました。ちょうど人影は山にはありませんでしたが、私はもしや人はいはしないかとそれをしじゅう恐れていました。時々ここにいる私は本当に私なのでしょうか。もしや狂気ではないでしょうか、飛び出して来たあの教室に今もあり、そこで想像している姿が今の姿ではないのでしょうか、と思っていました。学校をさぼって、このような山奥を雨のなかを駆け回っていたと知る人がいたら、狂っていると思うでしょうに。なぜ私はこんなに勉強が嫌いなのでしょうか。これが天才か、詩人でしたら、少しは許されるでしょうに。私はそれほどの詩人でも、天才でもないはず、などとひとりごとを言っていました。帰りに、来たときと反対の道を通って帰りました。汚い道に入りこんでしまい、しかもヘビの姿を見つけたので跳びあがりました。泥のなかですべって倒れたり、ぞうりを泥のなかへはめこんでしまったり、大変でした。やっと安全な道へ来たと思ったら、たくさんの人が田んぼへ上がってくる姿が見えてきました。これも自業自得だと思いながら山を下りてきました。

一九六六・六・二八

試験中考えたことは、ただ自分を守らなければということでした。自分自身の地位を築くこと——自由にものごとを考え、行動し、絶対頭を下げたり（実力のなさのために）、心にもそぐわないことを、言ったり、書いたりしないために——対等——とうていは無理であっても、せめて生徒としての関係において対等（その上につぐ人をおきたくない）——な立場で常に話し合えるようにと、ただそれだけ考えて勉強しました。もちろん一夜づけにはすぎないのですが。でも一夜づけであってもできるかぎりのことはしておかなければと思ったのです。

一九六六・七・一四

人生というものをすべて忘れたいのです。すべて忘れてただ愛することしか知らない無知な女となりたいのです。白痴になってしまっても、幸福でいられるような人のもとにいたいのです。私にとって人生はいったい何なのでしょうか。私が愛によってはじめて美しくもなり、命を支えていけるのだということを誰が知ってくれるのでしょうか。賢いなどと言われたくありません。むしろ愚かな女と言われても、ただその愚かな女をやさしく愛してくれる人にかしずかせてもらいたいのです。今はあの人のために歩いた日々がたまらなく恋しいのです。それが許された日々が。今は何が残されているというのです。もう一度私の教養というものもすべてすて去って、あの人のもとへ行きたいのです。それが許されなかったら、私は逃げ道として、人間として大局的なもの、そういう世界を選ばざるをえなくなるのです。そこに存在することが私の本意でなかったとしても。

一九六六・七・一六

今日スケッチブックを出してぶどうの葉っぱや、マーガレット、どくだみ、それに花でいっぱいに溢れさせた絵などを書きました。そしたらとても楽しくなって、それまでの不安や、孤独感も消えてしまいました。これからも、こうして、絵を書いていきたいと思います。

誰も私が生きているということを知ってはくれない。よい就職口を得たり、無難な人生を歩くために大学へ行こうなどというのではない。仮によい成績をとったとしても、それは私というものを確立するためのものであって、入試のためとか、よい点数を取ることを無批判に受け入れているためでもない。何もよい成績を取るのが目的で勉強しているのでもないし、よい成績が欲しかったらもっと勉強もするだろうし、四年制の大学へも行くでしょう。それなのに、誰もが私に点数のことばかり言う。成績が向上したということは偶然にせようれしいし、それを下げたくないという気持ちも、もっとよい平均点にしたいという気持ちもあります。でもそれがすべてではないのです。むしろ、私の絵や芸術的なセンスや部屋の装飾、服装の組み合わせ、デザイン、文の上手さなどそんな面でほめられたいのです。そんな面を見てほしいのです。そんな面には少しも関心をみせず、ただ点数だけで私を評価しています。

理性的な人間だなどと思われたくもありません。弱い女という名のものにすぎないのですから。私のありあまるほどの愛情も何も誰も見てはくれず、ただ点数だけを見ます。その順位だけを見ます。そしてただ喜んでいます。順位が上がったのがそんなにうれしいのでしょうか。少しもうれしくありません。喜んでいる人を見るのは、むしろ悲しくなります。なぜなら、他の面に秀いでてほしいという私の願いがほど遠いところにあるような気がするからです。もし、あの人が今すぐにでも迎え入れて下さるのでしたら、すぐ家庭へ入りたいのです。あの人の身のまわりのいろいろな世話をしてやりたいのです。人生的なものよりも、それらのささいなことをして送りたいのです。もしあの人に嫁ぐことが許されたら一生そこで静かに終わってもいいのです。そこで従順な妻として終わるでしょう。私というものを一切捨てて、平凡に生きていって、それでちっともむなしくならない、そういう人を欲しいのです。私を平凡な家庭の妻としてくれる人を。男の人たちより勝ろうなどという考えは一つもないのです。あの人の帰りを待って部屋をかたづけたり、家をそうじしたり、花に水を与えたり、のれんを作ったり、クッションに刺しゅうなどしていられたらどんなにすてきでしょうか。私の夢はそういう生活しかないのです。あの人の前でいつまでも子供でいて、センスは一流のものであってほしいのです。

一九六六・七・二二

いばらのしげみに咲く
名も知らぬ花。
風にのってあの人のほおをすぎることもできず
風にのってあの人に幸福を運んでいくこともできない。
空に舞いとべる花びらも持たず
あの人に眠りを与える葉っぱももっていない
あの人の眠る野原に立ったとしても

あの人には映りはしない。
ただできるのは
あの人のためにできるのは
誰かが来てその眠りをさまさぬよう見守れるだけ
それも秋の一日だけ

私の欲しいのは大きなものではないのです。小さな、ほんのちょっとしたかけらでいいのです。ほんのちょっとしたかけらであっても、永遠に変わらぬものであったら、それでいいのです。

私は安心し、その言葉のままに生きていけるのです。誰がいなくても、まわりが私一人であっても、そのことを思えばさみしくも、つらくもなく生きていけます。

私を支えるただ一つのもの、それがなくて、今まではさまよっていたのです。

その人にとって、これをすべてと思ってもらわなくてもいいのです。ただ永遠に変わらぬものであって、私の不安定な心をしっかりつかまえて立たせてくれるものであったら、それでいいのです。

今日のこの信じているものが、明日は崩れるものかもしれない、そういう不安を与えないものであって欲しいのです。だから大きくなくても、それがすべてのものでなくてもいいのです。ほんのちょっとしたかけらだけでいいのです。

一九六六・九・三

湖の物語

ここは北欧の町。

冬のある夜、闇のなかを走る馬がありました。誰も寝しずまった夜なので、ひづめの音を聞く人もありませんでした。

町を過ぎ、村を過ぎ、畑を過ぎて行きました。

森を通りぬけるときに、うさぎがかすかに目をさましました。

小さなうさぎの目には、黒いマントを着た男と、その手に寝る小さな赤ん坊が映りました。

だがうさぎの目も、ひづめの音が遠のくにつれて、静かに閉じられていきました。

いつのまにか、月が冷たく空に輝いていました。

空はふもとの村から明けていきました。

一番どりの声に、農婦たちは、幸福なその夢から覚めました。元気な子供たちは母親のすきをうかがって、ベットのはしからそっと下りて外へ出ていきました。

息の白く濁る冷たい朝でした。

元気な子供たちは森が好きでした。

かけっこをしたり、たきぎを拾ったりしました。

もうすぐ雪も積もる頃となるので、子供たちはなおさら楽しそうでした。

森を越えて、モミの木のある広い野原まで来たとき、先頭の男の子が大きな声をあげました。

その声に男の子も女の子も、もちろんのこと森の入口の方にいたうさぎたちも飛んできました。

「しっ」男の子は近づいてくるものたちを静かに止めました。

モミの木の根もとには金色のマントにくるまった赤ん坊が小さな目を開けていたのです。

何度も春は巡っていきました。人々は木枯らしが窓を打つ夜を何度も迎えました。

その間には消えていった命も、新しく生まれてきた命もありました。

そうしていつしか一六年目の春を迎えたのです。長く寒い冬が終わって、小鳥が歌い出し、草の芽も出るころは誰にとっても幸福な季節でした。

人々の心は夢と希望に溢れていました。

今日結ばれる若い二人を心から祝福しました。村の教会に向かう若い二人は、マリーナとハンクという名前でした。

二人は幼な友達でした。

あの森で遊ぶ子供たちのなかにいました。

木の間をめぐり、小鳥たちの声を追っているうちに、多くの仲間たちから離れて二人だけになってしまうことがよくありました。

そこはきれいな水をたたえている湖の近くでした。小さな赤や黄色の花の咲いている草の上でした。

春には春の歌を、夏には夏の歌を一緒に歌いました。

二人の楽しそうな歌声に、湖の水がやさしい微笑と祝福を与えました。

水面が揺れたのはそれ故なのです。

森のなかでは、二人は傷ついたうさぎを助けてやったりしました。

冬になると、二人は雪割草をさがしにきました。重い雪をそっと払うと雪割草の緑の葉っぱが出てきました。

村の小さな教会へ幸福な二人は消えて行きました。

そのとき、馬からおりて、後を追うようにして入っていく男の姿がありました。

今日を祝福にきた森のうさぎがそれを見ていました。

「王女さま、長い間おさがしもうしました。」

その男はマリーナの前に出てきて、ひざまずいて言いました。

マリーナは始めは何が起こったのかわかりませんでした。

「王女さま、よくご無事で成長なされました。ああ、その喜びの言葉よりも先に、今すぐお帰り下さいませ。お父上にあらせられます国王さまが。」

真剣な男の様子にマリーナはハンクの腕をしっかりつかみました。ハンクはマリーナをやさしく抱くようにしてその男に言いました。

「これは私の妻となるべきマリーナです。スラルの娘のマリーナです。」

そのとき、黙ってこの様子を見ていたスラル夫婦が答えました。

「いいえ、私たちの娘ではありません。どなたのお嬢さまかはわかりませんが、マリーナはモミの木の下に捨てられていたものを私たちがひきとって育てたのです。

マリーナ、きのう贈ってあげた首かざりをよく見てごらん。

それは赤ん坊だったお前の首にかけられていたものなのだよ。」

マリーナはその首かざりを見ました。

昨夜母は、母の結婚式に、奉公していた貴族の夫人にもらったものだと言っていたのだが。

「おお、それは乳母であった私の母がかけてやったものです。

お許し下さい。母は私の命とひきかえに、泣く泣く王女さまをお与えになったのです。

母は自分の不実さを泣きました。せめてもの罪ほろぼしにと、首にかけていたその首かざりをはずして、王女さまの首にかけられたのです。小さかった私の目はその日の光景をはっきりと心から体全体から記憶しました。

王女さま、母はその罪に苦しみながら息を引き取りました。

どうか私たち親子を許して下さい。

父王さまが危険です。

このまますぐお城へ帰って下さい。

まだ鐘は鳴っていません。

今からなら間に合うかもしれません。」

「ああ、ハンク私はどうしたらいいの」

マリーナはハンクの胸のなかに倒れていきました。

ハンクはマリーナの肩を抱き起こして言いました。

「マリーナ、いつまでも愛しているよ。

僕にはそれしかいえないのだ。」

ハンクはマリーナをしっかり抱きしめました。

「ああハンク」

「王女さま、王女さまが間に合わなければ王位は甥君でいらっしゃるレルク様のものとなってしまわれます。そうなれば、悪者たちの意のまま。どうかそのためにも、一刻も早く。」

「マリーナ、行ってておあげ」スラル夫婦はやさしく言いました。

「お母さま、お父さま」

ハンクは静かにマリーナの手を離しました。

「マリーナ、すぐに」一瞬の間でしたが、ハンクはやさしくマリーナを見つめました。

「ハンク、さようならハンク、すぐ帰ってきます」

マリーナを乗せてあわただしくかけて行く馬を、うさぎは見ました。

夕暮れの頃、遠く都の方向から悲しい鐘の音が聞こえてきました。

「ハンク、ハンク」森のなかを息をきらせながら走る少女の姿がありました。

マリーナです。マリーナが帰ってきたのです。きのうの花嫁衣装――それは急いで森をかけて来たために、ころんだり、いばらにひっかけられたりして、泥だらけで、穴がところどころにあいてはいたが――のままで。

「ハンク、おおハンク」

マリーナはそこに倒れているハンクの姿を見つけました。それはいつか、一緒に歌ったことのある湖のほとりでした。

いちはやく王女の生存を知ったレルクの父レナール公爵たちは、ハンクもろともマリーナを殺害するようにいいつけてあったのです。

マリーナたちの出ていったあと、すぐに彼らはやってきました。マリーナは父の死後すぐにレルクに会ったのです。レルクは父の陰謀は知りませんでした。きのうフランスから帰ったばかりなのです。マリーナは彼が一国を預けることのできるりっぱな人であることを知ると、これまでのすべてを打ちあけ、王位に就くように頼んだのです。そこへレナール公が入ってきて、マリーナの姿を見ると剣を持って襲いかかろうとしましたがレルクはそれを止めました。

レルクに王位を譲り、愛しているハンクのもとへ帰ろうとするマリーナの決心を聞かされて、レナール公は自分の心が恥ずかしくなりました。

そしてこれまでをわび、ハンク殺害も追手にいいつけてあることを言ったのです。

マリーナはそれを聞いて飛び出してきたのです。

でも、遅かったのでした。

おそらく、ハンクは傷をうけた体でこの湖のそばまできて力尽きて倒れたのでしょう。

「ハンク、ハンク、おおかわいそうなハンク」

マリーナは傷だらけのハンクの顔にそっと手をあてました。

そのまぶたは静かに閉じられていました。決して開かれることのない口は安らかにほほえんでいるかのように見えました。

「神さま、どうしてあなたはこの人をお召しになったのです。

どうして。

神さま、もし私にこれから生きていける命が残っていますならどうかその半分をこの人に与えて下さい。

この人が生き返るために、もっといるのでしたら、すべて与えてもかまいません。この人をもう一度。

せめて一日だけでも二人で暮らせる日があったら、そのまま二人の命が消えてもかまいません。

ですから、もう一度。」

「マリーナ」

そのとき女神さまがあらわれてきました。

「マリーナ、やさしいマリーナ、私は森の精です。おまえとハンクの二人が幾度も私の森のうさぎたちを救ってやるのを見ていました。

その心にめんじて、もう一度おまえたちが愛し合って生きるようにしてあげよう。そのかわり、おまえは今すぐ眠りにつくのです。

千年の間、おまえはこの湖の水に姿をかえて眠っていなさい。

湖の水に姿をかえて、ここを訪れていく若い二人たちを祝福してあげなさい。おまえはその水となって渇いた旅人ののどを潤《うるお》してあげな

さい。

森の動物たちにもおいしい水となってあげなさい。あるときは傷をもいやす。そして千年の後におまえは人間の悲しみを救うのです。目の覚めたとき、おまえはその言葉の意味を知るでしょう。

ハンクはおまえより十六年早く、新しい命を与えられて人間の世界に生まれてくるでしょう。

そして彼はおまえを愛するでしょう。おまえたちの間にいろいろの嵐は吹き、あるときはお互いに嫌悪を感ずるときもあるでしょう。

それでもおまえたちは再び愛し合うようになるでしょう。

倦怠期はおまえたちのお互いの愛を知り合うために与えるのです。

おまえたちが永久に愛し合うものであることを。そういう約束のもとに生を与えられていることを知るためのものです。

その言葉が終わると同時に女神さまの姿もマリーナの姿も消えていました。春の花が愛らしく咲いている湖のほとりには傷をうけて横たわるハンクの姿がありました。

昔も変わらぬきれいな水が青い空を、松のこずえを映していました。

（了）

風の強い日などに落ち葉のなかを歩くのが好きです。黄色に色づいたきれいな葉っぱ、もみじやつたや、名も知らないけど長い形のや、丸い形の葉っぱが、いろいろな話をして下さいます。

春に生まれて、地面に落ちる今日の日まで何をしていたか。あの高い梢の上から見えてたものが何か。まぶしく輝くばかりの太陽の光のなかで緑の葉っぱを勢いよく体全体から伸ばしていた日や、目に涙をたたえた女の子がランドセルを背負ってこの坂を上っていったお話を。

落ち葉は少しもさみしくありません。むしろ落ち葉の払いのけられたからっぽの道の方がさみしく感じられます。北風はもう吹いてなくて、小春日和の暖かいお日さまが顔を出して下さったとしても。お話をして下さるお友達はもういないんですもの。

一九六六・一一・二五

男の身であったなら、作家として生きたかもしれません。一生報いられることなく、貧乏

のどん底の生活をしながらも、何らの束縛をもされないで生きていったかもしれません。国立のちゃんとした国文科を卒業したでしょう。

でも女の身なればそれもできません。

いつまでも一人の身でいることもできません。いつまでも一人で、おぼつかない生活をしていたらせっかく大学を出してもらったのに迷惑をかけるだけです。

やはりちゃんとした職をもたなければなりません。何の仕事が好きかと尋ねられたらやはり洋裁です。

だから私は文化系の四年制へ行って高校の被服の先生にでもなります。でも、私の運命というものがわからないのです。もしこのまま進んでいって、何かを書いたとき、別の大学を出ておけばよかったと後悔することがないかということです。

心のなかで生きたい、生きたいといっているのです。生きて活動するものなのです。それがどこかに閉じ込められて、出る道をさがして、叫んでいるのです。

自らを否定しようとしたとき、閉じ込められていた本性は泣いていました。

誰のために、何のために生きているのでもありません。

生きたいという心の声で、生きているのです。

生きて活動したいと心はいっているのです。

生きる決心をさせたものは、私自身なのです。

誰のための私でもなく、私のためにあるのだと。愛しているのが誰でもなく私だとわかったのです。

生きたいといっている私を、どうして否定できましょうか。生きて書きたいといっているのです。

生きることは書くことなのです。

書きたいという欲望が泣いていたのです。閉じ込められていたのです。

だからそのために生きるのです。


人は去ろうとするものに執着するものなのでしょう。

かつて、あの人たちに限りない愛惜を覚えたのも、そのためにすべてを忘れたのも、その日が二度と来ないと思ったからなのでしょう。私にあるのは勉強のみに追われる暗い生活だと思ったからなのです。今、学びたいと思うのも、この若い日がもう二度と帰らないものだとわかっているからです。その日も、今、まさに去ろうとしているのです。その去ろうとしているものに、一心にすがりついているのです。受験ということが目的ではないのです。卒業するからには、それにふさわしい学力を身につけて卒業していきたいと思うからなのです。

一九六六・十二・二

晴れた日はいやなんです。
空と海があまりにも青く輝く日は。
二人で歩くには、あまりにも明るすぎるのです。
空にはわずかばかりの青い空が見え、
道ばたには、まだ枯れたままのくきが場をしめ
木かげからやっとふきのとうが見えるような
そんな三月のちょっと冷たい風の吹く日に
あなたに寄りそって、どこまでも歩いていきたいのです。

わからないのです。

本当の私がわからないのです。

いつだって、本当の私を語ったことはないのです。

いつも二つの影がありました。いつも二人の人のやさしいおもかげが、私のなかにあるのです。そして、あたかも、一人の人を想うかのごとく、人々を偽り続けているのです。

そのたびに悲しくなるのです。そのたびに大きな声で叫びたくなるのです。

言っていることは全部うそなのよ。

本当のことを追求されるのが恐ろしくて、想像に任せて来たにすぎないの。

でも二人の人が。

いいえ、こう言いたいのです。

あこがれと恋は違う。そして恋は絶対的なものだわ。

それも本当じゃないんです。そう言った言葉すらも、後には真実じゃなくなるのです。

何が幸福なのかわかっています。

本当に恋する人に恋されて、恋していきたいのです。たった一人の人を心に。

その人が誰かも知っているのです。誰よりも、そのために苦しんだ人なのです。

でも、いきつくところは何なのでしょうか。

二人でたとえ昔のように語り合うことがあったとしても、いきつくところは何なのでしょうか。

死なら、なんと幸福でしょうか。

年老いて、自然の理に従って死して別れる日なら、なんと幸福なのでしょうか。

わかっているのです。

まるでもえ残ったろうそくが最後に狂ったように燃えさかって、そのまま消えていくように、私たちも、少なくとも私は、狂ったように溺愛し、そのまま、すべてをめちゃくちゃにして別れてしまうのです。それがわかっているのです。それゆえに、悲しいのです。恋はすべてのものを超えています。恋は盲目なのです。理性が愛したものじゃないんです。いつか知らない、何かが、あの人から離れられなくしてしまったのです。いっさいの理性というものを超えて、あの人が好きなのです。あの人をたった一人だけ信じて、恋していきたいのです。

でも、それが激しく、盲目的で、人為的なものでないゆえ、恐ろしいのです。ろうそくの炎のようにもえつきてしまうのが恐ろしいのです。

知っているのです。私たちの間柄のおぼつかなさを。

あの人は悪い人などではありません。いい人なのです。

やさしい人なのです。

でも知っているのです。

あの人がいつも遠い人であったこと。

それゆえあこがれ、激しく恋い求めたことを。

小さな私は、まだ子供のような面をもった私は、そのなかで一番幸福なのです。誰も、
私の小さな幸福の世界へは立入ることができないのです。あの方たちも。

あの方へのものはあこがれでした。

恋しい日もありました。でも、あの人が私の心に満ちているとき、あの方はただ先生でした。あの方が心に満ちているときも、あの人の影は私を苦しめました。その場を捨てても飛んでいったでしょう。

それでいて、いつも夢見ていました。

あの方に庇護されて生きていく日を。

台所の片すみで、あの方のために夕食の支度に頭を悩ませ、あの方を父親と呼ぶ私の子

供を強く賢く育てることを。

あの方にどこまでもよりそっていきたい。心はいうのです。尊敬とあこがれで心がいっぱいになるのです。あの方とはしょせんは片想いとして終わるものなのです。それでも、いつも待っているのです。やさしいあの方が車――牛車とか馬車のこと、自動車ではない――で迎えにあがって下さる日を。

愛した人はあの人なのです。心に誓って申します。決して浮気なのじゃないと。浮気なのじゃなくて、いつも、一人の人に恋され、恋したいと思っているの。でも、その確信がなくて、いろいろなところへ逃げてってしまうの。だから後には、自分の本当の場所がわからなくなってしまうの。

思っています。もし、恋する人が恋してくれましたなら、その人を一生愛し続けたいのです。

恋とは不思議なものなのです。

愛したくて愛しているんじゃありません。二人とも運命の神さまのとりこになってしまうのです。

まるで、生を受ける以前から愛すべきものとの条件のもとにこの世に生きることを許されたもののように。

墓にすいせんのまっ黄色な花をたてながら、さみしさは増すのです。故郷を、なれ親しんだこの村を、もうすぐ田植えも始まり、雨や霧のなかで水田の苗の緑が美しい調和をみせるというのに、それも見ないで去っていくさみしさなのでしょうか。

あの人と結ばれるきずなさえもなくなるさみしさなのでしょうか。

明日の運命のゆくすえのなさを思うさみしさなのでしょうか。

あの人への想いも、故郷の山々や森のなかの小川への想いも同じものなのです。みな、幼い頃からなれ親しんできて、知らず知らずのうちにどうしても離れることのできなくなったものなのです。

理性ではどうすることもできないものなのです。

都会の汚れた空気のなかで、何を想うでしょうか。明日の運命もわからないなかで。ちっともうれしくありません。心はいつもあの人とふるさとを想うでしょう。緑の木々の雨に濡れた、あのしっとりとした森のなかを。昔の街道の走るあの庚申塔の立つ石だたみのところから見える、昔の人の足の跡を。遠くへ連なり、緑の木々でおおいかくされたあの石だたみの続きを。

そしてあの人のお父さまからあの人のことを聞けた日を。外では雨が静かに墓石に流れてゆく古いお寺のなかを。最後に言って下さったあの言葉を。それでいてあの人へ何のことづてもできず、去った日を。


窓の下に広がる静かな海は遠い昔に思いをかきたてました。どんなに昔がなつかしく、酔いしれたいほどの幸福がそこにあったとしても、それをともになつかしみ語り合いたい人はどこにいたのでしょう。自分で捨てた世界なのだという後悔と恨みと、そして幸福の日の思い出は胸に迫ってくるのです。

誰にも言えず、どうしようもなく、いつか鎮まってくれる日を、長い時間の経過を待たねばならないのです。

そしてあの人そのものは、それ以上に心をかき乱すのです。平静を失わせ、気を狂わせようとするのです。

やがてそうならないように、もしそうなった日にもいつもやさしく見守って下さる人を求めたのです。そのひざの上で安心して眠りにつかせてくれる人を。

再びやってきてわたしの眠りを妨げないように。じっと手を握りしめていて下さる人を。あの人にそれを知ってもらいたかったのです。誰にでもかんたんになびく、それほどあっさり昔を忘れることのできる人と思われたくなかったのです。いつか誰かがいかに生きてきたかを推考する日の参考として書き記しておきました。

一九六七・四　三

ある人

「おまえに普通の女《ひと》として終わってほしかったなら、あえてそこへ行けとは言わなかったであろう。おまえがいつかそれを人のためとし、そして結局はおまえの幸福のためとなるよう望んだからにほかならない。いや望んだのではなく、そうあるべきものと思ったからだ。」

独り言

……そのためにあれらの日々があたえられていたのでしょうか。未来においてもまた。苦しみ続け、そのなかにおいて真実を知るために。あなたの示される道へ飛び立たねばならないのですか。あなたはわたくしの下に見える地上をご存知ないのです。今にもこの青空の上からひきもどそうとして、地上から呼びかける人を。あの青ざめた苦悩に満ちた人を。ただの人間で終わってもいい。ああ、でもそこも――あなたのお示しになる道も――胸をかきたてるのです。

過ぎた日々ばかりを追い求めていてはならない。もしおまえがそのためにのみこれを書き残しておいたのならば、自らの手でこれを焼き去ろう。

一九六七・五・三

おまえはいったいあの日に何を望んだのだろう。

『あの人をいつもやさしかった人として思い起こしたいの。あのわたしたち二人の思い出も、いつ思い起こしても美しいものとして。永久にそうあってほしかったの。あの人を憎んだり、あの思い出をのろわしく思ったりそんな風になりたくなかったの。そのためにはどんなに苦しくとも耐えますって。』

ではおまえにとって、その人はその思い出は現在は何に見えるのだろう。

『昔のまま、そして未来においてもそうありたいと思ったまま』

では、未来もまたそうであるように、そのまま苦しんでいなさい。

愛染堂前にたちて鎮まりぬ古《いにしへ》遠く真緑《しんせい》に消ゆ

下鴨神社で祈ってきました。「芸術の道へ進ませて下さい。あの人との遠い昔が再び甦ってきてほしいとはいいません。そういう幸福が一瞬のもので、いつかはむなしく消え去るにすぎないものと知っています。あの人を想っての苦しみはいかなる苦しみとも耐えられます。恋することの対象なくしては生きていけません。ですから、これから後にも、幸福な家庭へ導いて下さるような恋を望みません。何か一つ、芸術のために生きて尽くしたいのです。そういうものを完成して、世を去りたいのです。激しい恋も、自らその場を立ち去らせるでしょう。芸術への使命感によって。それでいいのです。ですからどうか、芸術のために、その殿堂に一本のくぎを打たせるようにさせて下さい」と。それゆえ、東福寺の愛染堂では何も祈れませんでした。ただ祈る人たちのかたわらにたちつくして、その古い朽ちた柱を見上げていました。裏側にまわって、殿堂にきざまれた傷の跡を見ていました。愛し合う人たちが幸福の日を願ってきざみつけていったものなのでしょう。その昔の、あの人との日々が哀しくこみ上げてきました。あの疑うことを知らなかったむじゃきな日々に。あの雨の降る日あの人のそばを立ち去らなければと思った日々が。深い緑をたたえた竹やぶの奥をじっと見ていても、想いは過ぎた日にかえります。

もっと幼い昔なら、古い建物に思うことは、遠い昔の人たちの生きた日々だったでしょう。

今はそれができないのです。純粋に古《いにしえ》をしのぶことも、その声を聞くこともできません。近い昔が（それも同じく甦らない日であれば「古」と表現して別にわるくはないと思っていますが）胸をかきたてるのです。

愛染堂の奥にすわっていらっしゃる仏さまをじっと見つめました。まるで、心をみすかすかのように、じっとお見つめになるのです。遠い昔の日々をお責めになるようにも、またそれでよかったのだとおっしゃっているようにも思えました。ただ、心はそれのみに集中していくのがわかりました。何のお祈りもしないでその場を離れました。純粋に古い昔をしのびたいと思う気持ちに反して、なぜ、あの人との昔が、何かにつけてしのばれるのでしょうか。その昔と呼んでるその昔にも、いったい何があったのでしょうか。どんな他の人たちとは違った、そして永遠にそれ以外の人を恋してはいけないという日々があったのでしょうか。本当に恋というものだったのでしょうか。それさえもわからないのに、ただその昔は心をかきたてるのです。遠い昔はあの人の存在そのものとはかけ離れて、純粋にわたしだけのものとして心に浮かびくるのです。あの人が恋しくなるのではなく、そういうものを超えた、わたし自身の哀しさがあの古い柱に、深く消えていく緑の竹やぶのなかから甦ってくるのです。

一九六七・五・一七

朝は家の軒々や緑の木々がうすもやのなかに静かにけむって見えるように、人の心もまた静かなのです。やがて日が高くさしのぼるとき、ほこりがあたりをおおい、家々もまたそのなかに、あるいはくすみ、こわれ、さつばつとして立っているように、人の心もまたちりのなかに乱れ乱れておかれるのです。苦しい病の人にも朝は静かなひとときなのです。目がさめたとき、もう病気は何でもないのかしらと思うでしょう。病気だったことにも気づかないでしょう。

朝つゆが眠る人のまぶたに置かれるとき、その祝福のなかにあるからでしょうか。

今日も帰ってくるのは、待ちうけるものもない暗い家のなかです。けだるい体をやっと運び終えたもつかの間、新たな孤独の念にかられるのです。誰に何を期待するのも、自分があえてそれをしようとしないかぎりは無理なことなのです。そうとわかっていながら、なぜかさみしいのです。なぜ一人でいるのだろうと思えてくるのです。もともと人とは交われないものなのです。通りすがりのつきあいなら便宜上行えるでしょう。でも、もっと深いものを相手に求めたとき、いつも感じるのは同じ人間じゃないということなのです。それと同時に、自分をさらけ出したことによる嫌悪に苦しまなければならなくなるのです。

先生やあの方におすがりしたくていっぱいです。うれしい日には語りかけてもいきたいのです。でも、永遠の日のために、何も言わないでいるのです。直接お会いできる日に何のわだかまりもなく、青く空が澄んでいることを願うからなのです。

そういう一人にも時たま耐えられないさみしさを覚えることがあります。

人間として生きることは、つらく、哀しいことです。何らかの甘えとてもあの方たちは許してくれません。一人生きなければならないのです。永遠に飛び続けるためには。あの大空を一緒に飛べるためには、見守っていて下さりながら、絶対甘えというものを許してくれません。それゆえ一人で生きる道をさがさなければなりません。頂上に何があるかわかっています。そこまでの道を自分でさがし、歩いていかなければなりません。苦しくとも、この道が好きです。やがて大空へ飛びたてる日の感激が欲しいのです。でも時おり、一人で生きなければならないというこのきびしい掟にたえられなくなります。悲しく心苦しく思われます。そういうものを支えてくれるものは、父、母の愛であるように思われます。そこに人生のすべてはなかったとしても、お互い交わることはなかったとしても、何でもないような物質的援助などが、大きな支えを与えてくれるのです。

帰れるふるさとをもつ人はなんと幸福なのでしょうか。

ふるさとはそこがすべてではなく、ふるさとはふるさとなのです。前にあるものは、もっと遠く、高くにある広い世界なのです。そこへの歩みの道すがら、安らぎの場として、かぎりない安心感を与えてくれるものなのです。


この悔いは何としたらよいのでしょうか。このあせりは何としたらよいのでしょうか。後世に残せるものもなく、ただ自分が歴史のなかに影も形もなくさみしく消えてゆくにすぎない人間なのだというあせりです。天才でも詩人でもありません。一塊のただ平凡な人間――その存在、否さえ問題ともされない――にすぎないのです。

ゆっくり熟して行こうという道もあります。川の流れのように、面々たる水をたたえながら、永遠に果てることなく流れていく生き方もあります。

でも、心はあせるのです。短い世に燃え尽くしてこの世を去りたいのです。前にのべた生き方こそすばらしいものだとは思えます。それなのに心はそう生きようとは思わないで、ただひたすら、燃えて燃え尽くしてしまいたいと思うのです。心にはなぜか、二十五歳というものに近づくということへのあせりがあるのです。バカげた話に思えましょうが、何かそれまでになしとげなければと思うのです。今、十九歳ですが、あと何ヵ月かで二十歳になろうとしています。それなのに、人生に、人間に下した結論は何でしょうか。考えたものは何だったでしょうか。単語一語を覚えなかったことが悔いられるのではありません。なぜ、考えることをやめたのか、なぜ人生についての深い思索にときを費やさなかったか、それが悔いられるのです。

充実したものが欲しい。燃え尽くしてしまって死んでしまいたい。何もなく生きたくない。うつろな喜びのみ求めて生きたくない。あらゆるものを吸収し尽くして、そのために犠牲にした体が疲れきって、死んでしまうのだったら悔いは残らない。

どんなにあせったところで、平凡な一人の人に過ぎない。長い人間の歴史のなかで、振り返られることもなく消えていく泡に過ぎない。この苦しみは死ぬことそれ自体よりも、もっと苦しい。いや、そのあせり自体が、永遠に生を保ちたいことへの哀しみなのかもしれない。

わたしの眠りの間に人々はどこへ行ってしまったのでしょう。追求することをやめて自然の美のなかに生きて行こうと思いました。毎日変化する川の流れを聞きながら生きて行こうと思いました。そうして生きているうちにどれだけの日が流れたのでしょうか。地球は何度太陽の真下を通ったのでしょうか。

なぜ女性でありたいと思うのです。なぜ人間として苦悩していけないのです。なぜそれを女性らしくもない、やめようというのです。何を恐れているのです。

才能に恵まれた幸福な人間がうらやましい。たとえ短くして世を去ろうとも、あらゆる可能性のもとに生きた人が。

一九六七・五・二九

なぜ人というものは離れがたいものなのでしょう。今日のゆきずりの人も永遠の人のように離れがたく心をかきたてるのです。人というものの関連がいっさい絶たれたらどんなに楽になることができるかも知れないのに。

一九六七・七・二

佐渡へ帰る汽車のなかで考えていました。わたしと邦行と、その間を誰も裂くことはできないでしょう。たとえわたしの夫となった人がわたしたちを理解できないで引き離そうとしたら、むしろその人からわたしが離れるでしょう。恋人でも兄弟でもなく、わたしが生まれた日から離さないで大切にしていたもののように。いつも手をつないで微笑んでいる二人の間には誰も割り込めないのだと。でもそれでいいのかしら。本当に他の人と離婚してまで、二人で、幼い日のまま手をつないで歩いているのでしょうか。

今は東京にいるはずの人なのに、佐渡へ夏休みで帰る今なぜ、こんなことを考えるのかしら。

この日箱根で、邦行は亡くなりました。

わたくしに何の悲しさもないとお思いですか。

いいえ、あの人（名まえでは呼びたくない）が、あの昔の頃のかわいらしい微笑みが。あの微笑みをもった人が今はこの世に存在しないのかと思うとき、心は狂いそうになります。狂って、高々に笑い出そうとさえします。

自分自身を見失ってしまいそうなことへの恐ろしさが、先生にしっかり支えていてもらいたいと思わせます。ここまではいいのです。ここまでは。中学卒業の頃のあの人を思い浮かべているだけの間は、悲しむことができます。

美しい男性として、成長したからといって、それを嫌うのはまちがっています。好きなのがあどけない少年であった頃のあの人であり、それがなくなりつつある――あるいはなくなった――からといって、嫌い続けるのは正しくありません。

でも嫌いなものはしかたがないのです。あの人が遠く離れていた頃までは、まだなつかしむことができました。あの日があってあの人が帰ってきた日から、少しずついやな気持ちが生じていたのです。たとえ美しく成人していても男性に見える一面がたまらない嫌悪を起こさせるのです。それでも、去年の冬のある一瞬には、なつかしさのために狂いそうなこともありました。このなつかしさは輝機へのものとは全く違ったものでした。

この嫌悪はどうして生まれなければならなかったものなのでしょうか。その答えも見出だすことなく、あの人はもういなくなってしまったのです。この世のどこにも存在していないのです。

遠い昔のあの人を思い出すときにのみ純粋に涙を流すことができます。いとしいものを失った悲しみに涙することができます。

晴れた日は、家にこもり、ただ天井を見ているのです。夕方になると浜辺に出ているのです。陽も沈んだ浜辺では、わたしだけが人間で、あとは闇と、海のなかにいる貝たちの生きている音が時おり耳に届くだけ。

雨が降り出すとかさもささず山へ登ってしまうのです。

邦行の日記から

二年ぶりに友人に会えて、今年も頑張るのだと思い誓った。

同級会で中学時代の同級生一一四人中、都合で来れなかった人もあり四十三人ほど集まった。

会費を三百円として、正幸、美博、初男三人でクラス会をしようということで行った。四十三人も集まってくれるとは、僕自身も喜びで一杯だ。

菓子、ジュース、果実だった。

みんないつまでも友人で立派に成長してもらいたいものだ。千枝子、姫代、勝枝、勝広、富男言えばきりがないが、みんな楽しかった。

一九六六・一・一

特別に親しい友達のところへ行っていろいろ話をしてみた。

昨日友人のところへ行って話をしようと約束していたので、今日九時二十五分のバスで戸地へ行った。バス停まで迎えに来てくれていた。

この人は大変な勉強家で中学時代はいつもトップだった。友人の話では大変変わったそうだ。まるで別人のようだなどと批判する。僕が今日話してみると、とても感じがよく少しも変わってなんかいない。

彼女は大学へ入りたいということで、みんなとは意見も違うところもあると思うが、みんな昔ながらの友達だ。みんな力を合わせて生きるのだ。

彼女は体が弱くて学校へ行っているときでも家へ帰りたくなって、帰ると気持ちがホッとするらしい。

一九六六・一・四

中学時代の友人と写真を撮ろう約束までしたのに、都合が悪くなって来れないと言った。裏切られたような気持ちで悲しかった。

昨日の嵐も去っていて、今日は友人と写真を撮ろうと思い、朝輝機君のところへ行って約束して、姫代、千枝子へ電話をして一時に揚島に集まる約束をした。一時頃までに輝機と行ってみるとまだ誰も来ていない。遊仙橋を渡って展望台の方へ先に行ったのかと思って行ってみたが誰もいなかった。バス停の方へ戻って来ると、二時頃千枝子がバスから降りた。姫代さんが来ないので電話をかけてみると明日寮へ帰らなければならないと言うし、勝枝も忙しくて行けないのですみません、さようならと言う。後に残された人はどうすればいい。

一九六六・一・六

千枝子のことが寝ても覚めても頭に浮かんできてならない。好きなんだ。

朝起きると何だか頭がふらつく感じがする。朝ご飯も茶わん一杯しか食べず寝たのだが、昼一時頃になるとよけいに頭がふらつくので、薬を飲んだ。夕方になって気持ちはよくなった。

一九六六・一・七

カンナ削りをやっているが肩から手にかけて痛い。身体全体もおかしい。

田舎に帰って友達に会っていろいろ話をして楽しかった。千枝子さんとの間はどうなのだろうか。彼女は僕をどう見ているのか。僕は彼女に対して過去にいろいろすまぬことをしたし、何一つ彼女の為になっていると思えない。そのためか彼女は甘えるばかりで愛情なし。自分勝手な考えで友達を批判して、友達が誤解していると思っている。僕が東京へ帰るといって電話をかけても一言頑張ってねとも言わない。身体に気をつけてとも言わない。ただ「あそう。じゃ私学校に遅れるからさようなら。」とだけ。残念な話だ。一九六六・一・一三千枝子さんから手紙が来ていた。手紙を読んでみたが、彼女は過ぎたことをいつまでもくよくよしている。いろいろな行き違いから生じたことは早く忘れて、好則とも仲のよい友達でいて欲しい。

一九六六・一・一五

今日は休み家にいてテレビを見ていた。

留美子さんから手紙が来た。よい友達だ。卒業して二年も会っていないというのにこうして手紙をくれる。あなたもいつも友達でいてね。そして力強く生きていこうね、と書いてある。

千枝子さんからの手紙。幾度も読んでみたが理解に苦しむ。将来結婚する夫や、生まれるであろう子供のために、大学へ行くという。そして良き妻良き母になることが夢だというが、その前にしなければならないことはないのか。

一九六六・一・一六

誰にもわからぬ。僕の複雑な気持ち。複雑。

今日も仕事。明日も明後日も。いや幾年、何十年と仕事に追われ続け人生が終わる。今の僕はこの世のなかで何を社会のためにすればいいのか。今の僕は中学卒の学歴しかない。せめて高校だけでも卒業しておきたい。定時制高校でもよい。未来の自分の子供に対して教養は必要である。

みんなはなんとかして高校だけは卒業しようと思って学校へ通っている。僕はただ独り取り残された気持ち。誰に自分の心の内を話せるだろうか。悲しい。いや寂しい。

一九六六・一・一七

僕は悩んでいる。高校へ行くことである。この職業についていると働きながら学校へ通うのは大変困難である。この職業をやめて学校へ行くこともできない。

高校受験のときは、合格して高校へ通うようになることがこんなにも大切で、人生に大きな影響を与えるとも思っていなかった。今さら後悔しても遅いが。

僕はもう学校へ行くことはできないのか。それができないことがいいことなのか悪いことなのか。それもわからない。

一九六六・一・一八

大寒。今日の寒さは今年一番。

昼休みにみんな大工の職人と話し合った。僕は学歴を身につけたいだけで学校へ行きたいと思い、何も考えずただそれだけが毎日頭を離れなかった。それを話したら、夜学は大変だぞ、君の根性ではとても続けられそうにない、それに受験勉強はしているのか、勉強しないで試験に合格するはずはない等と言われた。ただ僕は甘い夢を見ていただけなのだ。みなさんよく話してくれた。やはり大工の道一本で行けと言ってくれた。そうだ。僕はこの道に生きるのだ。僕が高校入試に合格するために努力できないからではなく、大工という仕事が好きなのだ。だから学校へは行かずに仕事一筋に頑張るのだ。人に勝つより自分に勝つことが大切だ。

一九六六・一・二〇

輝機君から田舎の写真を送ってもらった。

千枝子さんから手紙がきていた。前は手紙に変な理屈を書いていたけれども、僕は千枝子が好きだ。でも僕の力では幸福にはできない。

一九六六・一・二一

今日は棟上げ。久しぶりなので勝手がわからず頭をぶつけたりしておおあわて。

今日から親方が先日買ってくれた新車（本田ベンリィー）乗り心地満点。スピードを出し過ぎないように注意して大切に乗るのだ。

友達も欲しい。身近に友がいたならばどんなに楽しいだろう。どんなに心強いことだろう。どんなにか楽しいことだろう。

千枝子さんから二通ほど手紙がきているのに返事を出さない。全く僕という男にはあきれ果てる

一九六六・一一・三〇

遠い現場へ行ってきた。いやな現場。みんなは楽しそうにやっているが。

仕事から帰って来ると今日も手紙はきていないかと心ははずむ。だが手紙はきてなかった。僕がいけなかったのだ。返事も書いてないのに、毎日手紙を待っている。

毎日毎日千枝子さんのことばかり考えているせいか、今日は一日中話し合っている夢を見た。ただ話をするだけで何もしてやれないでいる。僕は千枝子さんが好きなんだ。愛しているのだ。それでいて逢うと何もしてやれない。もっと積極的になれ。

一九六六・一二・一

千枝子さんに逢いたい。いろいろなことを話したい。もう僕の頭は彼女のことばかり。

僕は今仕事をしているときが一番楽しい。何もかも忘れて皆さんと一緒に家を建てる。少しずつでき上がって行く。一軒でき上がったときの喜びはなんとも言えない。この仕事はや

りがいがある。

一九六六・二・三

この頃毎晩彼女（千枝子）の夢ばかり見ている。彼女も僕のことを。僕は彼女が好きだ。けれどもそれがどんなことなのか。

昨日千枝子から届いた手紙を今朝もらったが、仕事に行かなくてはならない為に見ることはできないで出かけた。千枝子さんからの便りは今年になってからでも三通はきているのに、僕は田舎から上京するときに一通。それっきり書いていない。仕事をしていても千枝子さんが何を書いているのかうれしいようなこわいような気持ちでいた。仕事から帰ってきて寝るときに暗がりで読んでみた。

彼女は、僕に対して便りをする。しかし僕の返事はない。僕が悪いのだ。僕がわがままなんだ。

一九六六・二・五

千枝子さんと中学校を卒業後二人は文通している。それは現在も続いているが、二人の仲は良い。話し合える友達だと思っている。好きだ。愛している。今の自分にはまだ早いかもしれないが、彼女と結婚したいと思っている。未来の夫婦生活を頭に浮かべるとなぜか、気持ちがふっくらする。今後も文通はしたいと思っている。

彼女の方は僕をどのように思っているのかは別としても、仲の良い友で、何でも気軽に話せると思ってくれているのだろうか。彼女にとって僕はマイナス。プラス。

一九六六・二・一四

今年になって今日に至るまでだらだらとした生活をしてきたせいか、日記も思うようには書けない。

今日から誠実でハキハキと生きよう。春だ。新たな気持ちで仕事にも一層心を尽くして頑張ろう。もうこの道一筋に生きるしかないのだ。考えてみればこれほど努力すればしただけの甲斐のある仕事はないだろうと思える。

千枝子さんから幾度か手紙が来るが、手紙を読む度に彼女が好きになってしまう。早く結婚したいと思ってしまう。

一九六六・三・一〇

中学卒業者の就職列車の第一号が上野に着く。彼らも僕たちと同じ道をたどって行かなければならない。世のなかなんてのはどこも同じなのだ。みんな大人になるまで苦労するのだ。

自分に負けてはいけないのだ。二度とは帰らない若い日々。千枝子さんに言われた。自分のしたことを後悔しないようにする。後悔しても自分で責任の取れる男になれ、と。ただ自己反省するのみ。

一九六六・三・一七

日記も随分書かなかった。自分の生活が乱れたせいで書けないのか、仕事が忙しくて書く暇がないのか。この頃規則正しい生活をしていないのだ。人に頼っていてはだめだ。このくらいでいいだろうなどと自分に妥協しないで、自己に厳しい生き方をするのだ。千枝子さんの便りも来ない。心のなかではお互いに好きなのに、なぜかそれを言葉にできないのだ。逢って心を打ち明けたいと思っていても、逢えば結局は本当に言いたいことは口にできないで終わってしまう。遠い人でいて、それでいいのかもしれない。

一九六六・三・一九

自分でも仕事に熱中していると思っている。仕事の腕も随分上達したと思っている。自分一人でスイスイと家を建てるような気分で、自分でなければできない仕事と自信をもてるようになりたいと誠実に仕事に励んでいる。だから今は仕事が面白くてならない。

ただ一つ彼女から手紙が来ないのが心配でならない。僕の方から手紙を出さなければならないとも思っているが、どうもペンをとることができなくて日記も書けないでいた。

一九六六・四・二三

中学時代の同級生から同級会を開きたいという手紙が来た。それで電話をかけてみたら何か話がおかしい。

ゴールデンウイークだというのに僕たち大工は休まずに、夜九時過ぎまで残業だ。毎日が同じことの繰り返しのようで、一日一日がつまらなく終わってしまう。

毎日僕は彼女からの手紙を待っている。なぜ来ないのであろうか。僕を嫌いになってしまったのであろうか。それとも病気になっていて字も書けないほどなのであろうか。僕は彼女が好きだ。結婚したいと思っている。結婚して幸せにしてやりたいと思っている。愛している。好きだ。

一九六六・四・二九

仕事から帰ると千枝子さんから手紙が来ていた。卒業以来三年になる。卒業してから長い年月が経っているのに、僕に手紙をくれる。清らかな、新鮮な彼女が僕は好きだ。好きで好きでたまらない。二人で結婚し、家庭を築いて生活したい。

彼女はどのように思っているのか、わからない。が僕の考えでは好きでいてくれるのだと思う。口には出さないが。彼女とだったら立派な家庭ができる。今日になってもまだ手紙をくれる、僕は出さないのに。彼女には負けたよ。

一九六六・五・九

日記も書けなかったが、今日家へ帰ってきてやっと彼女に手紙を書こうと思っている。毎晩毎晩彼女の夢ばかり見る。日中仕事をしていても彼女のことばかり頭に浮かぶ。今晩手紙を出してすぐに返事が来ればいいが。

今頃田舎では田植え・ワカメ刈りで忙しい頃であろう。兄貴からワカメが送られて来ていた。

彼女一生懸命勉強しているであろうか。自分自身のために頑張ってもらいたい。自分に勝つのだ。大学に入りたいと言っていた。一度でパスして欲しい。

一九六六・五・二六

僕は彼女のことばかり考えていた。手紙は来る。二通程来ている。僕が手紙を出したから喜んでくれているのだろうかと思って帰って来た。僕は何も気になるようなことを書いてはいないのに、何かあったか。彼女は僕のものだ。手紙が欲しい。一日も早く。仕事をしているときはいつも彼女のことばかり頭に浮かんで来るのだ。だのに。なぜ。すぐに返事をくれないのだ。

一九六六・六・一一

今日は休みだというのに誰も休まず仕事に行っている。僕一人でつまらない日曜日だった。生まれて今日までなんの幸福があったのだろうか。一人になるとこんなことを考えて泣いている。

父には……。そして高校入試には不合格。それで東京へ出て来て大工になっている。学校へ行きたくてしかたがなかったのに。自分の努力が足りなかったのだが。この末どうなるのであろうか。誰も助けてくれる人などありはしない。自分で努力して道を切り拓いて行くしかないのであろう。

一九六六・六・一九

彼女は大学へ行こうか就職しようかとまだあやふやな気持ちでいるという。しっかりしろ千枝子。

今朝山田さんが手紙を持って来てくれた。一通は兄貴から、もう一通は彼女（千枝子さん）

からだった。

誰かが僕に言った。「佐渡の人間は島国根性があるために佐渡から抜け出すことはできない。だからお前も結婚して田舎へ引っ込んでしまうであろう」と。

いや僕はそうはならない。僕は東京で仕事を続けるのだ。

一九六六・七・一

もう少しで田舎へ帰る。前もって彼女に休みで帰るという手紙を出しておかなければならないのに、仕事から帰ってくると疲れがどっと出て寝てしまう。

友人にも逢うことができると思うとなんだかうれしいと言うのか、不安。

一九六六・八・三

田舎では今お盆だというのに僕は東京へ帰って来て残念。九日の日に田舎へ帰って、十二日夜上京したのだが、本当はもっと休みが欲しかった。

田舎ではいろいろ遊んで来たが、ただ彼女とは、彼女の姿をちらっと見たのと翌日の電話だけ。僕は好きだったのに。彼女は相手にはしてくれなかった。そのために東京へ帰るときもへんな気持ちだった。

一九六六・八・一五

田舎へ帰った三日間、短い三日間だったが、一日一日が楽しかった。
帰って来て現在仕事をしていても、彼女に逢えなかったことが心にひっかかっている。八月十日の十一時三十分頃相川のバス会社で逢った。僕は、あ彼女かな、と思い、相手もわかっていたと思っていた。でも僕も彼女も話しかけなかった。バス会社にはたくさんの同級生がいたので、僕のことを知られたくなかったのかな。でも僕の方でも彼女に話しかけなかった。翌日彼女に電話したら、明日は姉さんが帰ってくるので見送りには行けない。今からでも北狄（僕のところ）へ行こうかなと言ったが、僕が断ったのだ。

一九六六・八・一六

彼女のことが好きなんだ。結婚したいと思っている。毎晩彼女が夢に出てくる。
夢に思う彼女と、田舎に帰ったとき相川のバス会社で逢った。彼女も僕に気づいていた。しかしなぜか話しかけることができなかった。その日は全校一斉登校日で、みんながいたのだ。それで僕は行雄や他の人と帰ってきた。

一九六六・九・一六

毎夜夢に見るのは田舎の同級生のことである。なぜ夢に見るのであろうか。複雑な気持ちである。

彼女のことは夢に見るばかりか仕事をしていても頭から離れない。好きなんだ。初恋の人。結婚したい。良き家庭の人となれるであろうと夢に描くのである。忘れることができない。ただ好きなんだ。

一九六六・九・二

田舎の彼女のことばかり頭から離れない。中学生の頃からこの人だ、理想の女性だと思っていた。よく言えば、頭は切れ、女性的、優しさ。心のなかではこうしてやりたい、ああしてやりたいと思っていても、態度に出てくるものはかえって人の心を傷つけもするが、内心はよい人である。

あれから何か月か経っても手紙一本来ない。彼女はどんな気持ちでいるのか。大学入試のことで頭がいっぱいなのか。彼女が好きだ。

一九六六・一〇・七

内藤さんが僕に手紙が来ていたと言って僕をよろこばせてくれていたが、彼女まだいつまでも僕を忘れずに思ってくれているのであろうか。好きだ。

一九六六・一〇・一六

秋も深まり木々が紅葉し、落ち葉も舞っている。一段と僕の心を寂しくする。秋は寂しく悲しい気持ちになる。

僕は何のために日記を書いているのかとふと思った。それは人間がなぜ生きているのかという問いと同じであろう。年を取ってから、読み返して、僕は若い頃はこんなであったのかと思って考え直すであろう。

僕は生きている。何もわからないが生きている。誰のために。何のために生きているのかわからない。

一九六六・一〇・一七

彼女からの手紙を読んで、早くなんとか力づけてやらなくてはならないと思っている。

家へ手紙が来ていると内藤さんが言ってくれました。それで親方が今日伊藤さんに手紙を持って来てもらったのだが、なぜか読む気になれない。彼女が何を書いているのかこわい。何を書いているのかと不安で、夕食が終わってから八時頃読んだ。

彼女は大学は行かない。今は何も話したくはないが、落ち着いたら何もかも話すというのである。何があったか知らないが、いずれにしても、これまで大学入試に備えて準備していたであろうに。もったいない話だ。

一九六六・一〇・一八

彼女に手紙を書いたが、大学へ進学をしなくとも進む道はあるはずだ。彼女のことを考えていると仕事も手につかないほどであった。彼女は大学進学のことで僕に相談したのだから、僕にも責任ある返事を書く義務があるわけだ。手紙によると進学はしない。今はただ何の気力もなく無意味な日々を送っているという。

彼女の気の弱さ。身体の弱さ。就職しても何ができるのであろうか。今の僕には何もしてやれないが、残念である。今の僕にはどうしてやればよいのかも全くわからない。

一九六六・一〇・一九

僕の出した手紙も彼女に着き、読んでいるでしょうか。僕の言いたいことが彼女に理解してもらえたであろうか。

彼女は今どんな気持ちで学校に通っているのか。長い坂道を歩くのが嫌なのであろうか。彼女が好きだ。誰にも渡したくない。僕の彼女だ。いつまでも。

一九六六・一〇・二三

彼女に手紙を出そうと思ってもなかなかペンを取る気にはなれないので書けない。

一九六六・一一・五

邦行の日記はここで終わっている。邦行が亡くなったことは、私が大学が夏休みに入るより早く佐渡へ帰っていたために、お葬式の翌日あたりに友達から伝え聞いた。仏さまに御参りに行ったとき遺族から、田舎へ帰ったら私に贈るのだと言っていたというロケットを渡された。日記に私のことが書いてあることも知らされた。邦行は日記に書いてあるようには、私には言ってはくれなかった。好きだと一言も私に直接言ったこともない。

「青春の濤まに」から第二章

永遠の生が欲しいのです。今の栄光はいりません。死した後に、生を得たいのです。誰にも知られず死んでも悲しくはありません。いつも思いがはかなく破れても、苦難与えられずして生きるよりは倖せと思うでしょう。永遠の生のために与えられなければならない苦難でしたら、耐えて生きるでしょう。一時の栄光も幸福も欲しくはありません。

書きたいのです。わたくしのすべてを書き現したものを。わたくしが見たものを、知ったものを、感じ取ったものを。すべてを。わたくしの宿っているこの肉体が滅びた後も、永遠の生命のいぶきをもったものを。

この胸をおそってくるもののために、燃え尽きてしまってもいいのです。

もし死の場における姿というものを考えないでおけるのでしたら、そのときのわが身を裂くように死に切れない想いを無視できるものでしたら、何も苦しまないでしょう。平凡な人と終わったとしても。永遠に長い歴史のなかに消えていったとしても。

幸福というものが、平凡な日々のなかにあると知りながら、なぜ下鴨神社や平安神宮であの方との結びを祈らなかったのでしょうか。なぜ最も幸福と思えるそのことさえも、一時のものとして終わることになってもいいからと祈ったのでしょうか。

死んでしまいたくないのです。何も、誰も残さず、いかに生きてきたかを振り返られることもなく、朽ちてしまうことに耐えられないからです。

死後において誰かによって再び生を得ることのできる結果を生む、その過程を生きたいのです。この世を去るとき、誰も知らなくてもいいのです。これというものを書き、それが遠い将来にせよ、生を得るものであるとわかれば、いいえ結果はどうであれ、これというものを描き終えればその満足だけで、何のさわぎもなく死におもむける気がするからです。

人にはそれぞれ、その人その人の生き方があります。学問のみを追求して生きる人もあります。その人たちは平穏な道を歩いてきましたから恋のみに生きようとする人や、自分自身を偽れず、その思い求めるがままに生きる人たちを真に理解してあげることはできません。ただ無視するか、絶対的にいけないものと禁止するか、ただそれだけです。

人がもし、自分の信じたまま生きていって、それが誤りであったとしたら、そこでもうダメなのでしょうか。そこで傷ついてしまったら、もうそれ以上生きられはしないのでしょうか。なぜそこが真に誤りであることを見きわめてならないのでしょうか。

人は何のため生きているのでしょうか。平穏無事に、できれば多くの人に受け入れられて安定した生活にはまるためなのでしょうか。そうして一生を終えるために生きているのでしょうか。

なぜ傷ついたものとなることがいけないのでしょうか。世間から白眼視されるからでしょうか。そうしたら一生安定した生活を得られないからでしょうか。

いろいろなことを見て知って、結局は死に収束することのため生きているのではないですか。多くのもの、多くの曲り角や暗い道、けわしい崖を登りながらも、結局は死に収束するために。

世間一般にもし、それが誤りであるとされていたとしても、それが因習のためとか、嫉妬のためが多いのです。

理性は何のためにあるのでしょうか。世間に受け入れられて、平穏な道へ行くために、曲がった道を見ないで、目をつむってよけるためなのでしょうか。

人は感情の求めるままに生きます。でもその求めるものがすべて求めていいものではありません。人に恐怖を与えたり、迷惑をおよぼしたり、そういうこと自体に対してはきびしく己を規制しなければいなりません。また自分の身に及ぶだけの行動である場合も、行わなくとも次はどうなるか、そのため自分がどんなに後悔するかあらかじめ予測されることや、人に対して誠意でないことなどは規制しなければなりません。

はめられた型のなかで、動くことのできない人形となって、それでもなお、そこは平和な城であるためにそこで生きる、そのためために理性があるのでしょうか。それは理性ではありません。それは人間ではあるでしょうが、本来動くものであるはずのそのものを失っています。死に際して、世間から認められた位置に平凡に座り続けていたということはどういう意味をもつのでしょうか。（この際の死は、年とともに自然の定めによって、迎えなければならない死、自然死、老いてからの死です。）

真に悟ってから固まればいい。それまで、求めるがままにどこへでも生きよう。またそう生きている者に対して、共感をもとう。そしてわたし自身で招いたことはわたし自身で責任をとろう。さらに強く生きるなり、死のみが必要とされれば、それに従えばいい。

遠い昔はなぜもこんなに胸をかきたてるのでしょうか。国王さま、わたくしの心が昔の想いにとりつかれて狂わないうちにこの心をしっかりととらえていて下さい。


わたくしは、恐ろしいのです。

何のすべがあるというのです。

この状態から何が得られるというのです。

ただ心はちぢに乱れ、わたしはあてどもなくさまようのです。

遠い亡霊に呼び起こされるままに
そこには暗い死の世界しかないのに
国王さま、どうか夜を、わたくしの手をにぎっていて下さい。

亡霊によって、わたくしの心が狂わないうちに、暗やみがわたくしの心をひきさらわないうちに

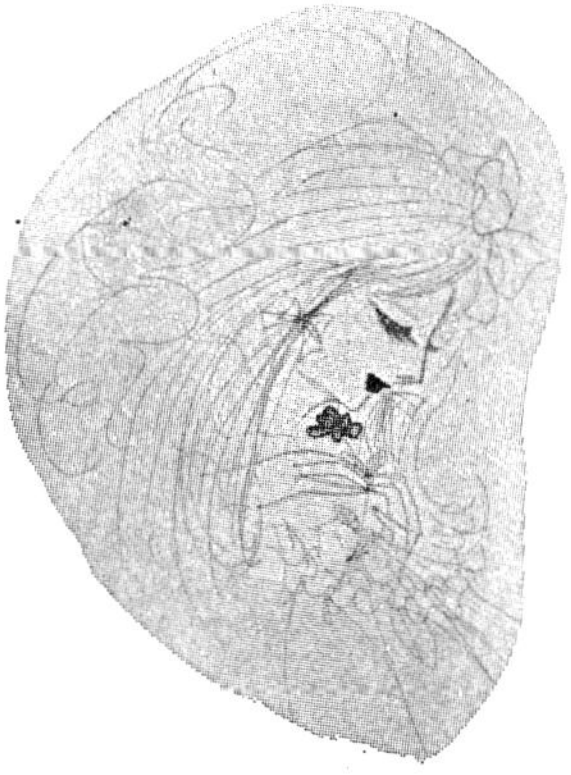

眠りを与えて下さい。
やさしい慈悲深い人
「安心して
おねむり、かわいい乙女よ
あくまがおまえのその小さな胸をかきむしらないように
わたしは騎士となって守りにつこう」

なぜ窓辺に花を置かないのでしょう。
あの人への満たされない気持ちを
花にささげようとしているのがわかるからです。
いつかあの人への想いが消えたとき
あれほど大切に思ってた花はどうなるのでしょう。
さみしくひきぬかれるのでしょうか。
いいえそれよりも
そうして生をつなぎとめようとする

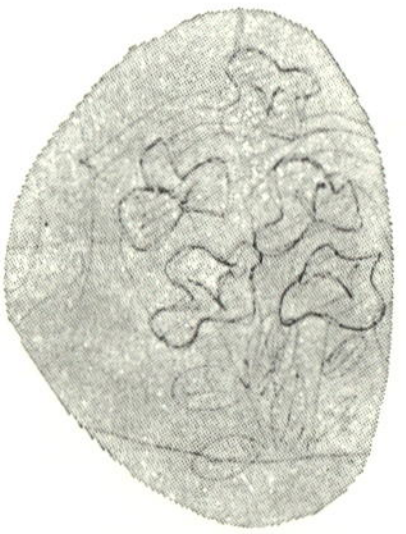

わたくしがいやだからなのです。
幼い子供のようにただ純真に
花に喜べないからです。

なぜ森が好きなの
森の木々は静かな眠りを与えてくれます。
川の水は
雪どけの日のせせらぎはあてどもなくさまよおう
とする心を静めて下さいます。
あらゆる偽りを流し去って、ただあの人を想う心
だけをそっと育てて下さいます。
庭の忘れな草は
花は教えてくれるのです。
「わたくしたちもこのように生きています。
小さく、誰かにふみつけられたらそれだけで

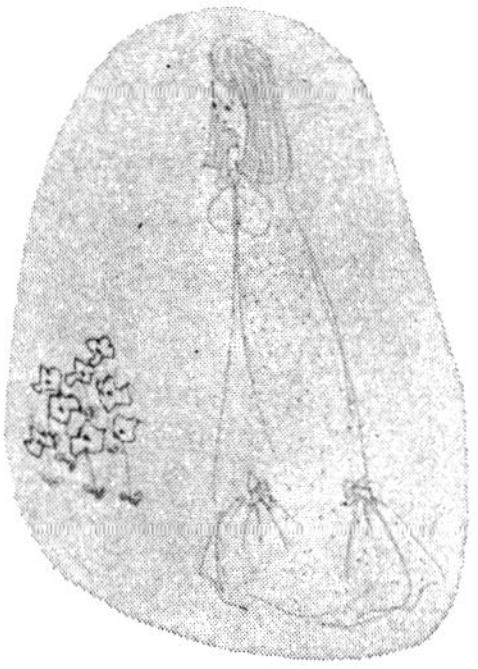

終わってしまいます。
いつ、いたずらな男の子にひきぬかれるかもわかりません。
でもこんなに元気に生きています。
ねえ、生きましょうよ」

宵待草があのように美しく花を咲かせるものとは思ってはいませんでした。昼、太陽を慕って大きく花開かせるひまわりのように、澄みわたる月影こそ、わたしのものと言わんばかりに、黄色の花びらを思いきり広げているのです。
宵待草がこのように美しく咲いているのももっともと思われるほど、十三夜の月が雲一つない空に澄みわたっているのです。

毎日、毎日、河原へ行っては宵待草の花開いた姿を見たいと思っていました。早く家へ帰らないと叱られるので花を見ないで帰ってきましたのに、今夜は、生まれてはじめて見ました。かたわらにいて思うのです。宵待草はなぜあのように美しく咲いているのでしょう。あちらの草むら、こちらの草むらとさがしてみるのです。この夜を、初めて見たこの夜を、いつまでも忘れません。わたくしもまた、宵待草でいます。昼、人の激しい動きのときも、ただ花びらを閉じ、それゆえ、日に止められることもないのです。夜、誰もいないとき、大切なただ一人の人のかたわらで、はじめて、その花びらを開くのです。そのやさしい光を受けて、そのやさしさのすべてを一身に吸いこんで、美しく開くのです。

あのやぶのなかの草がいとしいのです。
朽ちたくきのなかにわずか残って見える緑が。
あのなかに足を踏み入れたいのです。
土のなかに軽くくい込むあの音が
足に伝わるのを聞きたいのです
青い空にわたしが一番近い

草はらに立って

一九六七・七・七

それはとても悲しい夢でした。学園を破壊するゲバ棒を持った人たちに対して、わたしたちは真に立ち上らねばならないはめに追い込まれたのです。それは国会のなかで起きたことでした。いろいろな大学からも、真の良識のある学生たちが集まり、(そうです)、高校時代ふるさとで首席だった史《あや》ちゃんも来ているのです。

わたしたちにできるのは、ただスクラムをくみ、古い学生歌を歌い、ゲバ棒やいろんなものを持って国会を破壊し、国をめちゃくちゃにしようとおしかけてくる学生たちの前に、長く固く立ちふさがることでした。たとえどんなことをしても守らねばならないものをかこんで、全大学生が集まったのです。そして、誰のどんな人の目にもわたしたちの死は見えていたのです。彼らは火をつけてしまったのです。最後までわたしたちの守っているもの(正義?、ただとても大切なもので、たとえ生命をすてても守らねばならないものだったのです。何なのかよくわからないのです。それは夢のなかでしたから。)に彼らは迫ってきたのです。乱入した彼らよりいち早く、わたしたちはそれを守るために内部へ入り守りを固めたのです。もはやと歌い続けているわたしたちの死が必然とわかったそのとき思ったのです。まさかこういうことにまぎれ込んで死のうなどとは夢にも思わなかったし、死にたくなかったのです。でも、たとえ生命をかけても守らねばならないものは守らなければならないのです。目がさめたとき、窓の外はまだ暗かったのです。せめて目がさめたとき朝であってくれたらと、夢からさめるとわかった瞬間思ったのです。でも外はうす暗かったのです。

六月三日の出来事があまりにもショックだったのです。多くの紛争校のなかで、わたしの学園は、平常通り授業が続けられており、その幸福をしみじみ感謝していたのです。まるで、大きな、暖い支えのなかで生きているような心強さを感じていたのです。それなのに嵐が。

いやなんです。授業にも顔を出したことのない人たちに、この静かな学園を混乱のなかにまき込んでしまわれることは。あの人たちは、クラス討論がしたいから授業時間を少し欲しいと言います。空理空論(子どもの理屈よりも筋の通らないものを)ただおしつけがましく聞かされるのはいやです。しかも、誰も耳を傾けてはいないのです。誰もそんなことを聞きたいとは思っていないのです。

授業が早く終わったり、休講になったりするのはうれしく思います。いくら好きな授業でも、長くは誰もあきますから。でもあんな人たちのためには五分だってつぶされるのはいやです。あの人たちが授業にちゃんと出ていて、それで、この時間は、あの問題について討論を開きたいとクラスの人たちに提案して、みんながそれに賛成した結果、先生に申し込むのでしたら筋が通っていますが、授業にも出ないで、ゲバ棒をふるっていながら、真剣に勉強しているクラスに入ってきて、時間を割いてほしいというのは、勝手すぎますし、その権利だってないはずです。絶対、どんなことがあっても、封鎖に追い込まれるのはいやです。

あの人たちにわたしたちの授業をめちゃくちゃにしてしまう権利は絶対ないはずです。学園の民主化を破ろうとしているのはあの人たちなのです。あの人たちは民主主義も何もわかっていないのです。わかっていたら警官を殉職に追いやることも、付近の住民（彼らがいつも強調する人民なのに）のめいわくも、一生懸命勉強して早く卒業してほしいと汗水流して働いている、都会の大学へ子供を出している地方の父兄の苦労も何も考えられないのです。それが人民のためをめざしている共産主義とかにかなっているのでしょうか。たとえそれが目的のためとはいえ手段を選ばないのが、正義なのでしょうか。そんなことをしてからとった後に、誰の、何のための、どんな世界を展開させようというのでしょうか。彼らにいったい帝国主義、ベトナム戦争、アメリカを批判する権利があるでしょうか。彼らが行っている、日本住民への迷惑はいったい何なのでしょうか。ベトナム人民を救おうとさけぶ前に、彼ら自身が国内でまねいた不幸な人々は、いったいどうならなければならないのでしょうか。

考えてほしいのです。それこそ罪のない人たちなのに、彼らによって学ぶ権利も、生活していく権利も奪われているのです。また奪われようとしているのです。

うれしかったのは、毎日授業に出ていて、しっかりした意見をもった人たちが、自治会の人たちのクラス討議云々に対して、日ごろのゲバ棒への批判や、一部で組織しながら全学生の代表だという名目のもとに行動していることへの不満、静かな学園に他の大学のような嵐をまき込んでもらいたくないという強い決意をもった話し合いがなされたことです。

さらにわずか一〇分の残された時間に授業が行われたということです。それにより、人々の心は落ち着けたのです。たとえどんな混乱のなかでも、まず授業を、そして、休み時間や放課後を利用してそれらは話し合われればよいのです。このような混乱のなかで、授業まで失ってしまったら、人々の心は、ただ宙を浮くしかなくなるのです。しっかりしたもの、真実をつかむことも、支えられている意識も失って、ただ、宙に浮くかどちらか一方に走るかになってしまうのです。

うれしいのは、学園を絶対破壊させまいという空気があったことです。

一九六九・一八・五

どの考えが正しいのかわかりません。先を行く考えというものは、いつの世にも、人々から理解されず、批難されています。果たしてわたしたち学生が大学の管理運営に介入することが将来理想とされることなのかどうかわかりません。ただ時代に遅れまいとか、笑われまいとかして、むやみに妥協したくはないのです。納得のいかないものはいかないもの、どの方向から見ても、正しく見えないものは見えないものであってほしいのです。あのゲバ棒たちにも、もしかしたら真実があるかもしれないなどと、ただ時代の波に笑われまいという理由から妥協的になってもらいたくないのです。彼らのなかに入って彼らを見てそれで真実があると思ったらそれでいいでしょうが。

弱虫になりたくないのです。たとえ自治会執行部の委員長がゲバ棒でなぐりかかろうと、納得のいかないことは問い質《ただ》したいし、守るべきものは守っていきたいのです。

人は誰も、その人生において混乱の時期に会うのでしょう。昭和四十四年の安保改定期を前に大学は荒れに荒れ狂っています。そのなかにあって、大学生であることはある意味においては不幸だとも思いますし、ある意味においては、今一番の大問題である、その世界のなかに存在しているということは幸福でもあるのです。この目で、大学がどう動いているかを、しっかりと見つめていけるからです。もし、外にいたら、地方の大学にいたら、ただ客観的な報道として受け止めていたであろうものを、そのまま全姿を見つめることができるからです。ちょうど、一〇年前、国会での安保をめぐる混乱が起こっていたとき、わたしは小学六年生でした。そのときはただ、どちらが正しいとも、また将来白分の身にかかってこようとも思ってはいず、やじ馬的な見方で興味をもっていました。今こうして、そのなかにいて、しかも混乱のなかで、依然と授業を正常に続けている古い伝統ある大学のなかで学んでいて、他の何であるより、大学生であることに誇りをもっています。他の何でありたかったとも、どこの大学の学生でありたかったとも思いません。自分の美しいふるさとをほこるように、今学んでいる学校に誇りをもっています。わたしがあらゆるものにめぐまれているので、このように安心して勉強を続けられるのかも知れません。

不運のなかにあるから、支えも何もなく、結局はゲバ棒に走るのだといって、世間や、社会不運をうらむのは間違っています。たとえどんな不運も、好運に作りかえていけるはずなのです。

人は何かしら、自分の存在の意義をもたなければ生きていけないものなのです。

自分がどうしても必要であるというなかで活動していたいものなのです。大学にいて、もし、授業だけ受けて終わっていたら、その不満におとされることでしょう。クラスで授業するといっても、高校時代のように意志が通じあっているクラスでもありませんし、てんでバラバラの人たちが偶然同じ時間に、同じ場所に居合わせているというに近いものなのです。

そういうなかですることは、自分で教授にぶつかっていく、とか、好きな学問や研究のサークルへ入っていくとか、自分の個性に一番合ったもののなかで自分自身の存在を、それがある一部の、たった一人の人にとってであっても、絶対的に必要で、意義のあるものとすることが必要なのです。

ゲバ棒を振るう人たちは、偶然そのなかに自分の存在の意義を見出だしたのかもしれません。それほど、大学というところは、ほおっておいたら、孤独のなかに突き落とされてしまうところなのです。その意味においてはかわいそうな人たちだと思います。

でも、他人に大迷惑をかけていて、ある目的のためだから、いかなる手段であっても、正当化されるという信念のもとでのあれらの行動はちっとも正しくありません。責められなければなりません。

あの人たちを救えるのは何なのかわかりません。いいえ、あの人たちが、せめて一ヵ月間でも、毎日、一番前の席で先生の顔をじっと見つめながら授業を受けたなら、二度とゲバ棒などと思わなくなるのではないでしょうか。授業から遠ざかれば遠ざかるほど、そこに自分の真実の姿があることを忘れてしまって、ますます、大学はおもしろくないものだと思い込んでしまうのではないでしょうか。それとも、あの人たちは自分の適性に合わない大学・学部に入ってしまった人たちなのでしょうか。それゆえ、授業から遠のいてしまうのでしょうか。としたら、あの人たちは、社会に出て、自分に適した道につけばいいのです。

大学や学生が膨張している問題がここにもあるのです。世間一般の流行のように、ネコもしゃくしも大学へと、ただ入れさえすればといって自分の個性を無視して入るからなのです。真の大学はそれほど数多くはいらないのです。本当に学びたいものだけが集まればそれでいいのです。学園から離れていくものはそのまま離れていけばいいのです。残ったものたちが集まって学べばよいのです。

受験などなくすか、もっとやさしく誰もが入れるものにすればよいのです。そしてついていけないものはどんどん落としていけばよいのです。何も資格をとるために大学があるのではないのですから。大学についていけなかった人たちは何も、恥ずかしいと思わなくてもただ自分の個性がそこに合わなかったのだと思い、自分の存在の意義を最も価値あるものとしてくれる道をさがせばよいのです。

大学は卒業証書の欲しい者たちの集合体ではなく、そこに席のあることがその人の個性に一番ぴったりしている人たちの集まりであればよいのです。むやみに大学の増えていくのを許している社会にも問題があるのです。かといって、大学はまた、ある特別数多くの物知りたちのためのものでもないのです。それぞれ、その意志の人たちによって程度の差のある大学でよいのです。自分の程度に合った大学へ自由に移行できるという制度にしたらとも思うのですが、それは入試の際、自分の程度と個性に合った大学を受験すればよいのです。何でもかんでも入ればいいからといって、本来の意志でなかったところに席をおくことが間違っているのです。

会社においてもどこにおいても、その仕事の実力によって昇給すべきなのです。学力・学歴ではないのです。特別高い知識を必要とする席に着くことにおいても、同じでなければならないのです。たとえ学歴はなくても、ある方法でそれに必要な知識を身につけていたら、そこへ着けるべきなのです。大学は、就職に有利なためにあるものではないのです。ある志を同じくするものの、一つの世界なのです。大学生である、あの制約と、あの自由なふんいきを好む人たちの集まりなのです。その世界が好きでそこに席をおいているのであって、将来の就職のためではないはずなのです。就職にとって大学は有利なものでなくてよいのです。大学を選ぶ際に就職により有利なところを選ぶとか、大学によって不利、有利があるというのは間違っているのです。

大学を卒業したこと、それは就職においていかなる意味をもつものでもなく、その人の人生において重要な意味をもつものでなくてはならないのです。大学とは本来そうあるべきものではないでしょうか。

一九六九・六・六

夕べ、全共闘に追いつめられている夢を見ました。あの人たちはすべてを破壊した上に何を建てようというのでしょうか。すべてを破壊したとき、あの人たちはあの人たちのもっている「学生」という名前に帰るのでしょうか。

一九六九・九・五

地さくら（雪割草のこと）の咲きにおう。やぶのなかでした。抱きしめたいほど、この花の生命《いのち》をいとしく思いました。ずっと昔、幼い日から、花のない季節が悲しくて、夢にまで見たことを思い出しました。雪がとけて、枯れ木や枯れ葉ばかりの道ばたがさみしくて、早く花が咲いてくれないかと夢にまで待ちのぞんでいました。花の咲きはじめる四月が、どんなにいとしく、うれしいものであったか。それは年をおっても変わるものでなかったのです。

地さくらの白やもも色の花びらがいとしかったように、強い匂いのふくじゅ草の黄色も、またいとしいものでした。つばきの甘い匂いの赤も。しかし、そういう人目のはっきりしたものよりも、人の知らない山奥にだけ咲いている花をいとしみました。雑木林のなかに小さく一面に咲きみだれているなかで、わたしはわたしの生きている生命を愛しました。

天地をもふくめて、すべてこの胸に抱きしめてしまいたいほど、春の風がいとしかったのです。そして、人のことを想いました。誰もわたしがどれほど生命を愛しているか理解してはくれませんでした。浅はかなものとしかみてくれませんでした。

わたしの愛した自然、大地も、大空も、山も川も、海も、太陽も月も星も、風も森も林も、道ばたの小さな花までも、すべていとしくて、そのいとしむ情愛がみちあふれて、人までも恋しく思っていましたのに。誰もわたしをわかってくれなかったのです。

春のはじめの風のなかで新しく人を想い、六月の雨の頃にはもう悲しみがはじまっていました。夕ぐれの田んぼの緑のもやのなかで、すべてが哀しく思われました。

窓をあけて眠りにつきました。目ざめた夜中、天上の月に安心して、眠りました。八月の太陽は胸をはげしくかきたてるのでした。海のしぶきも、青すぎる空の青さも、すべて生命を燃やし尽くさせてしまうものでした。夜に窓辺を訪れる蛾は、再びあやしく燃えつきさせようとするのでした。

恋も終わりました。

いつしか忘れていました。八月の風のなかで、遊びのなかで忘れていました。

教室の窓辺からしのびよる秋の風は、再び、忘れた人をなつかしくさせたのです。ある秋の風は、喜ばしい予測さえも与えてくれました。それが、こわれた花びんで、いくらのりではりつけようと思っても、もとのようにはならないものであると知っていました。知っていても、秋の風は偽りのなぐさめをささやいていくのでした。

遠い北極の地で生きたら、愛することもなかった人なのに、四季の風は、わたしの心を静かにしてはくれませんでした。

人を愛したのか、自然を愛したのか。あるときは、自然の変化への喜び、感激が力あまって、人まで想わせてしまうように思われました。それは事実なのです。それほど、わたしは、この北の海と山の迫った地を愛しているのです。

一九七〇・四・一
この道ばたのあぜを、波のうちよせるところを、けわしい坂道を。そこを吹きぬける風を。体など、いたわらないで、若さをぶつける。ある夢にそって。それが若さ、生きていることの証なのであろう。

わたしが、体のことをうちくだいても、夢を追うように、生命とひきかえに生きているように。

そうして生きていることを、たとえ、死をかけて生きようと、生きていることの証なのであろう。無意識ではあるが生への激しい執念なのであろう。

一九七〇・四・二〇

ささいなこと、ほんのちょっとの、暑い真夏の一陣の涼風のように、いいえ、もっと小さく、ひとひらの花びらに落ちる一滴のつゆよりもっと小さなことかもしれません。

それでもわたしはうれしいのです。それを何度も何度も思い返すのです。酔ったように、顔を赤らめるのです。

人の世の幸福とはそんなささいなことかもしれません。

一人で生きているとき、時おり、その存在を忘れないでいてくれた方に会う喜びなのです。

その方はわたしが一人では生きていけないどんなに頼りない身であるかわかって下さっています。それをわかって下さっている上での思いやりがとてもうれしいのです。わたしが、理性的で、知性的であるゆえではなく、わたしが、子どもよりもっとひどい頼りなさのなかで生きていることを知っていて下さっての、思いやりゆえうれしいのです。

そういう広い胸に会ったときの喜びと安らぎ、永遠に交わることのない人と人の間において、唯一の変わることのないものなのです。慈悲というものなのでしょうか。

それは純粋な慈悲ではありません。どんな方だっていいわけではありません。やはり男の方で、しかも高い教養と知性の方でなければならないのです。

そういう方からの、幼きもの、おろかな者に対するほんのちょっとの思いやりが何よりもうれしいのです。それは恋のようにくずれ去ることのないものであるという確信ゆえ、なお、安らかな喜びに包んでくれるのです。

心を飾る必要のないゆえ、ほっとできるのです。わたしのままであればいいのです。愛もやはりそうであるのでしょう。愛と呼ぶにふさわしいものなのでしょう。

三つの愛の存在のうちの最高のものなのでしょう。

あらゆるわずらわしさから逃れて、書物のなかに入っているのはうれしいことです。人も誰も入ってこない森のなかで、水の流れに耳を寄せ、木々の緑の重なりを見つめるように、静かな境地です。わたしの一番欲しかったもの、一番願っていた生活です。

あらゆるわずらいから逃れて、ただ学ぶこと、一つの目標に向かって前進するだけ。この静けさは永遠に、誰によっても破られたくないものです。

一九七〇・五・三〇

道ばたの小さな草に望みをかけるようなものなのです。

そんな小さな、夢ともいえないものに夢をつないでいるのです。それは恋ではないかもしれません。尊敬の高まったものにすぎないのかもしれません。

小さな鳩のようにふるえもするのです。

人のことを想わないで生きていくことはできません。

愛されることは望んでも恋してもらうことまでは望んではいけないのです。わたしに、またあのときのように、道ばたに咲くすみれに、旅人が足をしばしとどめるようなものでよいのです。

そして、わたしはわたしの生きる道を歩むのです。

もし、仮に、そんなものがなかったら、何か小さな望みをかけるものがなかったら、生きてはいけないのです。

人間として生きる道においても、太陽の光は欲しいのです。

ある望みのために、それ以上は望まないのです。

どうしても達したいことのために、すみれであるだけでよいのです。

それでもわたしは一番幸福なのです。わたしにだけ照らされる光でなく、誰にでもふりそそぐ太陽の光であっても、ふりそそがれていることは幸福なのです。　一九七〇・五・三一

わたしにとって、学問は心のふるさとです。（古典の美しさ、奥の深さにふれていることは。）心の一番安まるときです。わずかしか残っていないと思うと、必死にすがっていたい気さえします。おぼれそうな今日このごろであってみれば、なお、すがりつきたい気がします。


たとえ悲しい別れの日を持ったとしても、わたしは学問を捨て切れないと思うのです。

それほど慣れ親しんできたものなのです。誇りとしてきたものなのです。

人間の世は哀しいからといって尼寺へ入ろうとは思いません。塵のなかであるからこそ、生きたいし、そういうなかで学ぶからこそ、その深さも味わえるのです。

人間のいない文学は成り立ちませんし、人間の文学を人間でない人が学んでもわかるはずはありません。

一九七〇・七・一

わたしが生きたいのは、社会道徳的にこうだから、こう生きてはいけないとして、生きていくのではなく、自分の心のなかの声（それが社会の一般通念としては批判されるべきものであったとしても）に最も忠実に生きさせてあげたいのです。もっとも人間らしい人間（人間的な本能をもった人間）として生きて、そのなかで人間の真実の姿を見出だしたいのです。

自分の心のなかの醜悪を客観的に見つめて生きたいのです。

そして、内からの声に従って生きたとき、人間かどうであるか知りたいのです。

道徳としてあるから、他人に思いやりを持つのではなく、内からの声として、思いやっているわたしを発見するのです。

それは内からの声に忠実に生きて、人間がどんな弱いもの、おろかな行動をしやすいものかわかっているゆえ、当然出てくる思いやりなのです。

たとえよいことであっても、自分が本当に身をもって知ったこと、その人の体験でもってその人の身についているものしか自分のものとして持ちたくないのです。偽善者にはなりたくないからです。

たとえその偽善者を批判したところで、そうならざるを得ない人への思いやりは、やはり初めの理由からしてもてるのです。わたしが自身最もみじめでおろかな人間であることをわかっているから、他人には何もいえないのです。また、そうなる気持ちもわかるのです。

一九七〇・七・二〇

「風立ちぬ、いざ生きめやも」

平凡な言葉ですが、秋風を最初に感じた人誰もが、ふとつぶやきそうな言葉に思えます。どんな夏の激しさのなかでも、朽ちはてんとする、そのもだえのなかでも、失望の底で一歩先の光でさえも見出だせないでいるときでも、一陣の秋の風を感じたとき、「風立ちぬ、いざ生きめやも」の想いが胸をおおい、生きることがとてもうれしく、懐かしいことのように思えてきます。

その秋を感じさせてくれる風を待ちながら、今日も重苦しい体を横たえています。疲れ果て、朽ち果てんとする体をもてあましています。生きる喜びを与えてくれる人も、使命感も何もありません。滅びつつある体と同じように、すべてが去っていってしまったのです。

夏の日に幸福でしたかと尋ねて見るのも物憂く思われます。

一九七〇・八・二〇

わたしは、たとえその瞬間に死んでしまったとしても、先生になりたいと願い続けていました。わたしのこのような性格が、体を弱めていくのです。わたしにとって、それが倖せでしかなかったら。

ただ悲しいのは、ただ罪の意識を感じるのは両親のことです。両親は、単にわたしが息だけしていたとしても、生きていて欲しいと思っています。

わたしは、生命をなげうってもと思うような情熱のなかでしか、生きたくないのです。健康に、安穏としているわたしより、悪くいえば太ったブタよりも、やせたソクラテスでいたかったのです。たとえそれがソクラテスほどの価値のないものに対してであっても。その価値が見つからないときは、たとえデカダンスの生活に身をおいたとしても、そのデカダンスの生活のなかで、命をかけて生きていたかったのです。

そして、また悲しいのは、こうして生きていたことすら、忘れ去られなければならないということです。

この世で何をなすこともなく、何を残すこともなく、去らねばならないということです。生きている人たちの何の灯ともなれず、文学史に何の足跡もきざめず、朽ちていかねばならないことです。

せめてものとして残っているのが卒論です。それは単なる自己満足にすぎないものかも知れません。でも、何かしら、生きた日々を残すものを書き上げたいのです。

その日までは生きています。大学卒業の日までは、たとえどんななかでも生き続けます。それ以後もし、わたしを生きさせてくれるものがあるとすれば、今すぐでも、わたしに将来を生きさせてくれる喜びを与えてくれるものがあるとすれば、それはあの試験に合格している事です。

一九七〇・八・一五

久しぶりにハリと糸をもちました。レモンをしぼる袋を入れるためのものでした。ほんのちょっとのことですが、長く忘れ去っていたわたしに戻れた気がしました。

そうじ、料理、つくろいもの、わたしには好きなものでした。小さな頃から、一人の人のために、そうしたことをして過ぎていく日々を夢に見たものでした。

いつしか、十何人かの子どもに囲まれて、その子どもたちの成長を願って過ぎていく日を、どんなにか追い求めたことでしょうか。

むき出しの腕を、そっとおおってやりたいような夜。鎮まりつつある静寂のなかで命のいとしさを思います。

にくしんだものまでも、すべてが哀しく、すべてがいとしく思われます。

（今、消え果てるかのように思えるそのときに）

せめてものいきている証しとして、命をかけていたかったのです。生きていて、かいのない命なら、その命とひきかえに、何かに執着していたかったのです。

たとえ、その瞬間に死に至ったとしても、むしろ、本望に思えたのです。

一九七〇・八・三〇

新潟県高等学校教員採用試験合格の報を聞いて

すべてが夢でないように祈りながら、これを記します。

今、初めて自ら生きたいと思いました。

わたしにとって、一つの半生が終わったとしても、何の後悔も、さみしさも残りません。

恋する人を求め、恋されることだけを生命として生きてきた日々の夢が破れさってしまった遠い日、その日が再び帰らずともこの身を悲しく思わないと思います。

そういう日々はもはや過ぎ去ってしまったのです。あきらめきれず何度も必死に抵抗しました。教員にはなるまい、そういう一人だけの生き方はしまいと抵抗しました。でも、運命はわたしをこの道にしか運んでくれませんでした。道を曲がったときもありました。そういうときは、わたし自身が、泣きながらこの道を選んでいました。何かしらの声が、わたしをそこへ歩まざるを得なくしたのです。もしここで普通の結婚をするなら、どうして、あの遠く過ぎた日に、悲しい別れをしなければならなかったかと思ったのです。あの苦しみにも耐えて、欲したものの結果がそことは、あまりにもその犠牲がむだであり、大きすぎるように思えたのです。

わたしが、この道を歩くわたしでなかったら、どうして、あの苦しみにすがりついて、倖せの日を待てなかったかと思ったのです。

あのなつかしいおもかげが、とめどなく涙のなかに見えてきたのでした。

そして、わたしは迷いを捨てて、この道へもどったのです。昔の人にだけめぐり逢える日を待つわたしでいいと思ったのです。

故郷の地へ、最も忘れられない日々へ再び帰る道は、教師になることだけでした。浮き草のようなわたしを、一つにとどめてくれるものは古典だけでした。わたしからいつまでも離れ去らないでいてくれるものでした。

そして、生徒たちがいとしく思えるのです。待っていてくれるように思えたのです。昔の夢に、輝機や邦行、好則の三人に手をつないでもらっていつまでも歩いていくわたしであってほしいと思いました。今、それを感じるのです。昔のあの倖せをいだき続けたまま、昔のままのわたしで生きていけるように思えるのです。

わたしがそうして生きていることを、あの人たちがかすかにでも、聞き伝えてくれる地で、わたしは生きたいのです。そのとき、あの人たちが、わたしが昔のまま――あの人たちが信じていたわたし――のわたしで生きていることを一瞬いとしんで下さったら、それでいいのです。

そして、わたしは、誰よりも美しく、誰よりも情熱のかぎりを尽くして生きていたいのです。

わたしは誰よりもわたしを知っていました。

あの人たちが、わたしの前にひざまづいてくれたとき、わたしの心は遠く、別の人を追い求めに旅立つことを知っていました。

そうした心のままに、さすらうのが悲しかったのです。自ら陥ちていくのを見るに耐えられなかったのです。その不実さがいやなのです。いつまでも変わらない人として、思い出にとどめたく思ったのです。あの人たちを。

そしてわたしは、いつの日にもわたしから離れないでいてくれるものを欲しかったのです。人が変わらずとも、わたしが変わるのです。『万葉集』や『源氏物語』を手にしている間は、わたしはいつまでも、わたしを忘れないで生きていけるように思ったのです。

歳月がたってもわたしから離れないでほしかったものは、大学時代の、この生きているわたしなのです。

この自尊心と誇り、誠実さ、美しさ、そういうわたしのまま留めてくれるものが、そこにあるように思ったのです。教員になれば忘れた日にも、わたしの手もとにあってくれるのです。本当は静かな家庭の余暇に、『万葉集』や『源氏物語』をひもとき、過ぎていってくれる日であってほしいと思いました。

でもそれは夢で、いつかなうかもわからないものです。

そういうものを求めるよりも、確かなものを求めたかったのです。

夢でないようにと祈り続けています。間違いでないようにとはっきりと信じながら、このペンを置きます。

明日も、永遠の未来にも生きる日を夢みて、ペンをおきます。

一九七〇・一〇・七

わたしの生き方そのものにかかわる問題において、破れた場合、わたしは生きていくことはできません。わたしの一切が否定され、苦しみぬいた末にやっと見出だした光ともいえるこの道からもしめ出されたら、わたしはどろ沼に転落していくか、死しかないのです。

恋する人に恋されないさみしさや、どうしようもないもだえであっても、春が訪れ、花が咲けば、暑い一日が終わり、激しい夕立が降れば、いつしか心もなごんでいます。花が咲き、鳥が鳴いてもなぐさめることのできない心のむなしさは、何よりも耐えがたいものなのです。あの——

うらうらに照れる春日に
ひばりあがり　心悲しも
ひとりし思へば　——家持——

むなしさは、どんなやさしい人の言葉も、にぎやかさも、慰めてはくれないものなのです。むしろ、心の哀しみに対比されるそれらのやさしさや明るさがそうむなしく感じられるのです。

成そうと思ったことの成し上げられなかったむなしさ、人間としての敗北感、それはたとえどんなさみしさ、苦しみを経ても味わいたくないのです。

わたし自身はたとえどんなものに対しても譲れないのです。わたしの生存そのものがかかわっているものは、たとえ何のためとはいえ譲れません。それがなかったら、生きていたとしても、無意味にしか思えないものでしたら。

すべてがすべて、譲れたわけではありません。譲ることのできるものすべてを譲ったのです。それは、この世で一番、あってほしいものでした。人の願う最も平凡な倖せで、どんなに尊いものか、身にしみてわかっていました。でも、たとえ気が狂いそうになったところで、耐えぬけるのです。（あの昔の苦しみに比べたらこれくらいの苦しみ、とも思えました。あの苦しみはのりきることのできる苦しみでした。その代償として体がおかしくなったところで。でものりきることのできない苦しみというものはどうしようもないものなのです。）

この日の喜びとひきかえに味わわなければならないわたしのさみしさ。

一九七〇・一〇・一〇

二人のわたし
野べで花をつみ
やさしい人に捧げる
幼いままのわたし
その花にも涙を流し
人生のむなしさに
泣くにも泣けないわたし
いつもしいたげられるのが
幼いままのわたし
いつも伸びていくのが
人間であるわたし

永遠に成長することなく
あの野べで花を摘んでいる
幼いままのわたし

いつも思います。このようにわたしの本性をしいたげて生きていて幸福なのかしらと。この栄光と優越感のために、犠牲にされているわたしを見ます。

いつも寒さにふるえ、成長することもできないで、野べをさまよっています。

心の冷たさは体に深くしみこみ、体そのものまで冷やしていきます。この心に暖い血を流してくれる人とてなく、寒さにふるえています。

わたしの内部にある、どうしようもないものが、わたしにこの寒さに耐えても、その苦しみは味わいたくないと思わせるのです。

あの咲く花にも、鳴く鳥にも、春のうららかさにも、むなしく思うわたしがいなかったら。

どんなやさしい人のなぐさめでさえも、むなしく感じなければならないわたしがいなかったら。

わたしの体には暖い血が流れ、成長していたでしょう。

一九七〇・一〇・一五

生きている喜びを感じます。誰かにこの喜びを、心の底から分け合ってほしいと思います。

小さいときから慣れ親しんでいる人たちの心からの喜びは、わたしをうれしくさせます。

村の若者にかこまれて、昔ながらの冗談にふき出すとき、わたしの心には幼い日のわたしがよみがえるのです。

しいたげられてきた本性が、光をあびて喜びいさんでいるのです。

いちじくの美しく色づいたのを、子ども心に欲しくなったものもそのわたしでした。

よその家とはいえ親せきの家の木でしたので、ためらうことなく木に登りました。そのやわらかい実を手にして喜んだとたんに手がすべってまっさかさまに下の泥のなかに落ちてしまいました。木から落とされ、泥のなかにまだたどりつかない瞬間に、わたしはここで終わってしまうのかしらと思いました。

泥に落ちたとき、ケガが軽かったのを喜び、一緒にいた小さな甥の名を呼びました。

こわくて逃げだしたのか、もうそのあたりには見あたりませんでした。上へ登る道もさがさねばなりません。

わたしの右のほおと左の足に残った赤い大きなすり傷、ちょっと前に、お祭の儀式を終えたみこさんに「きれいな娘《こ》」とほめられ赤らめたその日の美しいほお、その大切なほおなのに傷をつくってしまって、わたしは鏡を見て、思わず笑っているのです。

一九七〇・一〇・一九

何かがはっきりと違って感じられます。将来好きな道で、自分の能力を発揮できるという
そのことだけで、いかなるときにも自暴自棄に陥ることはないのです。大切にしたい命だと
思えるのです。

自分の生をいとしむことのできるこの喜び、それは季節の推移に生きている自然を実感し、
自分の生をもいとしむと同じものなのです。

自然の推移とともに生きている喜び、心のやすらぎ、そこで永遠の生を終えることのでき
る安心感。

その日を迎えるための悲しみや苦しい日々を思うときに、なおそれは深い喜びとなるのです。

三島氏の行動の半分は理解できます。

ただ何か、一つの花が散った気がします。その日本の心を伝えてくれる人の死は哀しいの
です。

ペンで、日本の心の美しさを世界の人たちに、いいえ日本人の人たちに語りかけてほしかっ
たのです。

その死に、花をたむけて涙するのです。

この行動によって、その文学が不当に低く評価されはしないかとそれが悲しいのです。

しかし、ただ天皇中心の華やかな文学、王朝の栄華にあこがれるものでしたら、それは間違っています。

日本人の心の美しさはその華やかな王朝にあるのではありません。もっと素朴なありのままを信じ疑うことのない心にあるのです。あの『古事記』において、倭建命《やまとたけるのみこと》が、死を前に

大和は国のまほらば
たたなづく青垣山ごもれる大和しうるはし

と詠い、さらに

命のまたけむ人は
くぐりこも……
………………

と詠った心に。

そして、国の危機には一切をなげうってたちあがった松下村塾で学んだ人たちや、第二次大戦で散った人たちなのです。

それは、自分自身よりも、何か尊大なものに命をかけるその心なのです。物質よりも心を重んじ、貧しさのなかでも誇りを失わない心なのです。

父母を愛し、いとしい人を愛しても、なお心に訴えかけてくる何か大きなもの、偉大なものへは飛び立たざるをえないのです。

たとえどんな幸福のなかに酔いしれていても、あの大空をはばたく鳳の姿はなつかしく呼びかけるのです。大空をめざして飛び立とうとして散った人々の心を偉大だと思うのです。

そして、王朝においても、必死に生きた女性や、隠者として、つれづれから自らの心を守り続けた人々の心は、どんな国にも負けない美しいものだと思うのです。

つれづれなるままに、まどひの上に酔ひ、酔ひの上に夢をなした人々から逃れて、じっとその心を記し続けたそのもの狂ほしい心が。

王朝の栄華から一人遠ざかって生きた人々が真にその美しさを語りかけているのです。

一九七〇・一一・二五

灯に集まった夏の夜の蛾は、あのきらびやかな舞にもかかわらず、朝の光とともに地面に伏してしまうように、昼になれば捨て去られたわが身を見るだけなのです。そのとき、わたしは生きる勇気をもてるでしょうか。わたしは昼に別人にかえることはできません。夜のままのわたしで、昼も生きるしかできなくなるのです。そんなわたしから、やがて人は去っていくのです。

それでもなお、この身をほろぼしてしまおうとするのです。それゆえに心憂く思われるのです。今すぐ、何か一切を捨て去れる情熱がなかったら、いっそのこと、勤行にはげんで自分自身を忘れ去りたいのです。

きびしい勤行のなかで、自分自身の迷いを断ち切ってしまいたいとさえ思われるのです。この世で一番苦しいのはつれづれです。もしつれづれというものが存在しなかったら、いつも忙しさに追われていたら（精神的満足を伴う忙しさ）わたしは何もこの死ぬほどの苦しみを受けなくてもすむのです。

わたしをここまで運んできてくれたものは理性なのです。激しい悪魔のような本性をいつもおさえつけてしまっていたのです。それは自尊心が、わたし自身の敗北を許さなかったからなのです。その悪魔のような本性であればこそ、幼いもののように泣くことも知っているのです。しいたげられて、小さく縮められた悪魔は、いつもふるえて泣いているのです。罪深いものの涙とはいえ、それは哀しいものなのです。

この世でかなわぬものを、大自然にいだかれることによって救われるのです。その広い野原は、そのどこまでも遠く高い梢は、広い肩をもった人の胸と同じなのです。そこに身を寄せて深いため息をつくのです。その変わることのない愛を感じるのです。

わたしはいつも一人で終わるような予感をもっています。その昔、わたし自身を尊いものと思い込んでいました。そのわたしが、あるときまた目をさましてしまうのです。

凍てつく夜に

この世で「つれづれ」ほど耐えがたいものはありません。

どんな形であるにせよ、生きている自分自身を見出だせないことほど、生きるに耐えられないものはありません。

わたしが病気を苦とも思わないのは、それが、命をかけて闘った末のものであり、それゆえにいとしめるわが身でもあるからです。またその瞬間に、生と闘っている自分自身を見出だせるものゆえ、むしろ快くもあるのです。

考えるひま（一人のさびしさを思い、自己の存在のむなしさ）もない忙しさのなかで（精神的緊張の連続）生きていたいのです。振り払いがたいものをそうすることによって忘れてしまいたいのです。

「つれづれ」のときに、あくがれようとする魂を結びとどめようとして、すずりに向かってよしなしごとを書きとどめることこそ、最良の手段かも知れません。そして「あやしうこそもの狂ほしけれ」という、その一つの精神的緊張のなかで、生きて存在している自己というものを見出だせるでしょう。それは何よりも「つれづれ」からのがれ去れることであると思うのです。

でも、そうして耐えられる日々ばかりではありません。そうした日々の果てに、身も心も捨ててしまいたくなるのです。隠者ではなく、生きた一人の女性として、その本能のまま、生命の燃えるままに燃え尽きてしまいたいと思うのです。

それが「まどひのなかに酔ひ、酔ひのなかに夢をなす」にすぎないとわかっていても。

たとえ傷つきすべてを失っても。

わざわざ徹夜のような状態を選ぶのも、十分に眠ったあとのあのむなしさに耐えられないからなのです。

朝が明けようとするときの、あの心のはりのようなもの、一つの充実感のようなものが欲しいのです。そして、いつか眠りたいだけ眠れるという、将来への一つの夢を残しておきたいのです。

一九七〇・十二・一

今日、生きているわたしを、わたし自身でさえびっくりします。もし邦行が生きていてくれたら、このわたしを何というでしょうか。行末まで見とどけてくれたであろうと思えるその人に、せめて生きていてほしかったのです。

これもわたし自身への神さまの罰なのでしょう。

わたしのわがまま、幸福のなかにいながら幸福に気づかなかったわたしへの罰として、わたしから奪い去ってしまったのです。

それゆえにわたしは、こうして一人のさみしさに耐え、自分自身ではなく、多くの人の心の支えとして生きなければならないおきてを与えられたのでしょう。
春の日を、その風にまかせてあくことなくたわむれた罰なのでしょうか。それでさえも短い春の日にすぎませんでした。

こうして今日も夜が明けてくれましたら、わたしの「つれづれ」は少しでもなぐさめられるのです。

こんなとき、ふと昔の人の

　いたづらに明す月かなうらやまし
　　背子が衣を人はうつなり

という歌が浮かんでくるのです。

一九七〇・一二・五

病気で苦しくて、もしやこれで、と思われるとき、なぜかうれしくさえ思われるのです。
この世にながらえているこの身があまりにももの憂く感じられるのです。
あまりにも欲望が強すぎて、生きる勇気でさえもそれで左右されている身がつらいのです。

美しさなくして、心の美しさを保てない身がなさけないのです。そして何よりも、この世がむなしく感じられて、体を無理につかっている身がつらいのです。

今わたしが受けなければならないこの罰を思います。

春の光のなかで、すべてがいとしく、すべてがなつかしく、すべてがあこがれとして思われ、通りすぎる人々を想って、眠れない夜を寝がえりのうちに過ごしたからなのでしょうか。春の日の一つの汚れた面、人を想うゆえに、人をねたみ、ひそかにおとしめ、そのなかで生き続けたからでしょうか。

いいえ、わたしはそれが耐えきれないで逃げ出したのです。

あの北国の冬の夜が、激しく波のくだける音と、窓をたたく枯れ木の音で、心の底まで見すかし、偽りを許さなかったように、その心に耐えきれず、春の花の咲く温室へ逃げ込んだのです。そこは、厚いガラスでおおわれ、そこに咲く美しい花々は、外に吹く風には遠い存在なのでした。

そうしてさえぎってしまった風を、温室の厚いガラスをくもらすほどの涙でなつかしんでみましたのに。そんなわたしが悲しくて、ますます高い世界へ、あの風たちの届かない大空へ逃げ込んでしまおうとしたのです。

忘れ去れない人でしたら、狂わんばかりに想われる人でしたら、なぜすなおに、そのなかへ入っていかなかったのでしょうか。たとえ傷つけられ、踏みにじられても、その人たちをしたって、生き続けなかったのでしょうか。たとえ、自分の存在が、虫けらよりももっと小さな踏みにじられたものであっても、そこにしがみついていればよかったのです。そうすればこの苦しみを味あわなくてすんだのです。

わたし自身は、いつしか人々に忘れ去られていく小さな存在にすぎずとも、たった一人の人はわたしをいつくしみ、わたしの体には暖い血が流れ、あふれ出る愛情を飲み尽くしてしまうほどの子どもたちが何人もそろっていたでしょう。

遠い世界へ逃げ込んだわたしは、本当は誰よりもその人たちから迎えられるのを待っていたのです。

わたしをその高座から奪い去り、もとの地面へ戻してくれるのを待っていたのです。

その日を待って生きていたわたしは、いつのまにかあの人たちと遠くへだたってしまっていたのです。

たとえどんな肩書きの人よりも、あの人たちがわたしにはたのもしく、倖せを与えてくれる人でしたのに。

今日も冷たく空に輝く月は、こんなわたしの後悔の想いを、哀れみになるでしょう。一人の、夢を見すぎた少女の結末を。

今、あの日想ったように人が思えるでしょうか。どんな人にめぐりあったところで、わたしはその人たちに、かつての人たちのおもかげを求めようとし、それが得られないからといって、その場を去ります。そうして、いつまでもさすらわなければならないのです。いつも心に忘れ去れない遠い人々のおもかげを求めて。

一九七〇・一二・六

浜辺を越えて、いくつもの家を隔てて聞こえてくる潮騒に、生命のふしぎな動きを感じるのです。

それをあやぶみながら、いつしか眠りについていたのです。

人の心を原始の状態に立ちかえらせてくれるふしぎな音なのです。

ここにはじめて生きている自分を見出だすことができるのです。

あの万葉の世の原始の心に立ちかえらせてくれるのは、このうらぶれた寒村なのです。生まれ育った村なのです。

冷たい雪のなかで眠りました。じっとこのまま永遠のときが終わってくれればと思うほど快く思われました。そっとあけた眼のなかに、雪は吹きつけ、あたりの山々が無表情に思われました。この冷たさのなかで永遠の眠りにつきたいと眼を閉じました。

あかりを消すと、海鳴りだけの聞こえる世界に、わたしが一人横たわっています。ずっとその昔に、海鳴りと、流れ落ちる水の音だけの聞こえるなかを手さぐりで歩きその人の名を呼びました。

やさしく答えて下さったその人が、時のたつのも忘れて、二人でいたそのやみのなかが思い起こされるのです。

そして、その瞬間にさえも、わたしの脳裏をよぎったのは別の人だったのです。

一九七〇・一二・二七

わたしは和泉式部を調べたゆえに、その人がなお忘れられないのではありません。その人が忘れられない故に和泉式部を調べたのです。

一九七〇・一二・二九

先生に喜んでいただけたときはとてもうれしく、せめてもの感謝の気持ちとして、より美しくなりたいと思います。より、多くの知性を身につけていたいと思います。その保護と栄光のなかで、はじめてわたしが生きて輝いている気がします。恋愛とかいったものとは超越したところにあります。

それでいて子どものようなうれしさなのです。

友だちと話していて、時々顔が輝き、遠くを見つめ出すのも、先生と逢っていたその一瞬のうれしさが甦ってくるからなのです。

人の心を一つにとどめてくれるもの。どんな日にも絶対ゆるがないもの、そういう光を浴びてはじめて生きていけるのです。

恋は苦しくていやです。奴隷のような自分を見ていなければならないのです。わが身の誇りも知性も忘れて、その人の心に入りたいと思い、たとえその前でひざまずいても、自ら働くことがあってもと思ってしまいます。

その人と身一つになれる可能性があると思えばこそ、そこへ同化してしまおうとします。それさえも遠く隔ったところにある人には、もし情況さえ許せば、他のどの人よりもと思える人であっても、それ以上のものは求めないのです。

人と話しているのは楽しいものです。ただの人でさえ、その人を半ば軽蔑はしながらも、情熱を傾ける場として、輝いているわたしをみます。しかし、そこはあくまでも仮そめの地であって、そのときが終わった後に残るのは一人のわたしです。

そこは、一時のなぐさめしか与えてくれません。

好ましい人の場合は、そこでの一時はその夜のみでなく、もっと後々まで、永遠に連なるものとなってくれます。

その人に他の女性の存在というものが考えられたとしても幸福なのです。

人の心に美しい想い出として生きたい。それが恋を乗り越えた向こうにある人であればなおさらのこと。その一時たりとも、心をなごませることができるならそれでいい。

ある英雄とも称したい人に対するこの想いは、明らかに違っています。そういう人に対するものは、むくわれない片想いにすぎないと思うゆえ、最初からあきらめてしまうからでしょうか。

庭の植えこみの花となれないなら、せめて野に小さく咲いている花であって、ふと足をとめたその一瞬に、安らぎを与えてあげられたらと思うのです。

それは夢のなかの恋なのでしょう。恋の遊戯なのでしょうか。

現実の人に対するあの生々しさも、憎しみもそこにないのです。自己をもほろぼし、相手をもその渦に巻き込んでしまおうとするあの激しさはないのです。ただその人のために、遠く高くへ登っていきたいと思うのです。

現実の人に対しては、その人のためというより、自分自身というもののすべてをそこに投げ出そうとします。

前者が愛で後者が恋なのでしょうか。

わたしは書きたい。心に浮かんだ通り書けないのがくやしい。物も言えないで、口びるをかみしめているようなくやしさ。

書きたい。何のために使いたい時間でもない。ただ書くためにだけ、そのことで過ぎていってほしい。誰にも会いたくない。人とのすべてを断って、書きたい。そのことだけに集中していたい。一切のわずらいも、わたしにたちふさがるものすべても、断ち切ってしまって、ただその過ぎた日の真実を再現したい。今日まで生きて、訴え、叫び続けたかったことを書き上げたい。

わたしが生きて、一人かみしめてきた苦しみを。

自己を語るのは、あまりにも狭く卑少なものであって、人には何の訴えともならないのです。

それゆえに、人の一生を借りて、事実は再現できずとも、真実は語れるのです。千年を経た過去のことゆえ、もっと調べたいことが山ほどあるのです。それに一切をかけていたい。

ぼろを着たまま閉じ込もっていてもいい、乱れた髪とくすんだ顔のままで閉じ込もっていてもいい。人のために生きようとか、人に恋されようとか、そういうものも一切すてて、わたしだけのわたしになりきって、わたしは書きたいのです。

もし何か、これというものさえ書き上げられたら、わたしは何もいらないのです。誰にも恋されず、わたしの肩に手をかけてくれる人がいずとも、わたしの顔がたとえ鬼婆のように乱れ、やつれ果ててしまったとしても、書いているわたしがその形相のなかに落とされたとしても、書いていたいのです。

書けるために、泣きながら歩いてもいい。人の幸福をいつもかたわらで見ていなければならずとも、わたしにめぐってくるものが、ただ苦しみと、人々からつき放された孤独のなかでの叫び声でしかなくとも、わが身の血をふりしぼっても書きたいのです。

書き残したいのです。それができるならば、どんなかなえてほしいと思う願いがかなえられずとも耐えぬけるのです。

力のかぎり生きたい。その生きた跡を残したい。誰のためのわたしでもない。わたしとしてのわたしの生きた道を。

わたしが歩いてきたのは誰のためでもない、誰の奴隷としてのわたしでもない。

わたしという独立したもののためになのです。

東京を離れる前の晩のことでした。（二月六日）虎の門でベトナム戦争拡大反対のデモ隊によって前途を拒まれました。急いでいましたので、そのときは激しい憤りを感じました。長い行列は続き、信号は赤のままでした。待機していた警官が、デモ隊をとり囲むように両脇に並びました。

デモ隊のなかからビラが配られました。わたしはいつものくせで、それを受け取りもしないで、ソッポを向きました。道を開けてくれないこの人たちがじれったくてたまりませんでした。せっかく急いで来たのに、道を拒まれたのでは一切がムダになります。

そのとき、数人の警官がドヤドヤと列のなかに割り込み、なかから一人の青年を引きずり出し、歩道の鉄柵まで引きずり込んで、いやというほど体をそこへぶつけたのです。大衆の前で辱《はずかし》めを受けたその青年の泥まみれの顔を見たとき、この世のなか、人間の営みのすべてが哀しくなりました。折しもデモ隊はのろのろ歩き出し、拡声器からは一般市民の迷惑を考えて、行進を続けるように何度も説得の声がかかり、その声は高く緊迫を増してきました。座わり込む人もでてきて、ついにデモ隊はそこにピッタリ止まってしまいました。

あの辱められた青年は幹部クラスの人なのでしょう。それゆえデモ隊のなかに混じっていたのを発見され、引きずり出されたのでしょう。静かに行進に加わっていただけなのに。過激な行動に出たゆえではなかったのに。

人は、命を乗り越え、物質を乗り越えある価値に身を投じます。そのように何かに命をかけ生きていたいのです。

たとえそれが間違っていたとしても、彼らにはただ一つの真実の場、生きている証しの見出せる場なのです。

あの激しかった無秩序の混乱の時代は去ったのです。あの、街頭を破壊した、市民をおびえさせて叫んだ「平和」の名のもとの争乱もないのです。

あの人たちはあの人たちの信念に従って、無言の行進を続けてきたのです。

なのに、なぜ警官隊が周囲をとりかこんだり、二、三メートル先にかくれて待機している機動隊が必要なのでしょうか。混乱のときは過ぎ去っていても、その過去と同じ目でしか見られないのでしょうか。人とはそれほどに信じられないものなのでしょうか。なぜか悲しくなりました。

過去に汚名をもっている者たちを、今また虫けらのように追い散らそうと、機動隊がかくれて待機していたとは。

それとも東京で住んだ最後の夕ぐれゆえ、悲しかったのでしょうか。

それともあのデモ隊のなかに友達の一人がいるかもしれないと思われたからでしょうか。

そのような青年の日の情熱と、それといつも対立する老練の人たちの方針というもの、その永遠に交わることのない悲しさからなのでしょうか。

大衆の前で辱めを受けたあの青年幹部がいたわしく思えたからでしょうか。

人が命をかけた泥まみれの情熱、それもむくいられず、そのように大衆の前で無惨に踏みにじられたというその耐えがたいさみしさのせいなのでしょうか。東京の夜のさみしさでしょうか。

一九七一・二・六

ふと、中学時代の友だちがなつかしくなった。そのなつかしさのままに海辺へ出てみた。

邦行がいた。初めて廊下ですれ違ったときの、背が低くて細い体に白いカバンをかけた、目のきれいな顔がはっきりと目の前に浮かんでくる。幸伸（親せきの子どもで、産まれてきた頃からずっといとしんでいた、女の子のような顔立ちの少年）にそっくりだということがなお印象を強めていた。

二年生からクラスが一緒で、何かのきっかけからすぐ仲よしになった。

中学の三年間、および高校の三年間、いつも満がいた。いつも満とのり子さんと三人で遊んでいた。

二三夫がいて博がいて学がいた。好則も輝機も、幹雄さんも、一人一人が皆なつかしく慕わしい。

今こうしてなつかしくあの人たちを想い出すように、あの人たちがわたしを想い出してくれることがあるのであろうか。

あの頃話した約束ごとの一つ一つを覚えていてくれるであろうか。

少くとも、このわたしが語りかけたとき、やさしく答えてくれるであろうか。

あの満でさえも、今は遠い所にいる。人はそれぞれに新しい世界に生き、古い日のことは記憶からも消え去ろうとしているのに。

その昔をたぐり寄せる糸でもあったら。その昔話したように、何のこだわりもなく心に思うまま語りあえたら。

せめて二三夫だけにでも。いいえ好則にも、学にも、満にも逢いたい。

一九七一・二・一〇

雪解けの晴れた日、過ぎさった人たちがたまらなくなつかしく思えました。

山へ行ってもあの人たちが甦ってくるばすはありません。でも、森に咲く花は一人の心に話かけてくれるのです。

なつかしさの重みで、倒れそうな心、その荷を軽くしてくれるのです。

春の野の最初の光はやさしく語りかけてくれます。

あらゆるものすべてを捨て去って、そこにかけた命、もし、そのかけに破れたら、この世に生きてはいけなかったでしょう。

恋しい人たちから離れているさみしさは、春のはじめの野辺で、いつしか忘れることができます。

この世で自己の生存にかかわることは、たとえこの大地であってもふり払ってはくれないのです。

幸福《さいわい》は山のかなたにといった人がありました。
水のゆるんだ春のはじめの日に山奥へ入って行きます。
水仙が咲き、福寿草が咲き、地桜が咲いています。
誰も訪れなかった長い冬。
その雪の下で生きていたものが、
今、花盛りのときを迎えているのです。
山のかなたに幸福が待っているような気がします。

この広い野山を、わたしのものとして自由に飛びまわる。

誰も、何もわたしをひきとめはしない。


陽は照っていたが畑の風は冷たく吹いていました。福寿草の花は黄色い花びらをほころばせていました。すでに葉っぱを落としてしまっている木々の間からは青空がはっきり見えていました。遠くの海では白波が立っていました。その段丘を吹く風にさらされて、一人花を咲かせているのでした。


わたしは福寿草になりましょう。

何の支えもなく、ただ一人寒い北風のなかで咲いています。

温室のどの花にも劣らぬあざやかな色をしています。

あの桃色や紫色の地さくら（雪割草のこと）でさえも、小さいとはいえ、どんな鉢植えの花よりもあざやかです。

その地さくらにわたしはなりましょう。一人強く生きているそのときも、美しさを忘れはしません。

誰に見せるためでも、誰に寒い北風から守ってもらうためでもありません。

それなのに人間であるわたしは、なんと弱いのでしょう。

古く先祖の人たちの切り開いてきた土地。遠く海を見下すこの奥深い山地に麦が実り、柿の実が実ってきた。その地面に芽を出している雑草は、古い枯れ木のなかから新しく生えたものである。

その新しい芽も冬には枯れ果てている。

そうしたことをどれくらい繰り返してきたのであろうか。数十年、いや数百年、千余年かもしれない。

この高い地から見下す田んぼも、幾百年、青い稲穂をたたえてきたのだろうか。

村は一年一年姿を変えながらも、その原始の昔からのおもかげをどこかに残している。姿を変えたそのものも、古いものに混じって伝えられていく。

あまりにも自分自身というものに執着していたわたしがおかしく思えてきた。

わたし一人がいなくても、その生きた跡かたを残さず朽ちていっても、世界の歴史が変わるわけでもない。それどころか、この身の回りの人々にとってすらどんな損失でもないのだ。

仮にそうして朽ちていっても、さみしくない気がした。

その年の雑草が枯れ果てても、雪の下から新しい芽が生え出すように、わたし一人が朽ちても、新しいわたしがどこかに生まれ、生きていくことであろう。

一九七一・三・五

突然の吹雪に見舞われ、電灯が消えました。

ろうそくの灯のなかでしばしのときを送りました。

深く積もった雪のため、外は明るく見えました。暗やみのために見えないはずのものが見えるために、ぶきみにさえ思われました。

こうした夜、わたしは眠れないのです。心の底に眠っていたものが目ざめ、生命の喜びに燃えるのです。

大地の生きている声が心を甦らせるのです。

深い雪の底からうごめいている声が、心に語りかけてくるのです。

雪は豊年の知らせといわれています。

その雪は、いつかしら春の訪れ、幸福なときの訪れを伝えてくれるのです。

暗いやみのなかにたたきつける雨風とは何という違いなのでしょうか。

吹雪は心を幸福な昔に騒がせるのです。

過ぎた遠い日に、この部屋で想っていた人のことを、鏡のなかでひそかな喜びに満たされていたわたしを。

この雪に学んだ昔も。

この年月、幾度かその昔を懐しんだかわかりません。

雪の明りで学んだその日々をどんなに欲したかわかりません。

大空をはばたく鳥にと願いながらも、小さなわたしは、地上にいる人から離れられず、ただそこに嘆き伏すだけでした。

あの鳳のように、一切のものを超越してはばたいている人をただ涙で見えなくなった目で仰ぐだけでした。

一切のものにわずらわされないで、どこまでも広い青空をはばたけることはうれしいことです。この自由の身の喜びはどんなものにもかえがたいものです。

圧迫され、束縛されたあの暗さ、おし込められすすり泣くわたし。　一九七一・三・六
大寒波に見舞われて四日目になります。少し陽もさし込み、水もゆるむように感じられま

したので、河原へ出かけました。

雪はちらついていますが、なぜか体が暖く、冷たい風も快く感じられました。

雪のなかに咲いていいたふきのとうが印象的でした。


恋しい人がたくさん通り過ぎていったように思われます。あきらめなければならない人もありました。いつか忘れていた人もありました。何となく逢っていた人でも、今はなつかしく浮かぶ人もあります。


奥深く山に分け入りその地に住むのです。

遠く過ぎた日が折々の移り変わりのなかで甦ってくるような、そんな川の流れのそばで、永遠のときをもつのです。

人から忘れられ、人を忘れた山奥で住まうのです。

かくしきれないわたしの姿を、木々の緑の重なりの、そのうすもやのなかに隠してしまうのです。


山奥の誰も知らない地に咲き匂う花のように、ひそかに咲いているのです。

恨みも憎しみも忘れるのです。

冷たい風のなかでも、深くかぶった雪のなかでも、美しい花の姿をたたえている山奥の福寿草や地桜のように、人の知らない山奥のなかで春の陽の花と咲いているのです。夏の夜の月にはもうならないのです。

わたしが生き、生命の喜びをたたえることのできるのはただ一つ。川の水に濡れたこけの匂い……。

一九七一・三・九

個性を無視して、規格にはめようとすることほどこの世に残酷なことはありません。譲れない唯一つのもの、その罪のつぐないとして、他の譲れるものすべて、他人のためにと思うのです。そうすることで許されてほしいのです。

自らの生を否定しても、われとわが身をひきさいても、あの執念のままにしか生きられなかったのです。弱いと批判されても、それなくしては生きられないのです。裸のまま人目にさらされて生きられなかったのです。美しい夢のなかに包まれて、一人生きている身のさみしさを隠したかったのです。

吹雪の吹きつける雑木林のなかをわれをも忘れて登りつめようとしました。生か死か、自らの運命を天に向かって尋ねるために。安穏として日々の健康は死でしかありません。生きている生の歓びを天に向かって高々と歌いたいのです。

狂気と人は言うでしょうか。いいえ、それは、わたしを知らない人の無責任な言葉です。人間として自然な芽をつみとられていた日々に生きていたわたしを知らないからなのです。無のなかに有をつくらねばならないときの苦しみを知らないからなのです。今こそ長い冬眠からさめることが許されたような歓びなのです。

あふれ出る生命の歓びを天に向かって、地に向かって歌いたかったのです。

一九七一・四・一

「青春の濤まに」から第三章

わたくしの願い　新採用研修の最初の研修会での代表としての言葉

わたくしの願いは、初めて教師として教壇へ立った時の、その感動を忘れたくないということです。と同時に、わたくし自身への誇りと潔《いさぎよ》さが消え去らないで欲しいということです。こういったものは、ときが立てば、現実の生活のなかで、いつしか忘れ去って生きやすいものなのです。泡のように消えてしまわないで欲しいと、必死でそれを願うのです。

なぜならば、今歩いているこの道は、誰に指し示されて来た道でもなく、自ら、他のどんなものを差し置いても歩きたかった道なのです。

古典だけが好きなのでしたら、大学院へ進んだと思います。ただ単に、地位とか名誉とかが欲しいのでしたら、もっと別の仕事があったと思います。より多くの収入を得たいのでしたら、東京に残っていたと思います。

物質的、地理的に恵まれた土地で住みたいのでしたら、もっと容易に入れる他の県があったと思います。

そして、もし、外の嵐を嫌って、暖い家のなかにぬくまっていたいのでしたら、迎えてくれる家もありました。

でも、たとえ外がどんな嵐であろうとも、他のどの県でもない、新潟県で、高等学校の国語の教員になりたかったのです。

大学三年の、「国語科教育法」の夏休みの課題は、「現場で活躍なさっている国語科の先生の、その実践上の問題点をおうかがいしての訪問記」でした。

そのとき、ひさしぶりに母校――佐渡の相川高校――への坂道に来ました。ミンミン、せみが鳴いていましたが、道の両側の高い木々が日陰をつくってくれているので、涼しい風も加わって快く、高校時代も思い出されてきました。やがて校門が見え、高い石段の向こうに青空が大きく広がっているのを見たとき、この坂道を登りながらであれば、六年以上、教員を続けてもよいと思ったのです。それまではせいぜい長くて三年、まあ二年くらい教員というものをしてみたい、としか思っていなかったのです。

夏休みが終わって、東京へ帰り、レポートを作成しながら、必ず、あの坂道を、教師として登って行こう、と遠く相川の空を思い浮かべて思ったのです。

多くの人たちは、まずあきらめろと言いました。仮に受かっても、男子でさえ採用されるのが困難な現状なのだから、ましてや、ということで、東京近辺に残っていた方がよいと引き止めるのでした。

春休みが終わり、四年生の新学期を迎えたとき、就職のために入った大学ではないのに、受かっても採用される見込みもなく、一生の仕事でもない試験のために、好きな授業も受けないで終わるのはいやだ、と思いました。

努力して、報いられることが確証されているのでしたら、そこへ打ち込んでも惜しくはないでしょう。好きなこと、やっておきたいことの一切を捨ててまで渡るには、あまりにも細い一本橋で、一つ踏み誤れば谷底へ落ち込んでしまうように思われました。そんな危い橋は渡るまいと思いながら、あきらめきれない何かが残るのです。自己の本当の力が発揮できる世のなかであったらと、恨まずにはおれませんでした。

花も咲き、楽しいはずの春なのに、街を歩いていても、友だちと笑い興じていても、何かしらむなしいものが残ってなりません。卒論にしても、楽に卒業できるようにと思って選んだ近代の作品が何かいやになりました。五月の連休も遊んで終わってしまったものの、その後味の悪さから、卒論も、思い切って古典のなかから選ぶ決心をしました。高校時代に好きだった古典、それゆえに、離れがたいふるさとを捨てて、東京へ出てきたのでした。

その決心にまで導いて下さった先生方を思うとき、悩みや苦しみの多い青年期の人たちの何かしらの支えになってあげたい、そのなかに入って、共に遊びもしたい、と願わずにはいられないのでした。

そうして歩き始めた道で、やっと心の安らぎを得ることができました。朝は床のなかで、教育六法の問題集に目を通し、日中は図書館で卒論関係の書物を読んで過ぎていく毎日がこれまでのどんな日々よりも幸福に感じられました。

図書館のなかでのあの充実感。卒論を調べていて明けてしまった朝のうすもやを発見したときのしみじみとした感じ、将来教員になっての夢、他のものは日に入らなかった、あの静かな日々でしたのに。

夏休み始めの七月の公開古典講座も、友だちと少しでも長くいたいという単純な理由から受けたのです。主体性をなくしてしまったロボットのようなわたくし。そのわたくしの耳に止まった先生の言葉——今は、その断片しか思い出せないのですが

「日本人の宗教心情ほど浅いものはない。新しいものが入ればすぐそれに飛びつく。このままでは正月もクリスマスに取って代わられるのではないか。」

「古代から女性は、古き良きものを、それが滅んだ後、約半世紀の間じっと守り続けるも

のであった。」

はっとして、つぶやいたのです。「わたくしがそれを守り続けるものになろう。人がそのなかに本当の心の安らぎがあるとも知らず忘れ去っているものを、じっともちこたえ続けよう。」若い人が目新しいものに飛びついたら、自国を軽んじ外国に飛び立って行くなら、それでもよいのです。無理に留まれとは言いません。わたくし自身、つい先日まで、専門科目の古典を嫌い、単語ごとに辞典を引くという手間をかけても、英語や仏語を原文で読んで行くことに夢中だったのです。あまりにも身近に、当然のこととして横たわっているために嫌い、遠くのものをあこがれ、追い求める態度は、むしろ当然にも思えるのです。そうしたものを追い続けるなかで行きづまったときに、ふと、そこに昔から変わらずあったものを見、安らぎを覚えてくれれば、たとえそれが一瞬のことであり、再び戦いに出てしまってもそれでよいのです。いつかまた疲れ果てた日に、帰って来てくれるでしょう。昔から日本人がもっていたよいもの、埴輪の顔に見られるような素朴な美しさ、朝出たばかりの太陽の光を浴びた露の清らかさ、反面また、月の光にも泣くような繊細な情《こころ》。桜の花の散りぎわのよさを潔しとする精神、貧しさとさみしさに徹して、なお失わない自己への誤り、そんなものを黙って守り続けていたいと思いました。人は今すぐにでも、わたくしをロボットにできたでしょう。

でも、その人でも奪い去れないものは、この古典なのです。
危い橋であってもよい。落ちたとしても、必死に生きたという思い出が残ってくれるなら
と、そう思えました。
夏の疲れから床のなかにあり、生きているのか、死んでいるのかもわからない状態のなか
で、あの八月八日の試験がなあ、と思わずにはいられませんでした。
合格の通知を受け取ると欲が出て、古典が好きだから乙Ⅱのある全日制がよい。空気の悪
い都市部はいやだから、空気がよく、海も山もあるところ、やはり佐渡の相川へ帰りたい、
そんなことばかり考えていました。
二月が終わり、三月に入っても、何の通知もありません。宵待草ではありませんけど、そ
れと同じ苦しさでした。そんなある日、雪の晴れ間を見て、コートも着ずに、河原の方へ出
かけました。川づたいに歩いている途中で雪に降られ、陽も隠れて冷えてきました。でも、
暖いこたつへ帰る気はせず、そのまま山越えをしようと、がけを登りました。やっとの思い
で中腹まで登ったと思うや、吹雪がひどくなり、前へ進む手だてもなく、振り返った後には
足あとも消えていました。北風の音と吹雪のなかに残されたとき、ここで犬死はしたくない、
生きて帰りたい。いや、それとも、去年の夏、合格の知らせの瞬間に息が絶えてもよいから

と祈っていたために、今ここで死なねばならないのかもしれない。

もし、生きて帰らせてくれたら、生徒たちのために、日本の文化のために、尽くして惜しまないであろうに。山の神さま、どうか怒りを鎮めて、生きて帰らせて下さい。そう念じながら、石橋をたたいて渡る慎重さで、雪と泥にまみれて、下る道を捜し続けました。

川の流れにまでたどり着いたときの、あの洗い清められたような快適さと生きていたことの歓びはたとえようもないものでした。

それから数日後に、校長先生からのお電話をいただきました。採用していただけるのでしたら、たとえ山奥でも、そこに生徒がいて、授業が行われている限りは喜んで、と思えました。

そんなわけで来たところであっても、ときとして現実に負けてしまうのです。忙しさのなかで、生徒に対して、先生であるのだと思ってしまったり、勉強不足から、授業に行きづまりをきたしたりしました。その日は、ただ誠心誠意、真心を尽くすことによって、生徒たちに許してもらおうと、ふだんよりもっといろいろな面にまで力を尽くしました。

しかし、耐え難い恥ずかしさを覚えずにはいられませんでした。どんな生徒にも足をひきずられないで進められる授業ができて、その上で、床にひざまずいて雑巾がけをしようと、他のことで小間使いのように働いても、少しも辱しくなく、生徒たちのためなら喜びでもあります。でも、自分の勉強不足を、そのようなことでぬぐい去ろうというのは、なんとみじめで恥ずかしいことでしょう。まごころ、それが本当にまごころなのでしょうか。まごころ、誠意ある態度というのは、何よりもまず、きちんと授業を進めて行くことであるはずなのです。

自分自身への誇りや恥ずかしさを忘れてはならない。先生であるのではなく、なりたくてなっているのだ。それを忘れたくはありません。それらがわたくしの心から消えて行かないよう、おし留めてくれるものがあったら。

それは誰でも、何でもなく、わたくしの手にある、古典であるはずなのです。

歩き疲れた道の途中に川が流れていました。橋のたもとの土堤の上に腰を休めました。流れの音に聞き入りながら、歌を歌いました。遠い昔の春の日に歌った数々の歌を。黒い学生服で微笑んで立っている邦行が、好則が。過ぎた日の夢でした。そしてその日に、わたしは子どものまま育たないで、川のほとりで紙の舟を折り続けていたいと思いました。白痴のわたしは、いつか日が暮れても、帰ることも知らず、その川のほとりにいることでしょう。いつか、誰かが、そんなわたしをいとしんで下さっても、白痴のわたしはそれさえも知らず、ただ遠い昔の歌を歌い続けるのです。
それがわたしの幸福な夢なのです。安心して白痴でいることのできる、そんな森の川のひとときが、何より欲しいものだったのです。

遠く都を離れた地で
春の若草をつんで一日を終わるのです。
家のそばを流れる小さな川で手をすすぐのです。
誰も知らないわたし。
わたしも誰も知らないで終わる一日。

一九七一・四・八

遠く夢に見たトアール島での朝。
めざめたかたわらの人。
やがて、中庭にたわむれる子どもたちの声が高まっていく。

その見はてぬ夢の恨みとして
わたしは子どものまま、両手に花をかかえ
髪にリボンを結んで野辺を歩き続けましょう。

見果てることのない夢は
そのまま、さめることもないのです。

わたし故に
課したもの
わたし故に
なさねばならないこと
それゆえに苦しみ
それゆえに恨み
それゆえに
さめることのない夢をいだいて

野辺にたわむれるのです。

死の直前にあって、初めて生き抜いたという激しい想いと、生きている歓びに満たされます。夕鶴のように、最後の一羽をひきぬいて織り続けたとしても、その死との直面において、更に生きたいという狂熱がわき起こるのです。ぬくぬくとした日において、生きていることは苦痛にすぎません。安穏とした日々が貯えたものを背負っては生きてはいけません。身は野ざらしの如く衰えようとも、太った豚にはなりたくないのです。

死に打ちひしがれていても、苦痛にあえぎながら、ペンを握り続けていたとしても、何かしら幸福なのです。これまでは、むなしさ、世のなかへの恨みでしかなかったものが、今日はちがうのです。

その人の存在ゆえなのでしょうか。誇り高きこの身が、その誇りとの間に何の抵抗もなく、その人を想うのです。わたし自身を何ら奴隷とすることもなく、わたくしのままで、その人と逢えるのです。

人の心を留め置くものはわたくし自身かもしれません。わたくし自身が自らの努力を怠ることのないように。それでも及び得ないところはただ神さまに祈るのです。

もし、人にとってわたくしがもて遊び物にすぎませんのでしたら今からでも、それを変えて下さいますように。永遠に続く日々が来ますように。

それまで、なお、人が去るのでしたら、わたくしその定めに従います。その恨みとして、わたくしは、永遠に育たないまま、野辺の小さな花となって、その花を咲かせ続けることでしょう。幼い心のまま、漂い続けるでしょう。

かりそめにも、人や世のなかを恨んだり、嫉妬に狂ったみにくい女にはなりたくないのです。

そんな日が来るまえに、人の腕のなかで、わたくしの生命が消えて欲しいのです。

あの人の前でわたくしは一人の人間ではなく、単なる人形にすぎないのです。わたくしという個性を知って下さってではなく、ただその外形だけが、喜ばせるものであるにすぎないのです。そんな日に、人と交わす言葉のなかに、一個の人間としての存在を認められているようでうれしくなるのです。一人の人が意識されないときは、多くの人に取り囲まれていて幸福でした。それが社交にすぎずとも、浅はかなわたしの心はうれしくなっていたのです。

そして今、一人の人の人形にすぎなくなっている日に、昔と変わらず集まって下さる人たちとの会話のなかに、人間としての自己を見出だせてうれしいのです。あの人を困らせてやろうとかそんな心ではないのです。

わたくしが捨てることのできるものは命しかありません。わたくしが今手にしているすべてのものは、命とひきかえに手にしてきたものばかりだからです。それを失って、あの人と暮らせる日がやってきたところで、それには何もありません。わたくしが祈りとひきかえにできるものは、この身をけずり、命をさしあげることだけです。幾人もの人から人の間をさまようよりは、ただ一人の人の胸のなかで命が果てた方がうれしいのです。もし何かの使命のために苦しまねばならないのでしたら、それを果たすため生き続けねばならないのでしたら、生きます。でも、あの人と一緒にして下さい。

何も書けなくてもよいのです。ただ必死に生きて、その生きている証しを自分自身に見ることができたら、それでよいのです。

あの人がいて下さっても、わたくしはこれまで手にしてきたものの維持のために命をけずられることを願

うのです。あの人がいて下さらなかったら、わたくしは真実ではない生き方をしなければなりません。そのむなしさには耐えたくないのです。もう、それをかみしめて生きようとは思いません。

遠い日々にわたくしは祈り続けてきました。その人たちなくして、わたくしには死しかありません。でもその苦しみには耐えぬけます。泣きながら、地べたをすり歩いても、手さぐりの岩穴でぶつかりころんでも、それでも、流れる涙をふかないで歩き続けられます。わたくしが生きたいのは、わたくしが文化に貢献できるものとしてです。古くから伝えられ守られてきたものを、若い人たちに伝える者として生きたいのです。わたくしの身でもって知った真実を伝えるものを書き記したいのです。わたくしにその道を進ませて下さい。現実での幸福――あのいとしい人たちがわたくしのもとへ帰ってきて下さること――は捨てます。

そうして歩いてきた日々。失った多くの人たち、破れ去った夢。その失った数々の夢とひきかえに浴びているこの光。それさえも、時折、むなしく、恨みとさえ思えました。この世のなかで、人を生き続けさせてくれるものは何でしょうか。名声でしょうか。輝かしい賛美でしょうか。多くの取り巻きの人たちでしょうか。いいえ、唯一の人。目ざめた朝のかたわらに見出だすことのできる人、ただその存在だけです。

たとえそうであっても、真実ではない人には身売りはできなかったのです。情念ゆえの人とわかれば、それを断ち切ることに、自らの生をかけても、あえてそれを否定しないのです。死の直前に自らをおく以外に断ち切れるものではなかったのですけれど。

そうして歩いてきた日々に思ったのです。何も知らないままでいる不幸と、一番大切な人を失わなければならなかった不幸と、どちらが不幸かと。

自信に満ち、輝かしい光のなかでは、乗り越えてきた多くの苦しみをむしろ喜びとさえ思えました。

孤独の果てに打ちひしがれている日には、多くの人たちの賛辞が何でありましょう。一瞬、一瞬のものにしかすぎません。今死に至ろうとして泥のなかにひきずり込まれてしまっているわたしを救い上げてくれるものでも何でもないのです。ただ暗やみのみがあるだけで、生きさせてくれる何も見出だせないのです。死のみが唯一つの安らぎであるように思えたその瞬間に思ったのです。結局は疲れ果てて、道の半ばで朽ちねばならないのです。何も残るものはなく、無縁の仏となって、恨みのみをもち続けたまま、漂い続けねばならないのです。この道を選ばず、あの人たちとの日々を願っていたら、わたくしからは、何人もの子どもが生まれ、長い日々をおだやかに暮らしていたことでしょう。何一つ残せず朽ちることと、多くの子どもを残して、老いて後に死ぬことと、どちらが、この世に生まれて悔いのない生き方であったのでしょう。

自ら否定し続けたもののために、歩くより他なかったこの道。その道で、いつも、あるむなしさ、さみしさをかみしめてきました。でも、そのさみしさから逃れようとしての人ではないのです。

初めてその姿が目にはいったときに思ったのです。何かしら遠い昔に逢ったようななつかしさと、いとしさを感じました。昔の人たちをなつかしく、いとしいと同じように。あこがれでも、尊敬でもなく、現実の想いだったのです。

失いたくないと思うのも、その人ゆえであって、今までの多くの苦しみに疲れたせいではありません。ただ、今までの苦しみから、歴史に残る人になるよりも、たとえその胸のなかで命が果てても、その人に想われたいと思うようになったのです。その人を失わなければならない苦しみに耐えても、何かを書きたいと思いませんし、実際書けないと思います。

その人と共にあって果たさねばならない使命でしたら、果たします。命がひきかえとされねばならないのでしたら、この命をさし上げます。明日、あの人の胸のなかで命が果ててしまっても、想われないで生きながらえるよりは、幸福なのです。わたくしがひきかえにできるのは、この生きている命だけなのです。
自らは現実には何もできず、ただなりゆきに任せるだけです。抵抗も何もせず、ただ神の許しのままに。

一九七一・五・一

「はじめてもの想ふ朝《あした》」に

この人をわたくしから奪う前に、わたくしの命を奪ってほしいのです。命とひきかえに、この人にそばにいてほしいのです。もし人間としての使命を果たさなければならないのでしたら、わたくしはこの人とともに生き続けて、それを果たします。

一九七一・五・一三

この雨に、わたくしは消えてしまいたいのです。一人どこまでも歩いて、いつしかその雨のなかに吸い込まれてしまいたいのです。この緑の草かげのなかに、わたくしの姿がかくしきれるものでしたらと、うらめしく思えるのです。

春の日の花のように輝いていたその美しさも、今は色あせて、ただ苦しみのみをきざみ込んでいるのです。何ゆえと人は聞くでしょう。唯一人の人のために、わたくしは誰よりも、美しくならなければならないはずなのに。

一九七一・七・七

夕風にわが想う里の
　月影に宵待草の花匂ふなり

あわれ身はしのだの森の白ぎつね
　吾《あ》が背愛《かな》しも去り忍びなむ

わが罪と許しを乞はむ
　十六夜《いざよひ》もそらにながめて夏は過ぎゆく

わたくしが、人としても、虫けらのようにはき捨てられてもしかたのないほどになっているときでも、ただ一つ残っていてくれるものは書くことでした。

ペンを取り、心に映ることを書き続けているとき、死のその境において、人とは何かを記しているとき、わたくしは救われた気持ちになれるのです。誰のわたくしでもない、わたくし本来のわたくしである、その喜びに帰れるのです。時をも忘れ去らせてくれるものは、ただ書くことだけなのです。

人を生きさせてくれるものは唯愛のみです。学問や、そこからくる自信や誇りは、それ自身で人を生きさせるものではありません。ただ、人を想い続けるあまりに、心に自由を失い、奴隷のように、重い鎖で縛りつけてしまった日々において、時おりの気休めを与えてくれるものにすぎません。人を恋い、その重さに耐えかねているということがある故に、静かな日々、一切の束縛を解き、あらゆる煩悩から解脱した瞬間というものを欲するのであって、この世を捨てて、学問のみの道では生きられはしないのです。もし、すべてを捨て去って、ただその恋のみに没頭できる人がいなかったら、それほど学問を求めることはないでしょう。むしろ、嫌い続けるでしょう。泥沼のなかにいればこそ清らかな明月にあこがれ、その寂かさに深く感動できるのです。心がとらわれていればこそ、翼をもって大空を自由に、高くどこまでも飛んで行きたいと欲するのです。何の煩悩もないときに、誰が浄土を求めるでしょうか。求めても、とうていこの世を捨てて行きつける所でないから、なお求めるのです。

想う人があればこそ、人間としての真実の苦しみをもちます。想う人もなく、ただ現実の生存——衣、食、住——を思ってだけ生き続けるのでしたら、わたしは生きていたいとも思いません。唯物的なものを一切超越して、そこへかけることのできる情熱、その愛する人に巡り逢えて、初めて、生きているその証しを見出だせるのです。

書物を研究したいための学問ではなく、そのなかでのみ自分自身をとりもどせるからなのです。卑少なもの、みじめなものになり下ってしまった自己のその重い鎖を解き放って、大空をはばたける翼を与えてくれるからなのです。

でも、その大空をはばたいている瞬間でさえも、想う人のためには地上へ下ってしまうのです。想う人の手のとどかない遠くの空へ誘うものがあっても、そこが自分をより高く自信と誇りのなかにおいてくれるとわかっても、わたくしは人を思うその心を捨て去りたくないのです。その人を離れて、どんな栄華のなかにもいたくないのです。再び自己を卑少なものとしても、その人のかたわらにいたいのです。

その学問の世界と完全に縁を切るのではなく、現実に生きているそのなかで親しめるものとしてもっていたいのです。人間を離れて生きられず、その塵と泥のなかで生きて、真実というものをつかみたいのです。より深い研究をしたいのです。

あからさまに思うことすべてを書いてあるように思えるこの日記にさえも、書き得ない文字があるのです。心で叫ぶその名を、書く勇気はないのです。

人を信じられないのは悲しいことです。人そのものよりも、自分自身の運命そのものを信じられないのです。

いつも幸福と信じていたその絶頂から落とされ、砕かれていたからなのです。自分自身に幸福というものを信じたり、喜べなくなっているからなのです。

いつかしら帰ってくる人を待って、常春の島に咲く花を編みながら、川辺に舟を進めます。夏の訪れる国にはもう住みません。夏の後には必ず秋がきます。秋は人の便りとして聞くだけでよいのです。

冬、真冬にはコペンハーゲンからのなつかしい便りを聞きます。この常春の島で、太陽の光を浴びて、あのときと同じようにうさぎの飛びまわるお城の庭の話を、子どもたちに、あなたのメアリーやアンドレイの雪のなかをかけころぶ姿を聞かせてあげましょう。

常春の島の夜は冷たい風が吹くのです。
子どもたちを寝かせてから庭に下りて祈るのです。知栄子さまの祈れる神さまに、わたしは祈れないのです。わたくしの神さまはわたくしたちの民が昔から祈ってきたものなのです。
朝には東の空のお日さまを、
夕には西の空のお月さまを、
そして、庭の花に、川辺にはえる葦にほおを通りすぎる風に祈るのです。
あのひとが早く帰ってきて下さいますように、
子どもたちの無事と、わたくしの変わらぬ香を伝えて下さいと。
遠い昔に、夏の河原に咲いていた花も、
この常春の島に咲くのです。
冬の終わりの後に咲く花も、
この島には咲くのです。
春のそのただなかに咲く花も、
常春の島にも静かな四時があるのです。
小さな粉雪が、庭を白く清める朝も

照りつける太陽の下で、子どもたちが水に飛び廻る日中も
庭の木が少し黄いづく夕暮も訪れてくるのです。
そっと、めだたぬように足音をしのばせてですけれど。

魂がさまようということを人は信じないでしょうけど、
わたくしにはわかるのです。
暗い部屋の中に閉じ込められた小さな心が、
寒い雨に打たれて一人泣いているのを
わたくしはいつも見ていたのです。
幼いときのまま太陽の光も知らず、
おびえ、ふるえている小さな心を
うすい衣をまとい
青く細い手足を風にさらして
パンももらえずふるえている
小さな心。

そのすすり泣く声をいつも聞いていたのです。
花の咲くという森の入口で、
道を失って、一人ふるえているのです。

ゆるがないもの、それは唯二人の方です。その遠い空を仰ぎながら、わたくしは一人生きていきましょうか。

あの人はいとしい人です。でも、わたくしはあの人が去りはしないかという不安はぬぐい去れないのです。その不安で、あてどもなくさまよわねばならないのです。そしたら、この現実の世では生きていけないのです。それゆえに思うのです。いつもゆるがないもの、絶対のもの、その指し示して下さる道を歩きましょうと。
あの人との永遠の日を祈りたいのです。でも、そのような現実の欲望を求めながら生きていくのでは、苦しいのです。いっさいが打算的なもの、偽善的なものになってしまうからで

す。現実での欲望というものを超越したもの、自ら何を成そうとか、どのような道へ連なるようにと考えるのではなく、自然のままに、その遠い空を仰いで生き続ける道を生きたいのです。

仏さまのあの安らかな微笑みは、あらゆる不安、疑い、欲望にさいなまれ、もだえ、苦しんだ結果の、あるあきらめの姿であるといった人がいます。

欲望というものを感じないのではなく、人以上にそれを求め、そこから逃れられず、苦しみ、もがき果てた結果、かなえられぬとあきらめ、静かに、天命に身をゆだねたその姿なのです。

そのようなものをもたないでは、わたくしはこの道では生きられません。偽りの仮面をかぶることはできません。すべてをあきらめきって、天命に身をゆだねてしまえば、何ごとも喜んですることができます。どんな痛さも、苦と感じないですむことができます。

わたくしは思うのです。もし泣き叫べるのでしたら、泣き叫びたいのです。思い切り声をあげて泣くことができるひざがあったら、その上で泣き出してしまいたいのです。

いいえ、いっそのこと、我とわが身をひき裂いて、地に倒れ伏してしまいたいのです。いいえ、それとも気が狂って。いいえ、何もかもいやなのです。何もかも。ただ泣きたいのです。地に伏して、声のかぎりに泣きたいのです。

後悔もしないといったあの言葉もかわかないうちに、わたしは。

この千々の乱れ、この苦しみ。

この世に生きている限り、この苦しみは永遠と続くのです。

今日は深く閉ざしたとびらは開けないでおきましょう。よろい戸を下ろし、誰も立ち入ることを許さないで、一人こもってしまいましょう。

生き続けているこの苦しみは誰にもわからないのです。誰にも。

こうしたなかでも、わたくしは生きていかなければならないのです。

あのひとが心に浮かぶまで
あのひとの心にわたくしが浮かぶまでにと
粉雪のなかに

今でも忘れられない想い出として浮かんでくるのが京の東福寺ですれ違った方のことです。その墨染めの衣の無垢というものが、なぜかしら懐しく、そのあまりに涙されるのです。

古く苔むしたお堂のまわりに生える、年を経た竹の、その深青の奥に、身を消すことができるものでしたらと、なお祈らずにはいられないのです。

でも、わたくしにはわかるのです。なぜ無垢を願い、消えることを願うのか。ある想いのきわまりの結果としてのものであることが。
現実には、一時間だって、そこに住めるものではないわたくしなのです。
それ故に、この人里に住んでいます。生身の人間のまま生きて、人間の偽らない真実の姿というものを知りたいのです。太古の昔から、永遠の未来に渡って変わることのない人間の姿をとらえ、描きたいのです。
たとえ憂き世であっても、生と死の境にあってその絶唱にあえぎながら毎日であっても、わたくしは人の住んでいる世界に身をおきたいのです。

今は人というものが何もわからないのです。わからないままに、全身でぶつかっていくのです。そして傷つき、汚れ、廃墟のなかに立たされて、なお、人が砕き去ってしまうことのできないもの。

あの四季の営み、春の陽ざしの微笑みも、夏の激しい太陽に身を焦がされ、自らの命を否定し続けたのです。秋が来て、生命の甦りを想ったのも、つかのま、木枯しに襲われて葉は散り、木は無残に朽ち果て、やがて深い雪のなかに消えてしまうのです。

その冬枯れの野辺も、やがて迎える春には、初めて咲いたと同じ愛らしさで、芽を吹き、花を咲かせるのです。

北風の奪い去ってしまうことのできなかったもの、幼な児のような純粋さ、身をたな知る心、そういうものが人にもあると思うのです。あるときは、その北風もろともに、身も心も狂い果ててしまい、冷たい氷を閉ざしてしまっても、いつか、解けていくのです。

春の暖い陽ざしによって。

何度も春が過ぎ、何度も夏が逝っても、変わらぬ姿、変わらぬものを抱いたまま、いつか、静かな眠りの日を迎えたいのです。
長い長い年月の果てに。

今日、明日の生命と燃え尽きようとは思いません。淡くとも、永遠に灯り続ける炎が欲しいのです。もし、永遠性というものを願わないのでしたら、激しく胸にこみ上げてくるものを、押し止めることもなく、つかのまの夢へと走ったことでしょう。たとえ、一瞬の快楽に酔えたとしても、一夜限りの夢と消えていくものでしたら、欲しくはないのです。たとえ、どんな苦しい沈黙であっても、声をはりあげて、天に向かって高々と歌いあげたい想いであっても、それによって、すべてが無に帰するのであれば。万が一のその恐れからその場にうずくまり、じっと祈るのです。今はどんな苦しみにも耐えます。どうぞ、いつか再び、永遠の日の甦りを。今は他国の旅の空にあったとしても、いつか再び、どの地よりもなつかしく、安らかな眠りをもたらす唯一つの床として甦って下さいますように祈るのです。
わめいたり、泣きついたりはしません。昔の人たちのように、重いカーテンのなかで、静かにその日を待って生きて行くこともできません。心ならぬ旅であっても、わたくしも旅にでます。生きた人間である、この足はくぎづけにはできないのです。

いいえ、今はもう何も想いはしません。唯一人だけ、罪を許して下さった方、もはや現実での想いというものを寄せることも許されないほどに、老いたやさしいまなざしの方の、そのひざもとにひざまずけるだけでよいのです。その方への感謝の祈りを捧げて生きて行きましょう。

永遠に曇らぬ鏡を形見として。

神さま、教えて下さい。わたくしは何をお祈りすればよろしいのでしょうか。

一度にたくさんのものを祈れるのでしたらわたくしはそのたびに心に浮かびましたものをつぶやくでしょう。でも、祈りたくても、二つのものは祈れないのです。唯一つのものだけに祈りというものをかけなければならないのです。それゆえに、たとえ祈るより他、口にも出せないことであっても、じっとうずくまっていなければならないのです。

言ってはいけない言葉があるように、想ってはいけない想いがあるのです。

一九七二・二・二七

ひとのその
おもかげにただ
泣きじゃくる
われは六歳の
児《こ》にあればかや

六歳の
児にしあればや
手をのべて
尋ぬべき父《てて》
ありしもの

遠き地に
ありし父だに
わが名呼び

いかに泣けると
微笑みせばや

あはれ否
父そばなりとも
ひと慕ひ
ひとり忍びて
涙流れむ

初春《はつはる》の
陽のさし込める
朝《あした》こそ
ははなる国へ
舟をいださむ

俸給を手にしたときの思いは、まずむなしいということです。このお金があったところで何になりましょう。身寄りのない人にでも寄付してしまった方が、どれだけよいかわかりません、などとつぶやいてしまいます。わたくし一人が生きていくには、十分のものが保障されていることは、感謝しなければならないのです。もし、生活の苦しみのために、理性とか、潔さというものを忘れてしまうような毎日を送らなければならないのでしたら、まずみじめです。生活の安定の上にゆっくりとよりかかって、次の問題として、人間について追求できるということは、恵まれた境遇になければできないことなのです。金銭面のわずらいがないだけでも、何よりも幸福なことなのです。衣食住が満ちて、人は始めて、正しさを維持できるのであって、この基盤は失ってはならない大切なものなのです。地に捨ててもとか、むなしいなどと思ってはならないのです。それがつぶやけることを感謝し、当然の義務を果たさなければならないのです。

一人静かに生きながら、学問の道を歩むのが一番よいのです。そうして生きている毎日であっても、尼寺で住むよりは、どんなに幸福かわかりません。多くの人の保護のもとにわたくし自身のさみしさというものを噛みしめながら、真に文学を守り続ける人として生き続けます。

人の世の俗塵《ぞくじん》のなかで生きて、そのなかで、真の学問研究をするのです。大学院や研究室の助手として生きている日々のなかではなく、人の世の荒波のなかに、自らを放り出し、そのなかで泥にまみれながら、真の人間の姿、人の心の移り変りというものを見つめていたいのです。人間の血の通った研究論文を書きたいのです。

甘い夢を追い求めて生きているのではないことを、いつか人がわかって下さればそれでよいのです。一人歩むやぶのなかにわたくしなりに道を求めて、いばらやかやをかきわけて進んでいるのです。時おり、とげにつき刺されてその痛さに立ちどまり、かやに手をさかれて同じ痛さを噛みしめているのです。

知栄子さまとトアール島の話

知栄子さまとは高校生になって知りあった人で、そのとき以来、友だちでいます。

他の誰に対するよりも激しいライバル意識を心の奥から否定できず苦しみながら、その一方で、何かにつけ、いとしさというものを感じてしまうのです。

それは、その女性《ひと》の人がら故なのでしょう。

高校時代、二人はヨーロッパの地にあこがれました。緑の野のデンマーク、それはアンデルセンの生まれた国でもあったのです。理数系の科目になじめない二人はいつもその時間には、「コペンハーゲンからの便り」を書いていました。かわいらしいさし絵をつけて、もちろん、色えんぴつできれいに塗ってあるのです。二人の夢を、そうして、色ずりの絵に描いて、あるときは詩を書き込んだり、あるときは英文を加えて、コペンハーゲンからなるものを真実らしく装わせたりして、楽しんでいました。

そして、大学へ行って、フランス語を学ぶと、フランス語で書き添えたりして、楽しさは倍増したのです。

トアール島は本国の革命の嵐をさけて、わたくしが住むことになった地中海にある島。そこの川の岸辺に白鳥号を浮かべて、十二人の子どもたちと歌を歌い、花を咲かせて……。

なぜ革命が？　そして本国とは？　話せば尽きない物語なのです。

十分に年老いた方に対する思いは、あくまでも深い尊敬と威厳、きびしさ、そのなかに見られる寛容の心というものが存在する限りにおいてなのです。その威厳に対するまぶしさ、恐れ故に、近づきたいとあこがれるのです。そのひざもとにひざまずかれるのです。軽々しい人とか浅はかな人とかはすぐ目の前から消えてしまうのです。

やよひの
はじめの日に
変わらぬ心を
祈りて

あの人だけにこの心は苦しめられていたかったのです。他のどんなものが入ってきても、あの人の姿が思い浮かべられなくなるのはいやなのです。

周囲に同調するために、わたくしを曲げて生きることはできません。その結果、生きるわたくしとは何なのでしょうか。ただ自らの生存の安全があるだけです。

もし、わたくしの信念に基づき、個性を生かして生きた結果、害のみが人に与えられるのでしたら、そのようなわたくしを曲げる前に、今の位置から去ります。

その人がどんなにいとしくとも、愛されたくとも、媚びて生きていくことはできません。むしろ悲しく身を引きます。

わたくしが一人生きて、自らの信念を曲げなくてもよいだけの保障が与えられています。生活に束縛されないで、広く自由な立場で人間の動きを見つめて行けることは、何よりの幸福ですし、願っていたことです。

ここまで生きてきて想うことは一つです。正しく古典と美しさ、日本人の心の美しさというものを、自らの身と生き方でもって、人々に伝えていきたいのてす。

先に歩んだ尊い方々、昔の人々の導きが支えになって下さいます。更に願うのでしたら、生存して下さっているその方々の長寿と栄華の永遠《とこしえ》と、最もの支えであります両親（姉や義兄、姪、甥、叔母、いとこたち）の長寿と栄えを心から願うのです。

今のこの恵まれたときに、自らの基礎を堅く固めるのです。地道に勉学に励むのです。わたくしの光が、更に輝きますように、この身と心をもって生きるのです。

いとしいその想いは消せないのです。その苦しみのみが、わたくしを遠くへ旅立たせようとするのです。想うれしさのみがあるのでしたら、たとえそこがどこであっても、喜んでいることができるのです。思い切り遠くへ、しかも、手の届かない遠くへと願うのも、ただ、満たされぬその想い故なのです。

この苦しみのなかでさえも生きていれば、またうれしいときもあるでしょう。遠くへ行ってしまったら、苦しみもない代わりに、うれしい一瞬もないのです。

父も母も、わたくしの幸福を願って下さっています。わたくしは甦らぬ人を待ってこのまま、老いていくのでしょうか。

いいえ、現実の想いというものは、持ってはならないのです。過ぎた日の夢を抱いて、ひそかに生きることは、偽りにすぎないのです。

わたくしにわかっているのは唯一つ。消すことのできない事実は唯一つ。あの人がわたくしの胸のなかに焼きついて離れないということです。

そこは静かな尼僧院の庭でした。今盛りの楓の葉が、肩の上にのっているのに、はっと気付くような静かな、緑の深い春の庭でした。今、身まかりました人の名は、問う人もいないのでした。

一九七二・二・五

お姫さまの絵しか
書けない赤ん坊。
お姫さまの夢を
見ていた赤ん坊。
雨のなかを
はだしで飛び出した
マグリット。

誰も、何も言わないでほしい。この下積みの苦しみ、抑圧された自己の個性の苦しさ。
誰も、何も言わないでほしい。この耐えがたさ、この抑圧の重苦しさ。
誰も、近づかないで——、誰も何も言わないで——、生きていることのこの敗北感。

人はいつも、ないものを求め、あるものをむなしく思うのでしょう。いずれの道が与えられても、わたくしにむなしさは残り、泣き叫びたいほどの想いはつのってくるのです。一方の道では人間としてのわたくしが満足してその陰で平凡な女性として埋もれていたかったわたくしがすすり泣きます。もう一方の道では、女性としてのわたくしがたとえ苦しみ俗塵のなかでの愛憎の苦しみに耐えても歓び、その陰では、そういう日常の世界にとらわれ、抑圧されたわたくしの人間性がすすり泣きます。ある一瞬には天に声をはりあげて叫びたいほどに、頭をかかえて、地にたたきつけたいほどに、その耐えがたさに苦しめられるのです。

どこにいても、わたくしを救い出してくれるものは唯一つです。専門の道を、正しく守り続けることです。この一生つきまとわれなければならない俗塵のなかでの苦しみ、人間としての独立を失った奴隷の身から、救い出してくれる唯一つのもの、人間性を回復してくれる唯一つのものなのです。

梅の花が咲いているのを見ると涙ぐんでしまうのです。空があまりにも青くまぶしいときと同じように。

その土地への憎しみも忘れて、梅の咲く里がいとしく想われるのです。

長い冬ごもり、重苦しい圧迫のなかに生きる命を閉ざされていたものが、今やっと春の光をうけて輝けるようになったという、その日までの生きていた命がいとしまれるのでしょうか。

一九七二・三・二九

「和泉式部」をまとめて出版しようと思ったのは、教育センターでの仕事が、終わったあとのむなしさからでした。

これまでは、書き出しても――清書を――四枚続けばよいところでした。ところが、どうしてもと思い立って、一昼夜かかって、どうやら印刷所へ回せる形に仕上げました。その明けた朝のうれしさは、どんな花嫁衣装を着たときよりもっと、飛びあがりたいほどのものでした。

印刷所へ回してから、別の苦しみにさいなまれました。誤字、脱字の心配、どのようなできばえかなど、ささいなことまで、気がかりで眠れない夜が続きました。

苦しんでもよいのです。どれだけわたくしから、血や肉が吸い取られても――まるで、一度襲う苦しみのために、一枚一枚羽根がむしり取られ、ついには、あの「夕鶴」の鶴のようになってしまうのかとさえ思われました。それでも、苦しまないで、何も仕上がらないでいるより幸福に思われました。この苦しみのなかで、わたくしは生きているという歓びも感じていたのです。——いつか、あの冊子が世に出てくれれば、生きた生命がそこに吹き込まれるならもっともっと苦しみが与えられてもと祈っていました。

それが一冊の本となり、届くという朝は、まるで自分の子どもが帰ってくるようなうれしさでした。

方々へと送ってからは、批判を、今日か、明日か、今にか、夕べにかと思って、また苦しみました。一月四日の薬師寺志光先生からのお手紙は、今までの苦しみが報いられていく気持ちでした。でも、出版社や佐藤謙三先生から何の連絡もないことが、また、心を苦しめるのでした。誤字や脱字のことも、再び重くのしかかってくるのです。

そうして、今日も暮れようとしています。

でも、あの生きるに苦しい日々に、死んでしまっていたら、と思えるのです。

「生きていてよかった」と歓べる日を迎えようなどとは思ってもいなかったのです。

もちろん「生きていてよかった」と歓べる日として、かつて想像していたものとまったく違うものですし、これから、すぐ目の前にどんな苦しみが襲ってくるかもわからないのです。

――一人の先生からの評価のみを手放しに歓んでよいものでありませんし、その先生から課題として与えられたものも、大きすぎるのです。

わたくしはいつも母につぶやいていました。せめてあのとき、子どもでも残っていてくれたら。わたくしのなかに魂として身を結べず流されていったものを、一人悲しんでいました。あの第一次完成までが、それまで生きてきた日々の、この身でつくづくと思い知らされなければならなかったことの結果であったよりも、もっと苛酷な責めをこの身に負った結果、生まれ出た言葉の一つ一つなのです。

人生について、おおかたのことは、十八歳の頃直感で感じ取ることができました。でも、この身でいやというほど思い知らされたのは、その後の日々においてでした。

あれに生きて、生命がそそぎ込まれますようにと祈るのも、それ故の願いからなのです。決して、博士になりたいとか、その道を歩みたいなどと思い続けている日々に書いたものではありません。それがわたくしの生活に直接かかっているわけでもありません。

第一の夢として願ったものが許されないのでしたら、せめて、違った形のものであってもそれに、生きてほしいと願う願いからなのです。

わたくしが泣いてきた日々がいつか人のために役立てることができたとしたら、これまでの苦しみも流れ去っていってくれるような気がします。

苦しみにあえぎながら、一人のさみしさに耐え、生きるにも、生きられない日にも死が許されず歩いてきたことによって、今一人の迷いにある人を救えるのでしたら、むしろ、わたくしに苦しみを与えて下さった神様に感謝の祈りをささげたいのです。

一九七三・一・二四

折り折りの想い

旅人に

昔から伝えられている言葉に納得できないなら思いのまま歩むがよい。
降り積った落ち葉のなかで底知れぬぬかるみに足を取られ、救いとすがった小枝は鋭い棘《とげ》と変わり
牢獄の壁だけが知っているような、そんな恨みを自らにいだき、眠りにつくことも許されず、むなしく呼吸している肉体を朝《あした》に見て……。それでもなお停まらない旅ならば思いのまま歩むがよい。
いつか後を歩む人に伝えたいと思ってつぶやく言葉が、昔、どこかで聞いていたような、そんな日が来て、
旅が終わるまで。

一九七七・三「たびびと」No.27

青　春

青春、それは甘美な夢
　……ＮＯＮ……
荒れ狂った嵐のなかの孤独な一つ
真冬のシベリアから吹きつける北風と怒濤のなか
　舵を失った舟
真夏のポリネシアに降りそそぐ太陽と熱砂のなか
　炎に舞う狂った蛾
その生命《いのち》の証《あかし》への飢えと渇き
旅人よ　もし
　常春の地中海の小さな島に過ぎていく日々が苦悩の叫びとはならなくなったとき
「青春は逝《い》った」とつぶやくのをみるであろう

一九七八・二・一四　「たびびと」第28号

心のふるさと　院友会支部総会

精神の快い緊張、華やかな宴《うたげ》の戯れ、心のふるさとに帰れるのが院友会支部総会です。十一月末というわけか、まばらな席にふと感じたままに記してみます。わたくしが採用された頃と違い、山奥にあった定時制分校も統廃合され、採用されても、中心校の鉄筋校舎で設備も整い、明るく清潔な感じのところで、東京での生活とのギャップも少ないせいでしょうか。それとも、教職にある者としての心構えがしっかりできていて苦悩することもないせいでしょうか。

わたくしは、大学、院友の集い、院友というものがなかったら、おそらく教職を捨てて、奈落の底で生きてしまっていたと思います。痛みと苦しみ故に触れたくない日々に口ずさんでいたものは、「見はるかすものみな清らなる……」で始まるあの校歌でした。大学時代に持っていた自信と誇りに消えないでほしかったのです。院友の集いで出逢う先輩の先生方の、専門分野での研究の他に、生徒たちの心に深くきざみ込まれる授業のあり方を追求して、成果をあげておられるお姿に近づきたいという祈りにも似た願いをもって地道に努力し続けていきたかったのです。傷つき果て、放心状態のわたくしに、院友という理由だけで、温かく無償の好意を寄せて下さった先生方、母校からお招きした先生の講義に目を輝かせて耳を傾け、理事の杉本先生から大学のようすをうかがっている会話のなかで、家族に接するような温かさと、厳しさで見守って下さった先生方に囲まれていた大学時代に帰っているような安心感を覚えました。

その宴の席の歓びを、次年のその時まで消さないでいることは、現実には厳しいものでした。片田舎の人の目と口、若さ、めぐり逢い、等々故に、自らのみか世をも恨んでしまった日もありました。教職を捨てなかったのは居直ったからではありません。大学にいて就職課の先生方に教えられた言葉「これだから、東京でお嬢さんとして過ごしていた人はやとえない。」ということになって、教職をめざす後輩の門戸を閉ざすことになってはいけない、ここに踏みとどまって、いつか大学の名にふさわしいものにならなければと思ったからです。

勤めて七年になるこのごろでは、燃えさかる炎に身を投ずるより、長く生きたいと思うようになりました。その生命《いのち》の保証の一つは、教職にあることによって与えられています。そうなると心構えも違うようになりました。

生まれ育った土地を離れて住んでいるわたくしは、日常にせよ旅にせよ、その土地を守って下さる神さまの社に祈って生きるようになりました。わたくしから魂が遊離することへの恐れ、測り知ることのできないもの、極め尽くすことのできないものへの畏れから祈らないではおれなくなったのです。教えられたからではなく、生きていく中で自然に建学の心に帰っていたのです。

院友の集う支部総会に出席していない後輩たちは、大学、院友をどのように思っているのでしょうか。幸福故に遠くにあるのであればよいのですが。もし知らないでいたのでしたら、ぜひ出席してみて下さい。精神の快い緊張、華やかな宴の戯れに。

（一九七八・六・二〇　院友会会報）

私の心に生き続ける文学

「もし、天国へ行ったら、わたしとてもみじめだと思うわ……いつか夢を見たの……地上へ帰りたいといって胸もはり裂けんばかりに泣いたわ。すると天使たちがとても怒って嵐が丘のてっぺんの原っぱのまん中に投げ降ろしてしまったの。……でも、今となってはいくらなんでもヒースクリッフとは……愛は地下の永遠の岩みたいなもので、それとわかる喜びにはならないけど、なくてはならないものなの。わたし自身、ヒースクリッフなの。」（『嵐が丘』）

「はいていたサンダルは刺《とげ》だらけの蔓《つる》草に引き裂かれていましたが、娘はかまわず先を急いで行きます……風に吹き消されまいと、炎を手でかばっていましたが、その細い指をすかして、みずみずしい血が流れているのがはっきり見えましたよ。……深い想いを込めて、その炎を追って行きました。もし、目に見える限り消えずにいるなら、いとしい人はまだ生きているの。もし……燃えあがって嵐にゆらぐたびに、娘の胸は燃え上ってふるえました。」（『絵のない絵本』）

これらは現実の中で私がつぶやいた言葉と同じものを物語の中に見つけたというものです。そして、あの遠い大空からなつかしく誘いかけるように響く「ジャン・クリストフ」の中のことばも、

「《主》よ、あなたの僕《しもべ》についてあまりご不満はないのでしょうか。わたくしはわずかなことしかしませんでした。あれだけしかできなかったのです。闘いました。悩みました。迷いました。あなたの父らしい両腕のなかで息をつかせて下さい。やがていつか、新しい闘いをするために、再び生まれるでしょう。」（『ジャン・クリストフ』）

身をたな知ることも忘れて、「クリストフは私です。」と叫んでしまうのです。私もそのように生きていますと思いたいのです。

「生とは休戦のない、容赦のない一つの戦闘であり、人間の名に値する人間であることを

望む者は目に見えない敵たちの軍勢に抗して絶えず闘わねばならないのだ……目に見えない多くの敵……それは自然の破壊的な諸力、混濁しているいろいろの情欲、知らぬまに発生して亡びてゆく、さまざまのどんよりした思想」

そしてここでも、クリストフをめぐる多くの女性が登場します。アントワネット、グラチア、ザビーネ……その一人一人の、対照的な性格・姿・生き方は読者の心を映す鏡にもなります。好奇心・熱情に動かされて絶えまなく生き続けるなかで、より人間的なもの、より美しい調和へと、生命《いのち》を昇華させることの意義を本能的に求める人間なのです。そうして生きていれば当然、絶望の淵で力尽きようとする時もあります。

彼は《神》の声を聞いた。

「行け、決して安逸をむさぼるな。」

「しかし、わたしはどこへ行くべきでしょうか。神よ。何をしても、どこへ行っても、行きつく先は結局同じではありませんか。常に最後には、ここに今、見えているこの事ではありませんか。」

「行け、そして死ね。必ず死ぬ者であるおまえ達よ。行け。そして悩め。必ず悩まなければならないおまえ達よ、生きているのは幸福であるがためではない。生きているのはわたしの《法《のり》》を成就するがためだ。悩め、死ね、しかし、おまえがあらねばならぬ、その者であれ。ひとりの《人間》であれ。」

この激しい生命の突風に魂はたちあがり、苦しみは詩（ポエジー）となってほとばしり出るのです。

「クリストフという樫の木――嵐はこの木の枝を何本かへし折ったでもあろうが、幹はそのために揺ぎはしなかった。」

そのように振り返る生涯。私も生涯をそのように振り返ることができるようでありたいと強く思うのです。

天国では生きていけない、地上の嵐が丘に立ってうれし泣きしてしまう。その一方で風に消えそうな炎にも祈ってしまう私。そのように生きている生命《いのち》を昇華させたいという願いにも、文学は誘うのです。

（一九七九・三・一　図書館だより）

学歴について

栄養摂取量の過剰が問題にされ、旧来の日本人の食生活が見直されているこの頃である。栄養摂取量は年齢、性別、労働の強弱によって算出されている。しかし個人、個人の体表面積、基礎代謝値、生活活動指数を考慮して算出すると一般量との間にかなりの増減が出てくるのである。不足は空腹として表われるので、物質生活の豊かな今日ではそれほど問題ではないが、過剰は高血圧、糖尿病などの病状が表われてからでないと気がつかない場合が多い。

同じように、それぞれの個人差を考慮すると、在学年限も過剰と考え、旧来の高校進学率、中卒者を金の卵として各会社が雇い入れていた時期を見直すことは浅薄にすぎないだろうか。人間にとって生涯教育は必要欠くべからざるものである。これは過去から未来に永遠に変わらないものであると思う。しかし、その一環としてすべての子弟に在学年限を延長することが必要であろうか。学校というなかで個性を無視され、制服が重すぎる人はいないだろうか。からっぽのかばんで登校し、机の前で座っていなければならない五十分、五十分が苦痛すぎる人はいないだろうか。内容をやさしくすれば、授業時間を短かくすれば。それでは、ゲーテ、トーマス・マン、「旅人帰らず」、荘園制の崩壊、微分・積分、素粒子染色体、前置詞、分詞構文、それらへの知的好奇心に燃えた人にとって、学校は期待はずれのものになりはしないか。塾へでも行かねばならないだろう。

義務教育年限が九年間であるその根拠は何かわからないが、それ以後も九十何パーセントの者たちが在学しているその根拠は何だろうか。その学力がなければ、その在学期間に養われたものがなければ、どの会社、社会でも雇い入れることが不可能なほど技術、構造が複雑になっているのであろうか。卒業証書はその複雑になった技術構造に対処できるほどのものを習得したことの偽らぬ証であろうか。なぜ進学したと尋ねてみると、大多数が、まわりの人が行くから、世間体のためと答えていた。中学生段階で自分の進路を決められるかと疑う人もいるかもしれないがかつてはそうしていた。進路をまちがったため非行に走った人もあまり聞かなかった。ぎりぎりの状態に立たされれば自分がどこに生きたい者なのか、その心の声を聞くはずである。中学生はそんなに子どもではない。自我を持ち、生きていることに悩み、大人の生きている姿を見つめている。真剣に選んだ進路で、実社会の厳しさの中で、汗を流して働く毎日の中から技術を、真理を学び取ることは苦しいが、歓び多いことである。エネルギーに満ちあふれた若者には生きている証を見ることのできる日々ではなかろうか。それが可能な仕事がたくさんあったはずである。ところがいつのまにか、高校ぐらいは出ていなければならない社会だと考えられてしまっている。次に考慮しなければならないのは入学当時と卒業時とのホルモンの比率の違いである。高校三年間に体に、心に起こっているその変化。ここで女子を取り上げると差別だと騒ぐ人も出ると思うが、遠い昔この年頃の娘たちはどうしていたであろうか。

「赤いサラファン縫いながらやさしく母さん言いました。なつかし昔、この晴れ着祝いのときに着たのです。歓び満ちたそのときがいまでも心に映ります。」

あれはロシアだけのものであったろうか。日本でもそのように、母が娘に、そして母の傍にいて、それを一針一針縫っていく情《こころ》の歓びと安定。その娘たちに、ベクトル、収束、発散・分子式、電子回路を理解せよというのは酷ではないのだろうか。

個々の心に、体に照らし合わせたとき、在学年限の過剰も起きているのではないか。高校卒の学歴が当然視されている実態に疑いの目を向け、中学生よ、その意志がなければ高校へ進学しなくてもよいとつぶやくのは浅薄だと笑われるであろう。

（一九七八・七・二〇　にひばり）

新任のあいさつ

「源氏物語」と「万葉集」があったから、今も学校に勤めている。変わってゆくものに嘆いたり、焦ったりするよりも、夢がくずれ去って孤独と絶望のなかに立ってしまった日にも帰ってゆくことのできるものに残っていてほしかった。そしていつか山川を流れてきた水が海に交わるそのときに過ぎた日々のすべてをそれで良かったのだと思えてくる。そんな毎日を生きていたかった。そうして歩いている途中で巡り逢った人たちに「すみませんでした」と心の中でわびているこの頃。

（一九七八・七・二〇「にひばり」第22号）

雑　感

熱帯夜がどれほど過ぎていったのでしょうか。エンゼルフィッシュを見ていて、小さい頃読んだ「水の国の赤ん坊」を思ってしまいました。えんとつそうじのトム少年、おやしきの金髪のおじょうさん、その二人が水の国で……。なぜ、どうしてあなたはそんな国の存在を信じますか。

この四月に十何人かの新任先生を迎えました。また五月には近隣のスキャンダルが明るみになり六月には、県下全般を暴雨が襲いました。

そして、梅雨が明けると同時に三十度以上の猛暑。もう、この後はよいニュースだけが聞けますように。

（一九七八・七・二〇「にひばり」第22号）

雑　感

一年生のある二クラスに、次の項目について、無記名で答えてもらいました。

(1)家で父親、母親とどんな話をするか。
(2)父親、母親から教えてもらったことは何か(技術面で)
(3)倖せとは何、どんな人になってほしいと言われるか。
(4)父親、母親のタイプを理想のひとと感じることはあるか。
(5)期待する父親、母親像は。
(6)「父親不在」という言葉についてどう思うか。
どんな答えが書かれていたか紹介させていただきます。

「父は理想の夫です。」と書いた生徒は(1)の問いに、「父とは次元の高い、宇宙、歴史について思っている事などを議論。ぐちゃ人の悪口を言うとすぐ怒られます。母とは日常的な事を話します。」(3)の問いに、「母は後悔しないような結婚を。女は愛するより、愛された方が倖せといいますが私にはこの意味がわかりません。父は何をしてもいいと言います。(人に迷惑にならない限り。それに信念を持って臨んでいるなら)」と答えています。一方「父とは全く別のタイプの人と結婚したい」と答えている生徒は(6)の問いに、「家にいてほしくない。ただ怒るだけですごく窮屈なのです。」と書いています。「母のような人になりたい」と書いた生徒は続けて「私の唯一のお友だちです。いつも冗談言ってふざけ合っていますが、一番大切にしなければならない人です。母のそばにいるとホッとします。」

次に目に止まったものを項目別に書き出してみますと、(1)の質問について、「真剣に話し合うなんて恐しくてできない。話し相手も何もあったものではない。疲れていて返事もしたくないのはわかるがほとんどしゃべらない。話しかけても『うるさい』と言うだけです。」(2)の質問について、日曜大工、縫物、編物、茶道、書道、マナー、そうじの仕方、料理、竹とんぼ、竹馬、そりの作り方、トラクターの運転、田植。(3)の質問について、「やさしく何にもよく気がついてくれる女になれ」「平凡でもいいまっとうに生きろ。」「そんなこと教えてくれない。」(4)の質問について「時々ある。」(5)の質問について、「両親を見ていると、母親になってもこうなりたくないと思うことがあるので、将来の参考にできるから、今のままでよい。」「適当に怒って、気の付く人、強い人。」「父はもっと家族に溶け込んでほしい。」「母は料理がうまくて、裁縫もうまく、いつも家にいて、明るい人。」(6)の質問について、「いた方がよい。母一人で育て上げるのは大変だと思うから。」「父親は母親と違う何かを教えてくれる」「いない方がよい。月々の生活費さえ送ってもらえればいらないと思う。死んでいないのではなく、家にいるような、いないような空気――いつもはいらないようだが、いざいなくなるととても困る――みたいな感じでいてほしい。」

以上はあくまでも参考になればと思って紹介しただけです。高校生には、人生の真実も、人情の機微も十分にはわかっていないのですから、迎合するよりは、「ものわかりが悪い、時代錯誤も甚だしい」と言われても、何十年間生きてきたなかで体得したものを信念として貫き通して下さい。それに、同じ兄弟姉妹でも素質が違い成育課程も違います。長男にはプラスの効果のあったものが、そのまま次男にもというわけにはいかないものもあります。ましてや、他家の子供に良かったこと、悪かったことを、そのまま自家の子供に適用できるものでもないのです。また子供にも環境をプラスに生かせるものもあれば、マイナスにしてしまうものもあるのです。子供の一人一人に、性格、発達段階、毎日毎日微妙に揺れ動いている心理を留意した上で、ケース・バイ・ケースで臨んでおられると思います。

ある新聞の、「娘が親と別れる時、それは恋人ができたか結婚した時、もっとつきつめれば、初めて男を知った時かもしれない」という文章に疑問をもつ人も少なくないと思います。個人差もありますが、小学校後半の頃、自我の目ざめとともに、親の意志とは離れて、自らの好奇心、熱情に動かされて、まだ知らない人生に冒険の旅立ちをします。平淡な道にはあき足らず、たとえ泥だらけになっても、素足のままでぶつかって行きたいのです。平和な世のなか、家庭に育てば育つほど、嵐の吹く外に飛び出してしまうのです。破壊のためではなく、いつか価値ある何かを築き上げるためという自負から。その子供は必ず帰ってくるのです。祖父母から父母に古くから代々伝えられた、普遍的、不滅のものを息子、娘に伝えてある限り。傷ついたときばかりか、しあわせな出会いのときにも親のもとに帰ってくるのです。

（一九七九・二・二四　「ＰＴＡだより」第11号）

自殺について

小川のふちで……オフィーリアはきんぽうげ、いらくさ、ひな菊など……それに紫蘭できれいな花環を作り、花の冠をしだれた枝にかけようとして、よじ登った折も折、意地悪く枝は、ぽきりと折れ花環もろとも流れの上に……

――二人の墓掘りたちの会話

Ａ　こうして、キリスト教の葬式ができるものかね。手前で勝手にお陀仏しておいて……

Ｂ　できるってことよ。役人が検分してそれでいいって言ったんだからな。

Ａ　身を衛《まも》るためしかたなしに跳び込んだというわけでもあるまい……もしこの女の身分がよくなかったら……葬式はできなかったろうぜ。

最近のマスコミは子供の自殺を大きく取り扱っていますが、数の上では以前とそんなに変わっていないそうです。環境や社会体制に原因があるとする説が多いようですが、その個人や伝統の中を探ってみる必要も感じます。これまでの説をいくつか取り上げ検討してみます。

(1)「核家族になって祖父母の死に立ち合うことがほとんどなくなり、死というものを目のあたりにしなくなった。」これには、そこに立ち合った子供にわかる死の意味とは、その意味がわかれば死にたい気持ちにならないのでしょうか、むしろ、こわいものであった死を、身近な人も逝っているところ、何かなつかしく誘うものと感じてしまうことはないのかという疑問が残ります。

(2)「健康者優先の現実社会だからひとたび小さきもの、弱きものの立場におかれると生存理由も見つけられず生きているかいもなくなる。」二千年の歴史を顧みて、今日ほど、福祉が行き届き、平和で文化的、健康な時代、思想・言論の自由―「公共の福祉に反しない限り」という言葉が憲法条文の至る所で謳われているのですが―、国民の大多数が中流階級意識を持って暮らしている時代があったでしょうか。確かに昔は自然が汚染や破壊を受けないままでありました。もし人間がより快適にという欲望を捨てて、蛍雪の明りで学び、「いざ鎌倉というときには」という誇りは失わないで暮らせたら、海も川も水色に澄み、人類は滅亡の危機にさらされることもないのです。福祉の行き届いている点では世界の模範とされている北欧の国で自殺者が多いそうです。恵まれすぎて、「生の弛緩」が起きていると指摘する人もいます。

(3)「どこまで行っても終わらない受験競争と自分の能力への懐疑、いったい今の子供は何を人生の目的にしたらいいのか。」スランプに陥る時もありますが知的好奇心があれば、難関突破は若者にとって、北極を単独横断するような快挙でしょう。スランプに陥る時もありますけど。NHKテレビで全国に放映されるステージで高校を中退していたことを言ったスターがいます。デビュー当時そのままの新鮮さで人を魅了させるその秘密は、ハンディを自力で克服しようと前進し続ける熱情にもあると思います。どんな一流大学、一流企業にいようと、マンネリ化を打破する勇気がなければさみしく取り残されるのです。受験競争がなくなれば悩まない青春が送れるのですか。『若きウェルテルの悩み』『春のめざめ』を思い出してみて下さい。

(4)「家庭における父親不在」母子家庭でもないのに父親不在のなかで育った人たちはたくさんいます。どのような境遇であろうと、それをプラスに生かした人たちを伝記に見ます。すばらしい人、芸術作品などとの出逢いも大きく係わっています。そのような幸運に出逢えるということは、単なる偶然が左右するのではなく、個人の内部にある審美眼や、過ぎた日の努力や善行が思いもかけない形で報われたためなのです。

(5)「子供が自分で問題を解決する力を伸ばすようにすること」これが一番重要なのです。もし「死にたい」ままに自殺したら、今の人口はどれくらいになると思いますか。

最初にあげた『ハムレット』の一節からも「自殺を罪悪」とするキリスト教の思想がうかがわれます。日本では、切腹・殉死が賛美された時代があって、自殺に同情したり、身の証《あかし》を立てる手段として選ぶ風潮が残っているようです。でも、それは公明正大でないばかりか、卑劣な手段にすぎません。たとえ何年かかろうと、生きている姿、実績の積み重ねで身の証を立ててこそ、本当の幸福にたどりつけるのです。そのように生きようとする人には救いの手がたくさんさしのべられる世のなかなのです。

罪を犯した人、心に罪を意識している人にとって、生きていることは苦しいことでしょう。そういう人は、南極からテレビ電波が送られてくる今日にも、なぜ宗教が存在しているのか考えて見て下さい。信仰できる人達だけのものではないと思うのです。熱狂的な人達がでっち上げたものでなく、神話と同じく、聖書にも真実が述べられているのです。

そんな理屈も親不幸の罪もわかっていても眠らせてほしいという人は、あわてないで、空腹のまま一夜を過ごしてからにして下さい。人間という名の動物の、その現実。むなしさとしらじらしさのまま、きのうの続きに手をつけているのを見るかも知れません。そんなむなしさに耐えていて、ある日偶然のように、すばらしい人やものに出逢えるように、世のなかはできているのです。「泥道に踏み迷った旅人」は帰ることもできるのです。『神曲』も心の真実を描いているのです。

自主解決能力を養うためにも、世界の古典といわれる作品を読むことを勧めます。一時期を風靡しているベストセラーなるものより時間・空間を超えて新鮮な生命を保ち続けているもの、ある個人の事実ではなく、人間の普遍的な真実の描かれているもの、そこには「人にまさりて悩める心」をもった作者たちの祈りもこめられているのです。

すばらしい人に出逢うこともそれに匹敵するでしょう。これと思ったものにぶつかってごらんなさい。いつか、苦痛に思えたものまでがむしろ楽しみに思われているような、そんなきっかけになる人とか何かに出逢うことでしょう。

（一九七九・二・二四　「にひばり」第23号）

雑　感

暖冬異変。皆さんにはうれしい現象でしたか。不確実性の時代なんていう人がいますけど、歴史の流れのなかでとらえると、的確な表現じゃないと思ってしまうのです。

戦争という特異な時代に青春を送った人たちは、今の若者はと嘆きますけど、古典に登場する若者とも、十年前とも、少しも変わっていないのではないかと思うのですが？

（一九七九・二・二四 「にひばり」第23号）

職　業　観

「日本人はうさぎ小屋に住む働き中毒」ＥＣ秘密文書のこの言葉は国内に話題をまいた。「きつね、たぬきでなくてよかった」「八つ当り的発言で、これによって労働価値感の低下があっては大変」「仕事そのものに対する忠実性から働くのではなく、周囲に歩調を合わせて公私のけじめなくぐずぐずしている。いわば後進性を象徴するものだ」など論議は尽きない。

海外の日本企業で働く現地人は「なぜ時間外、休日に働くのか」「宗教上の安息日という伝統もない」不満を訴える。働き中毒は伝統的なものなのか。「戦前はもっとのんびりしていた。終戦の混乱期、何もかもゼロからの出発で、ただガムシャラに働いた」と振り返る人もいる。三十年前、ヨーロッパ一の働き者であったスウェーデン人が、今はフランス人と並んでなまけ者だといわれている例がある。将来、日本人はどうなるのか。

至るところでやたらと耳にする「○○権」・心理的保守主義に低迷する集団の、エゴと甘え・インベーダゲームの過熱・有名私立幼稚園も受験地獄・学習塾・支払いに一生かかる住宅ローン・うさぎ小屋でも欧米にはないぜいたく品がズラリ・油漬けの生活様式……等、成金的後進性の「働き中毒」とどこかでつながる。第二のオイルショック。油中毒からの脱皮が叫ばれている今、「働き中毒」からの方向転換も考えてはどうか。

六年前のオイルショックのとき、輸出にドライブをかけて不況からの脱出を図ったので、対外摩擦が起きている。その上、イラン政変をきっかけに原油供給は構造的に変化し、入手困難、価格の高騰にも先が見えない。今回のサミット東京宣言でも、エネルギー対策として、石油輸入の削減、スポット買いの自粛、代替エネルギーの開発が盛り込まれた。代替エネルギーの内、地熱・太陽熱・潮汐力・石炭液化、ガス化は割高な上、六五年総エネルギーの五パーセントしか期待できないという。原子力はその安全性について、スリーマイル島の事故以前から問題とされ阻止闘争が続いている。この闘争は、節約の具体例を掲げて一般にも理解と協力を求めるところまでいかなかった。

一バーレル二十ドルの現在の原油価格をできるだけ長く維持させるためには消費節約以外にはなく、それを無視して、過去の夢に酔い続けるなら、石油価格の際限ない上昇、インフレ、不況という底なし沼にひきずり込まれることになる。節約は美徳ではなく、ビジネスと考えなければならないという人もいる。(参考・エコノミーとは「知恵をもって家を治めること。ムダを省き、物を愛する、知的、創造的行為」の意味)。

週休二日制の実現、夏休みを長く取ることも省エネルギー対策の一つに見られた。大都市周辺に住むサラリーマンの片道通勤時間七十分は普通とか。朝、駅のホームのスタンドで、パンと牛乳だけの朝食を、口に投げ込むようにすませている姿を見ると、仕事の能率をも疑ってしまう。鴎外の頃の退庁時間十六時を現在実施することが可能としたら、ついでに出勤時間を遅らせるのはどうか。それとも中国のように二時間の昼休みにたっぷり寝る(昼寝には冷房は不要)のはどうか。

予想される経済成長の低下、雇用不安の増大、その対策を国にばかり期待できない。国債依存度四割の赤字財政、「時代の要請に適さなくなった制度や慣行は不断に見直しを行い……合理化」を掲げながら、圧力に屈しているようでは公共投資も限界に来ていよう。この際、各人が走るのをやめてゆったり歩いて生きるのもよい。日常の些事にゆったりと時間を費やすことは精神衛生上も好ましい。朝食も時間をかけて手作りし、家族そろって楽しく味わう。入浴には四十分以上（心身の美容のためにはガス、化粧品はたっぷり使って。経済の安定成長も重要）等身大の鏡の前で造型美術にうっとりする。（天賦の芸術の華は船を待つ港に咲く）

余暇がふえたから仕事以外に生きがいをというのはおかしい。生活のため働くのではなく、個人の生きがいのために、ぜひそこで働かせてほしい。そのような職業選択をすれば本音のまま生きても、公共の福祉に著しく反することはない。余暇にゴロ寝しても、あとの世代に記憶されるものも残せるだろう。その時の条件の良し悪しで職業を選択していたら、他人と見比べて割に合わないと、いつも不満だらけで一生が終わる。そうならないためにも、羽仁進氏もいう「個性を作る実験」のなかで生きよう、「心のゆとり」「頭のゆとり」をもって。心を駆り立ててやまないもの、かけがえのないもの、取りかえのきかないもの、そのなかにエネルギーのすべてを燃やして生きよう。ある年齢までは振り返って考えれば悔恨に胸を引き裂きたいほどの思い出だけが残り続けるかもしれない。しかし、今の自己の姿はそうした過程を経てこそあるのだと、いつか、しみじみと祈りにも似た気持ちで青空を仰ぐ日が来よう。学問とは就職や進学のための勉強をいうのではない。生涯を通じて続けるものであるから、知的好奇心が消えているときに、無理にあせる必要はない。いつか必ず、それに渇愛（砂漠で水を求めるような欲望の渇き）する日が来よう。たとえ、三十歳、四十歳過ぎていようと、そのときから始めても遅くはない。ただ、それが可能な基礎学力だけは備えておいて。

脱石油社会の建設を契機に、後進性「働き中毒」からも脱皮しよう。

（一九七九・七・二〇「にひばり」第24号）

雑　感

「油断ち」と「水断ち」のダブルパンチ！と思っていたら大雨が降り続いた。雨が止んだら、四月の涼しさになって、夏カゼが流行った。それで背広とネクタイが離せないのか冷房が強すぎるのか、テレビの映像から石油危機の実感は薄い。前途は「アラーの神の思召しのままに」か。

我校では今、「赤断ち」「裾断ち」対策に真剣なのだ。

（一九七九・七・二〇「にひばり」第24号）

出逢い

すばらしい人との出逢いは文学作品との出会いにも勝る。

火の鳥のような情熱の人に出逢った。「激しい闘争（克己）のなかに遙かなる夢への狂熱が生まれる」、その人のモットーであり、生きている姿を象徴していた。

そして大学生になった。そこで出逢った。老熟した方々はローマ法皇さまの身近にいるような安心感で包んで下さった。日本舞踊、華道、歌舞伎……江戸情緒に包まれた南青山の叔母の家。そこに集まる老若男女。女性たちの、それぞれをヒロインとする物語を心の中で創って味わっていた。

優れた文学作品を読むのに匹敵する人にはこれからも出逢いたい。

プーシキンは百何人かの恋人に出逢ったという。これからも、未知の世界の、いろいろな方に出逢ってみたい。そんな冒険への夢を生涯抱き続けて、自由に翔べる空に漂っていたい。

（一九七九・七・二〇「図書館だより」）

総合商社について

総合商社は、買い占め・売り惜しみ、土地・株式の投機などあらゆる手段に訴えて金儲けに狂奔しているように喧伝され、諸悪の根源のように書き立てられることが多い。しかし、海外諸国では、「奇跡の日本経済」の一端を担っているととらえ、「ソーゴーショーシャ」の研究や育成に懸命になっている。ECはこの研究のための視察団を派遣してきた。また、学生の間では依然として人気上位を占め、今年のアンケート調査では商事・物産がトップに並んでいる。どちらがより近視眼的な見方か探ってみることもムダでない気がする。

「大儲けをしたり、大損したことだけが社会問題としてマスコミに取り上げられるけれども、毎年十億円ずつ損をして十年たってはじめて五十億円儲かったというところだけをみてドカッと非難が集中する。長期的にみると、ビジネスのルールに何ら反していない場合がある。」これは、若い商社マンの意見である。今日の経済社会においては、巨大な組織を背景に持てば自動的に業績が上向くというものでもない。競争激甚なこの世界で二桁の兆という数字がつくまでに売り上げを伸ばし、トップの座を守っているとしても、それは個人個人が毎日神経をすり減らし、身を紛にして、損益を無視してもやはり遂げなければならない仕事にも、相当なリスクを意識しながらやる仕事にも、長期にわたって懸命にとり組んできた結果が実を結ぶようになったからである。

「自分だけの利益を追求する場合の方が、もっと効率的に社会の利益を増大する場合がしばしばある。わたしは、公共の福祉のために商売していると気取って主張する人びとによって、実際に社会の利益が増大された話を聞いたことがない」・「不信心者を本当に信仰へと改宗させたいと努力している伝道者。生活に苦しんでいる人々に、安楽をもたらしたいと努力している博愛主義者。これらの人びとは例外なしに、自分たちが考える形での自分にとっての最大の関心、自分自身の価値観に従って自分なりに下した判断を満足させたり追求しているのにすぎない。……『自己愛の発露』にしかすぎない」という指摘を真実としてうなづけるのは、現実にたくさんの具体例に出会っているからである。利潤追求を目的とする故に冷やかな眼が向けられてしまう大企業の方の言動に重みをずっしり感じさせられることが多い。その一部を紹介する。

「日本独特のもので、世界でも類がない。果たしてこれからもうまく行くものかどうか、いつも頭のなかにある。続かないとすれば、新しい分野を開拓する努力しかないだろう。五十年もやっていて、なかなか明答は出て来ない。それは環境がどんどん変化しているからだ。これからも存在理由をさらに突っ込んで吟味してみようと思う。」

「しかし、もって生まれた性格は直らない。直言して損するなら損しても仕方がない。人それぞれ持って生まれた性格があるのに、いちいち直していたら、それこそ特徴のない人間ばかりになってしまう。思ったことを言えない人間より、思っていることと反対のことを平気で言う人間より、ずばり真実を言える人間の方が価値がある。」

「結果の平等」を推進しようとする人たちは、「いつでも隣の芝生は青くみえ」・「自分と同じくらいの仕事しかしていないと思える人よりも、どうして自分のほうが少ない報酬を受けとらなくてはならないのかを理解すること」が困難なために、不満や羨望を、批難の槍玉にあげるという形で示すのではないか。そして、「人々の協同が真に自発的なものである限り交換の当事者たちである双方が利益を得られないのであれば、どんな交換も行われない」という自由市場における基本点も忘れ、統制すべきだと考える。また、総合商社が学生の間で人気の上位を占めていることに対して「不本意労働に対価として支払われる給料・賃金」の高さが学生の心をひきつけていると見るのは当たらない。過大な期待からも、また幻滅からも自由なさめた感覚をもつといわれる学生でも、「歩く道の先に夢をいだかせる何か」が見い出せなければ、就職したいと思うまい。一部の行き過ぎや世の痛烈な批難を考慮しても、なお、「事あるごとに終焉が叫ばれながら、新しい機能を自ら開発しつつ、不死鳥のように時代の難関を切り抜けてきた」総合商社が学生の人気上位を占めているのはそれだけの理由があるのだ。

（一九八〇・七・二〇　「にひばり」第26号）

雑感

尊敬する人物のなかに以外と思われる名前が見えているのは、不信任・解散・ダブル選挙、その選挙戦の真っただなかに現職の首相急逝という出来事の直後の調査だったせいと思われる。死後ではあっても評価が高まるというのは、好ましいことかも知れない。しかし、昨秋、不人気な「増税」をあえてかかげて総選挙を戦おうとしたとき、マスコミもこぞって袋たたきにした。そして、辛うじて過半数維持を「惨敗」と書き立て、「四十日抗争」が起こった。政治意識の高さとは何かをつくづく考えさせられる。

（一九八〇・七・二〇　「にひばり」第26号）

女性の社会進出について

「女性も社会に進出して男性と対等に職業をもつべきだ――男子一二％女子一六％、社会を知る意味で多少は仕事についた方がよい――男子一八％女子六四％、経済が許せば女性は職業につかない方がよい――男子六五％女子一二％」「女性は男性ほど勉強する必要はないと思うか？思う――男子五三％女子一二％、思わない――男子四一％女子八〇％」（ある高校の一年生一クラスを対象にした調査の一部）

男子は女子が職業につくことに好意的でなく、女子自身も社会へ出ることに消極的な考えをもっていることに対して、「女は家庭、男は職場に」という日本の社会意識が浸透したものであり、「女性差別」の意識であると考え、生徒の意識を変えるための試みが必要だとの考えが一部にあるようだが賛成し難い。若い人気歌手が快活に体を振りながら歌っている。

あなたに命令されれば
私はどこまでも飛んでく
ガラスの都会を横切り
今すぐあなたに会いたい
愛しているとひと言
つぶやくだけでいいのよ
この心も手足も思うままに動くわ
お気に召すまま
私そうよ　ROBOT

人を恋い慕う女性の自然な心情が吐露されていて微笑ましい。そして、このような感情が心を占めているとき、家にいて人の帰りを待って過ぎていく生活を夢見るようになるのも真実

である。それは、理知的な女性にあっても同じだ。秀才といわれていた女子高生が、

人生というものをすべて忘れて、ただ愛することしか知らない無知な女になりたいのです。白痴になってしまっても、ちっともむなしくない、そんな人のもとにいたいのです。賢い女だと言われたくありません。むしろ愚かな女といわれても、その愚かな女をやさしく愛してくれる人にかしずきたいのです。今はあの方のために歩いた日々がたまらなく恋しいのです。

と記している。また、ある女子大生も、

女である私は愛だけを頼りにして生きることはできる。けれども男の人は違うようだ。愛することは副業であって、仕事が本業だという。男は人生という海へ乗り出し、疲れた時、心を休めるために女のところに戻ってくる。女のもとを離れなくなったときは、年老いたときか、死ぬときだという。愛する人が航海に出るなら、どっしりと構えていつまでもその帰りを待とう。愛する人が夢を追うなら、その夢をも愛してよき理解者でありたい。

と書いている。しかし、すべての男性に従順でありたいとは意識していない。親や世間によって作られたものでなく、自発的意思なのだ。それを無理に「女子差別」的なものとして認識

させるのは不自然である。

ジャーナリストのバーナード・クリッシャー氏は、

アメリカのウーマン・リブ運動はプラスとマイナスの両方の結果をもたらした。アメリカの女性は今や、男性と同じ責任ある職業、地位につくという大きな可能性をもっている。しかし、このことは家庭や男女の愛情には大きな負担をかけることになった。男女両方にとって一番大切なものは自分の仕事であり、家庭はもう憩いの場ではなくなった。私は女性が仕事につくのは反対ではないし（女性が男性と対等なのは自明のことだ）、喜んで一緒に働く（女性はすばらしいパートナになりうる）。しかし、私の妻にそうなってほしいかといえば、妻がそのタイプでないのを幸運に思っている。

と述べている。また、アメリカでスーパーウーマンと呼ばれている女性たちの意識にも変化がみえ、

従来は男の仕事だった職務に就いて高給をもらい、結婚して子供をもち、フルタイムのお手伝いさんを雇って〝質の高い〟家庭生活を営むといった幻想は捨てよ。そんな完ぺき無比のイメージはまやかしだ。金で買えないもの、クリスマスのフルーツケーキを作ることを子供に教え、ハローウインの衣装を縫ってやり、初雪の降る夜にソリを出し、

……こぼれたミルクをふいてやり……といった、通常の〝成功要因〟に入っていないもの、仕事での成功のみでは片付けられないもの、金では測れぬこうしたかけがえのないものを大事にしたい。

という「主婦重視宣言」に象徴されている。「女性の地位向上・社会進出おおいに結構」「これからの女性は家事・育児に明け暮れるだけではダメ」とさも理解あり気な発言をする日本男性でも、「並の女はお茶くみや男の補助職に徹してもらいたい。二、三年で早めにやめてほしい」が本音であり、女性管理職の下で仕事をすることを潔しとしない男性は少なくないという。そして女性も男性と競うことを最終の目的とせずに、実りある家庭生活の実現をめざす傾向が専業主婦の意識調査の結果などに現れている。

ベティ・フリーダン女史はヒューマン・リブ運動を提唱している。日本にも、「仕事人間は時代遅れ。人生を楽しまなくちゃ」「これからのサラリーマンは出世ばかりが能じゃない」と口走る男性がふえ、「クロスオーバー」という言葉がもてはやされる風潮のなかで、本業に、アルバイトに精を出すサラリーマンも少なくない。西ドイツでは、労働者は休暇をたくさんとって外国へ行ってはお金を放り投げてくるとか、病欠も多く自動車産業では欠勤率が一〇パーセントにも達しているらしく、日本のトヨタ・日産の一パーセントに比べるときわめて多い。米国では、激しい出世競争に勝ち残ったトップは猛烈に働き、仕事第一主義の傾向はますます強まる一方、労働者層は仕事より家族・余暇・文化を優先する生活様式と言われている。しかし、米国労働長官は「労使関係など日本企業の経営管理を見習いたい」、西ドイツ経済相は「ドイツ人はもっと働け」、サッチャー首相は「日本を見習え」と発言するようになった。欧米各国がインフレと不況の共存するスタグフレーションに苦悩しているのに対して、日本経済が良好なパフォーマンスを維持しているからである。無資源国日本は石油危機や円高を労使協調による徹底した減量、合理化経営の前進、生産性の向上などへの血のにじむような企業努力で乗り越えた。「企業への忠誠心にこりかたまった〝会社人間〟が家庭をも顧みず働き続けた結果、今の経済大国日本を築き上げた」という指摘もある。なお、昨年一年間の企業倒産の件数、金額とも史上最高となり、その原因の半数は放漫経営（自業自得型倒産）で、過当競争による倒産は少く、まじめにやっていれば倒産しないという分析結果もある。今後も企業経営を揺さぶるような危機（一企業・産業界で努力してもどうにもならない世界的問題によって起こる）への不安、大型増税、定年延長に伴い高齢化が進むなかでの人材の活性化など、内外ともに厳しい情勢が続く。経営環境がどう変化しようとも、ヒト・モノ・カネの経営資源を効率的に活用して行かなければならない。それ故、企業の姿勢は「できる社員は三倍働かせ、できないとわかれば早々に見切りをつける」非情なもので、四十過ぎればいつ肩たたきされるか、窓際族の仲間入りをさせられるか不安にかられるので、出世どころか、これまで以上にしのぎを削らざるを得ない現状だという。また、昇進が年功序列から能力主義へと移行する過程で、「必罰の方も厳しくしないと皆が満足しない」ので、この先のサラリーマンには厳しい世のなかになりそうだという。その上、マイホームのローンの返済・通勤地獄、さらに生活のためではなく生きがいを求めて社会進出をすると自負する女性から、家事・育児を分担すべきだと迫られたら、どこに憩いを見つければいいのだろうか。

全員稼動体制（居てても居なくてもよい社員をつくらない）をしき、終生、大型企業年金を支給する企業では、万一夫が死んでも妻にも同額の企業年金を支給するという。〝内助の功〟を高く評価するからである。「女は家庭、男は職場に」は「女性差別」からではなく、愛する人の幸福を願い、自らもまた幸福でありたいと考える人たちの自発的意思の現れとみてよいのではないか。そして、就職してもよいし、しなくてもよいと考えられている女性は、より多くの選択の自由をもっていて、倖せだともいえよう。差別の認識より大切なのは、周囲の風潮に同調しないで、自分自身を見つめ、その個性の持つ可能性と限界を知ることであり、さらに、恋と愛とを錯覚していないか、あたりまえでなかったことがあたりまえのこととして日常化されていくなかで大切なものを忘れてしまっていないか。自らに問い続ける姿勢である。

（一九八一・二・二八「にひばり」第27号）

雑感

節分は過ぎたけど、〝心の鬼〟はいつのまにか戻ってきているようなのです。毎日、鬼は外と叫ばないと、幸福は訪れてくれないことはわかっているのです。遠い山奥から雪解けの水を運んでくれる川に祈ってと思うのですが、新井郷川の水はよどみながらゆるやかに過ぎていくだけなのです。

（一九八一・二・二八「にひばり」第27号）

新院友の皆さんへ

卒業の日の自信と誇りに満ちあふれた輝きは、数か月後には無力さに対する絶望、下積みのなかで抑圧されている個性の苦しさ、牢獄の壁に向かって叫んでいるような孤独感に消されてしまった。

俸給を手にしたときの思いはまずむなしいということです。他に捨てても惜しくはありません。いいえ、そのように思ってはならないのです。それがつぶやけることに感謝して当然の業務を果たさなければならないのです。

いずれの道が与えられてもむなしさは残るのです。一方の道では個人として満足し、その陰で平凡に埋れていたかったとすすり泣きます。もう一方の道では女性として歓び——たとえ俗塵のなかで愛憎の苦しみに耐えても——、その陰で日常性のなかで抑圧された個性がすすり泣きます。ある一瞬には天に叫び、地に頭をめった打ちにして破壊してしまいたいほど、その耐えがたさに苦しめられるのです。この一生付きまとう苦しみ、個人としての独立を失った隷従の身から救い出してくれるもの、人間性を回復してくれるもの、私にとっては学問です。

人を生きさせてくれるものは愛のみです。学問やそこからくる自信や誇りは、それだけで人を生きさせてはくれません。人を想い続けるあまりに心の自由を失い、重い鎖に縛られてしまった日々において、大空を自由に高くどこまでも運んでくれる翼となるのです。燃える炎の中で滅びてしまいそうな身を鎮めてくれる清冽な泉となるのです。

このようにくり返し書き綴っていたのは私だけではないと思う。日本経済新聞の「サラリーマン」の欄にも、三か月で　流企業を辞めたり、ノイローゼにかかったりした例が紹介されていた。辞めるか、それとも、不本意ながらも踏み留まっているか、その結論は自分で出すしかないと思う。古い価値観にとらわれないで、それぞれの個性のもつ可能性と限界を見つめて判断すればよい。ただし、結果がどのようであろうと、自分のせいにした方がよい。

今は大学生の気分で過ごせる私——一年として同じところにとどまっていない日本経済の動きを夢中になって追っているときは小学生に帰っている気分——には、私生活まで管理されているとか、女性差別とかの訴えが実感できない。県から派遣されて大学に学ぶことができたのは、もちろん院友の皆さま方の援助も大きかったと思う。院友の集まりに出席するたびに、何かの答えを見出していた。といっても気楽な雰囲気なのだ。院友会の席で会えることを楽しみにしている。

（一九八一・三・一五「院友会報」第21号　新院友歓迎号）

『ジャン・クリストフ』と私

高校時代に友だちと話題にしていたのは、クリストフが絶望の淵で力尽きようとするときにきいた《神》の声、「行け、そして死ね。必ず死ぬ者であるおまえ達よ。行け、そして悩め。必ず悩まなければならないおまえ達よ。生きているのは幸福であるがためではない。……悩め、死ね、しかし、おまえがあらねばならぬ、その者であれ。ひとりの《人間》であれ。」

や、死の床での自問、「《主》よ、あなたの僕についてあまりご不満はないのでしょうか。わたくしはわずかなことしかしませんでした。あれだけしかできなかったのです。闘いました。悩みました。あなたの父らしい両腕の中で息をつかせて下さい。やがて、いつか新しい闘いをするために、再び生まれるでしょう。」などであった。

このクリストフは、単なる好奇心・熱情に動かされて絶えまなく生き続けるなかで、より人間的なもの、より美しい調和へと生命を昇華させることを本能的に求める人間なのである。そして、私たちもそのように生きられることを、『神曲』の初めのような《地獄》をさすらい続けるという過程を経て理解できるようになった。

今でも、「神よ、何をしても、どこへ行っても行きつく先は結局同じではありませんか。常に最後には、ここに今、見えているこのことではありませんか。」と自問する絶望に陥るときがある。しかし、「クリストフという樫の木、嵐はこの木の枝を何本かへし折ったでもあろうが、幹はそのために揺ぎはしなかった。」という感慨で過ぎ去った年月を振り返る時間の方が多い。そして、次にあげる言葉が、今一番話題としたいものなのである。

「知と愛、ただこれのみが人生の先と後とにある二つの深淵のあいだでわれわれの暗黒に浴びせかけられる唯一の光明のきらめきである」(『ジャン・クリストフ』)

(一九八一・二・二五　「図書館報」)

「瑠璃いろにこもりて圓《まろ》き草の実」

瑠璃《るり》いろにこもりて圓《まろ》き草の実は
　悲しき人のまなこなりけり　　茂吉作

赤く堅い、小さな蕾《つぼみ》をたくさんつけたつる薔薇《ばら》の花。その愛らしい花を、「悲しき人のまなこなりけり」という思いで、今日は見つめているのです。この短歌では瑠璃色をたたえたつぶらな草の実が「悲しき人のまなこ」と映っているのですが、私には赤く小さな蕾を堅く結んでいる薔薇に、立ち去った人のまなこが映ってくるのです。その花は、今朝、その少女が手にしていたものです。晴れた朝の陽ざしのなかでも、明らかに一晩泣き明かしたと見える瞳が痛々しく、その花を私のもとに残して立ち去った後も、浮かんで来てしまうのです。いいえ、立ち去ったのは一人の少女だけではありません。このつる薔薇の蕾の数よりは少ないにしても、たくさんの瞳があどけないままに浮かんできてしまうのです。いつかは帰ってくる人たちなのに、まるで帰らない旅へと立ち去ってしまったような悲しみが、その花を見てもこみ上げてくるのです。

つる薔薇に浮かぶのは、いつも、まだ幼い少女の頃の楽しい想い出でした。父の暖い腕のなかで、その花に触れようとした日や、少し大きくなって、父の留守中にこっそり近所の男の子と、その花を一枝折り取ろうとした日でした。今日のように涙があふれそうな思いで悲しく見ていたのは、生まれて始めてです。（一九八三・六）

注　あるスポーツ部の生徒たちが校則違反をして、その部のマネジャーをしていた少女が私のクラスの生徒でした。「その少女」と短歌が重なり合ってしまったのです。

「舞姫」について

出逢いと別れをくり返して、
そのたびにあなたは美しくなる。
自然のままに歩きたい。
自然のままに愛したい。

テレビの化粧品のコマーシャルに使われているこの詞が好きだ。この詞が似合う女性でありたいと口に出すのは恥ずかしい。だが、これからも長く生きなければならず、そのなかで何かを成し遂げたいともがきながらも、何も残せないまま死を前にしているそのときに、せめてこの詞が似合う女性であったという自負だけは残るようにしたい。そのような祈りにも似た願いをもって生きている私には、「舞姫」の太田がエリスとの愛に生き抜かなかったことを批判する気になれない。もし、それが私の愛する人の行動であっても、そのように去っていく人を恨む心は起きないだろう。女性のもとを離れることができないまま自分の才能を埋もれさせていく人なら、その人が去る前に私が離れて行くだろう。人生という長く果てしない海へ果敢に船を乗り出して行った人を、ほんの短かい一時《ひととき》だったけれど私のなかで心を休めてくれていたと、いつまでもなつかしく想い出せるような別れなら、何度くり返されても耐えていくことができる。別れのときは身を切られるほどつらくとも、時の流れのなかでも色あせない愛の想い出として、一つ一つが輝き続けてくれればそれでよい。恨んだり、みにくく争って、かつては愛を誓い合った日があったことも忘れ果てているような恋の結末に至ることだけは避けたい。

ここで誤解を避けるために、「舞姫」の内容に触れておきたい。太田は法律研究のための国費留学生としてドイツに赴いた。ドイツの自由な大学の風に触れ、所動的、器械的であった自己を疑い、独立の思想を抱くようになる。そのことは彼の地位を覆すほどのものではなかった。勤勉家の太田は同郷の留学生と交わり遊ぶことが少なかった。そのため、彼らからねたまれ、エリスとの清純な「師弟の交わり」を曲解されて上司に告げ口された。そして、免官・帰国を迫られたのです。そこへ母の死の報が日本から届く。女性問題で免官となった身が、たとえ帰国しても出世の道はないし、留まるにしても学資を得る手だてもないと迷っているとき、友人相沢が新聞社の通信員の職を紹介してくれる。社の少ない報酬でもなんとか生活していけそうだと思案もしたが、エリスの好意でその家に寄寓することになる。貧しい生活に追われ学問はすさんだが、通信員としての仕事のなかから総括的な知識が身につく。しかし、不安定で心細い生活にあって、エリスの妊娠の徴候を知らされた太田は、「若《も》し真なりせばいかにせまし。今朝は日曜なれば家に在れど、心は楽しからず」であった。そこへ相沢からの手紙が届き会いに行く。相沢は天方大臣からの翻訳の仕事を委託するとともに、エリスとの関係を断つように約束させる。やがて天方伯に随行してロシアに行くことになる。ペェテルブルクの王宮のはなやかな装飾・晩餐会にあって、太田はフランス語を流暢に使えるという自負・自信に満たされていた。そして天方伯に帰国を勧められて、「若しこの手にしも縋らずば、本国をも失ひ、名誉を挽きかへさん道をも絶ち、身はこの広漠たる欧州大都の人の海に葬られんかと思う念」が心頭を衝いて起こる。そして、帰国を承諾する。しかし、エリスを裏切ることになるのでその自責の念から人事不省の病気になる。その病中に訪れた相沢は太田がエリスに隠していた事実を告げる。悲嘆したエリスはその場で発狂する。

エリスが発狂したので太田に道徳的批難が集まるかもしれないが、それでも私は太田の行動を是認する。そして、太田を理解しないエリス、発狂したエリスに疑問を持つ。確かに初めての出逢いのなかで理性で願っているように人を愛することは難しいし、別れに臨んで気が狂わないまでも正気を失った状態に陥ることも避け難い。しかし、その苦しみに耐えて生きた女性たちが多いのは、女性としてそうあるべきと考えたからではなく、その去って行った人への愛があったからである。ともにいて理性で願ったようには人を愛せなかったらせめて、別れたその後に本当に人を愛していたい。それは別れという現実のなかで明るい笑顔をみせて、人を安心して旅立たせてあげることだけしかないけれど。

ただ、ここでエリスの批判をすることは無意味にも思える。それは作者森鴎外がある意図からエリスを発狂させたのであって、普遍的な女性像を描こうとしたとは思えないからである。

ところで、「舞姫」の解説などを読むと、「近代的自我」という言葉が多く出てくる。「個人主義、自由主義にもとづく個我の覚醒。封建的差別と全体主義のなかで抑圧された状態から解放され、呪術的宗教の魔力からも自由に振る舞えるようになったのが西欧市民社会における自由、平等な個我である」というのがその語意である。これを見てすぐ浮かぶのはロマン・ロランの「魅せられたる魂」である。ヒロインのアンネットは愛し合っているロジエの子どもを身ごもりながらも結婚を断念する。その理由をロジエに説明しても、彼には理解できない。それについて解説してある箇所を引用すると「ロジエばかりか多くの人はそれを理解しない。それが何であるかを知らないばかりでなく、そんなものがあることすら自覚しない。それは何か。それはアンネットをアンネットたらしめているもの、彼女が自由に見捨てたり、与えたりできるものではない。それはある時は〝自由〟とも見える。しかし、それは自分の勝手を要求する利己主義ではない。」この内なるものをロマンは〝内生命の焔〟と呼んでいる。

アンネットの自覚したこの「内生命の焔」は愛する人との結婚を断念させたのである。そして、私生児を抱えて生きるアンネットに、周囲の偏見・孤独・貧困などの無数の困難があいついで襲ってくる。富裕な中産階級から無産者の列へと下り、日々のパンを額に汗して稼ぎ、同じ窮乏の底にある無数の貧しい人々とそのパンを争わなければならない境遇にまで陥らせる。しかし、彼女はそのような試練と衝突を経ることによってのみ可能な、精神的に高い領域に到達していく。烈しい内生命の力に従って生きるアンネットはあやまちにも豊かで矛盾もまぬがれない。しかし、その生涯は、悦びにも豊かなものであった。このアンネットこそ、「自由で平等な個我」をもって生きた人といえるだろう。しかも、後天的に獲得した社会思想というものからではなく、先天的にあった「内生命の焔」によるものである。このような、「自由で平等な個我」というものをエリスはもちろん、太田ももってはいない。それを日本の、明治という時代のせいと決めつけることはできない。

「序の舞」をこの正月にTVドラマで見た人も多いであろう。日本画壇の美人画家第一人者で、女性として初めて文化勲章を受賞した上村松園をモデルにしたものである。明治時代にもあのように自由奔放に生き、しかも、それを芸術作品に昇華しつつ生きた女性もあったことを思うと、個人の性格の違いというものを考えてしまう。

愛する人といてこの愛よ永遠にと祈らないときはない。出逢いと別れを繰り返したいとも思わない。しかし、「自由で平等な個我」をもった自分自身に忠実に生きたら、結果としては出逢いと別れが繰り返されることになる。ある時は太田がエリスから離れたように、ある時はアンネットがロジエのもとを去ったように。その別れが避けられないものなら、せめて、その別れのなかで美しくありたい。そして、次に出逢う愛のなかで、今までのどの愛の時よりも、美しく輝いていたいと祈るのである。

（一九九四・二・二九　「めばえ」No.36　「舞姫」を読んで）

私がススめる国語の勉強法

大学入試の現代文は数式を解く要領で読解する。難解な評論文も、筆者の主張は個性的だが普遍的な表現法を用い、たとえば、

$$Ⓐ\underline{x^2y^2-5x^2y+6x^2-y^2+5y-6}=Ⓑ\underline{x^2(y^2-5y+6)-y^2+5y-6}=Ⓒ\underline{(x^2-1)(y^2-5y+6)}=Ⓓ\underline{(x-1)(x+1)(y-2)(y-3)}$$

という数式のように、抽象的表現から、より具体的表現に言い換えながら論述している。だから、傍線部Aの理解に必要なのは（訓詁注釈ではなく）、文章の流れの図式化を進めて行き、同内容・同主旨のB、C、Dを見出だすことである。同時にAのグループと反対内容のX、Y、Zも見出だし、それらの関連が一目でわかるように図式化すると、論旨も正しく把握でき、要約や理由・語句説明などの記述の答案作成も容易になる。図式化して行くのは、一見時間がかかるように見えるが、かえって時間短縮の道になるので、週一回でよいから、山崎正和氏のものなどを選んで試みてほしい。

記述対策として答案作成の基本にも留意する記述対策として的確な表現力を養う訓練が必要なのは言うまでもない。記述の語句として、「本文中の抽象的・観念的語句や指示語、比喩表現をそのまま使わない」「文末を明確にしめくくる」などの注意すべき点を常に頭に入

れて、一定時間内に制限字数内で記述し、添削してもらうことを勧める。なお、設問が傍線部についての具体的説明なのか理由説明なのかを理解しないまま答案を書いている者や、漢字で書くべきものがひらがな書きのもの、主語・述語の呼応のおかしなものなどの初歩的ミスも多いので注意。

受験対策としての国語の勉強にも意義はある。読解力養成には読書よりも、入試に出題された、入り組んだ論述内容をもつ評論文を深く読むことを勧める。そのなかにも、寝食も忘れるほど夢中にさせてくれる文章（作家）に出会えた喜び、自力で理解に到達できた歓びがある。だから勧めるのだが、得点力を高めるための国語の勉強というものは、実は国語の基礎学力を身につけるにすぎないというのが、その大きな理由なのである。

（一九八五・八 「受験の国語学燈」）

忘れな草

遠く過ぎた日の記憶の中に水色の小さな花がある。雑草の茂みに隠れて咲いている、名も知らないその花を「忘れな草」と呼んでいた。「忘れな草」というイタリアの美しい民謡があり、その歌が主題歌となっている外国映画「忘れな草」を見ていたので、その一コマ一コマが思い浮かんでくる「忘れな草」という言葉がとても好きだった。友だちと一緒に見た映画だったので、よく話題にしていたが、忘れな草がどんな花かは誰も見たという人はなかった。草陰に小さく咲いている水色の花は、「忘れな草」と叫びたいような花だった。

その花の咲いている坂道から見下ろす入り江は波の静かな晴れた日にはナポリやソレントの海を思わせるような異国情緒があった。

麗《うるわ》しの海は現《うつつ》にも夢む君の声のごとわが胸を打つ
オレンジの園はほのかにも香り　恋に嘆く子の胸にぞ沁む

「帰れソレントへ」を歌う歌声が遠くから聞こえてくるような雰囲気に包まれて、突然むかしの情緒が洪水のようにあたりに溢れた。忘れてしまったと思っていた想い出が鮮やかに甦り、心を重苦しくした。苦しさからうな垂れたとき、ふと目に映った水色の小さな花は、小川のせせらぎのようにささやきかけていた。その声に耳を澄ましているうちに、心の傷はいつしか癒《いや》されるので、「忘れな草さんありがとう」とつぶやいて、そこを通り過ぎていた。

相川の冬は、シベリアからの寒風が吹きすさび、波は狂ったように牙《きば》をむき、空には波の花も舞い飛ぶ。このように海がしける日には波に子供がさらわれたという話も珍しくなかった。ところが、ある年の冬は、波の静かな海に太陽がまぶしく照り輝く日が続いていた。春に咲くたんぽぽやひな菊の花を庭の片隅に見つけることもできた。卒業と入試を目前にひかえた中学生たちが、夏は観光客で賑う海岸を、子供たちだけの秘密の場所としていたのも、冬にはまぶしすぎた太陽のせいであったのかもしれない。写真を撮ったり、岩陰の小舟でうたた寝をしたり、おやつを広げて食べたり、洞窟の中に入って行って隠れん坊をして遊んだりしていた。受験地獄という厳しい現実を忘れて、幼い子供のように遊べるのが、ただうれしかった。そのなかの誰かを特別に意識しているというのではなく、同じように皆大好きだった。愛とか恋とかいうものとは別の感情のものだと思っていた。折しも、NHKテレビの「みんなの歌」では「禁じられた遊び」が歌われていた。そこで歌われていたのは

川のそばに今日も立てば青い空が微笑んでいる
青い空は過ぎた日々を皆知っている
川のそばを通る風は水の声を運んでくる
水の声は過ぎた日々を耳にささやく
あれは過ぎた幼い日よ二人だけで遊んだ日よ
水車だけが回りながらそれを見ていた
…………

という歌詞だった。いつか長い年月が流れて、おとなになった日にこの歌詞のように、今のこの日を想い出すのだろうと思っていた。

高校生になっても六月の雨の降る頃までは私たちの遊びは続いていた。六月に降る雨に……。水色の小さな花を「忘れな草」と呼んでいたのは三年生の四月頃だった。大学四年生になって和泉式部を卒論のテーマとしたのも、この一連の想い出が深く関わっていた。

（一九八六・二・二八「芽生」第38号）

すみれ

むらさき色のすみれ、白い壺すみれの花。畔道には若草が萌え、苗代水には空が映っている。幼い日の影も、一瞬、水面に揺らめく。見慣れた春の田園の情景のなかでしばし時のたつのを忘れる。

長く時のたつのを忘れているのも楽しい。知りたいと思う心のままに、いろいろな書物を開き、知り得たことをノートに書き写していて、暗誦したいと思われる詩歌や物語の一節に出会ったときも春の野ですみれを見つけたような喜びで一杯になる。小学生の頃勉強が好きだったのも、そのなかでたくさんの喜びを感じていたからである。また、遠い所で覚めることのない眠りにつきたいと思い詰めているときでも、私の内部で、「机の前に座って書物を開きなさい。心の安らぎを見出だすことができるのはそのなかだけですよ。」と囁《ささや》いているのを聞く。確かに、その通りだと思えるのは、人がストレス解消のために勧めるスポーツも、私には苦痛と劣等感でストレスがたまるだけだということもある。しかし、思い詰めているときは、親指姫をもぐらの住む土のなかから救い出した燕よ、私の所にも飛んで来て欲しいとただ窓辺に佇むだけである。

ぼろをまとったまま閉じ籠っていてもいい。乱れた髪とやつれ果てた顔のまま閉じ籠っていてもいい。何かを書き上げられるために、私に与えられるものが、ただ苦しみと人々から突き放された孤独のなかでの絶望的な叫びでしかなくともいい。一言を産み出す度に、私から血や肉が吸い取られてもいい。何も書き残せないままに安穏な毎日が過ぎて行くのは耐えられない！

こんな想いを高校二年生の頃から繰り返し綴るようになった。ここで「書く」というのは、前述の、書物のなかから書き写すことではない。創作活動のことである。もちろん、それは青年期にありがちな自惚れであり、消し去らなければならない夢と思わねばならなかった。しかし、そのように思ってからの私は、自らはもはや死んでしまった者という意識のなかで過ごしていた。

そのようなときには、春の野に萌える若草も、空を映して流れる小川も、小さな白い壺すみれの花も、ただむなしく見えた。遠い昔の倖せな思い出の一つだって浮かんでは来なかった。

すみれの花を無邪気に喜べるようになったのは、東京の出版社から最初の本が発行され、研究のために大学に帰れるようにもなった頃からだった。近年は出版社から依頼のあった原稿を書く暇しかないが、それでも、書いている時は感激に満たされる。利害も、愛憎も毀《き》誉《よ》褒貶に煩わされる心も消えて、ただ不可思議な悦びだけに満たされる。高校生の頃の夢の実現にはまだほど遠いけれども、全く逆な方向にあるのでもない。そんなことを思っていると、すみれの花の咲いている野にも誘われ出てしまう。

（一九八八・七　「六日町高校新聞」）

青春の実像を再認識して

今六十・七十年代に流行した歌が若者に新鮮な感動を与えているという。そのせいかラジオやテレビで当時のヒット曲を聴く機会も多く、そのたびに過ぎた日々が色鮮やかに脳裏に浮かぶ。

六十・七十年代は私にとって自我の芽生え・確立の頃、いわゆる青春の頃である。その頃は悩み苦しむことが多く、青春らしいと一般に考えられているもののなかにあると実感できた日々は少ない。心はいつも嵐の吹く冷たい荒野を薄い衣をまとい裸足でさすらっていた。時代やだれかが私をそのような心にしたのではなく、私自身が暖く保護された温室のような状態に身を置くことに耐えられなかったのだ。孤独と絶望の果てにあって見えてくる人生の真実を書き綴《つづ》る時、初めて生きることへの狂おしい熱情がわいてくる。それが青春といわれるときを生きた私だった。そして書き綴ったものは一冊の本となり、東京の出版社が発行してくれた。

「青春の濤《なみ》まに」と題されたその本は高校一年生から就職二年目までの間に書き綴った随想を載せたものであるが、その後の人生で体験したものの方がよりドラマチックで青春らしく輝いていた。学問の世界に身を置くことの歓び、著名な出版社から依頼されて原稿を書く歓び、研究の成果を全国大会で発表できる歓び、すばらしい個性をもった学識経験者や若者と出会うことのできた歓び、高校時代にあこがれたような恋のなかにある歓び、等々。

六十・七十年代にヒットした歌は今うれしくなつかしく心に響いてくる。しかしそのころの方が今よりはるかに悩み苦しみ、試行錯誤の連続のなかにあった。それ故、自我の確立の途上にある生徒たちも、今人生の一番輝かしいときにあるのではなく、一番悩み苦しいときにあるのだと再認識して接している。そしてまた、いわゆる青春らしいものはある一時期だけのものではなく、季節のように巡り合うことのできるものであることを体験を通して語り、悩みと試行錯誤の繰り返しのなかであっても生きていくことの意義を実感させたい。

（一九九三・二月「教育月報」）

樹々の美しい校庭に

松の群生している校庭を眺めていると、森のなかにいるような気分になる。そして緑の梢の間に見える空が青く澄んでいるときには歌声が心の中を流れてゆく。

川のそばに今日も立てば
青い空が微笑んでいる
青い空は過ぎた日々を
皆知っている
川のそばを通る風は

水の声を運んでいく
水の声は過ぎた日々を
耳にささやく

これは私が中学校を卒業する頃NHKテレビの「みんなの歌」で歌われていた「禁じられた遊び」の歌詞の一部である。

中学校を卒業する頃はみるものすべてが美しく見えた。学校の建っていた辺りは景勝であり夏は観光客で賑わう。冬は怒濤が押し寄せるが、晴れた日の海は太陽が反射して、宝石を一面に鏤《ちりば》めたように美しい。その海辺での私たちの遊びは美し過ぎる故に禁じなければならないものに見えた。美しく見えるものもいつか時の流れのなかで何の感動も与えないものになってゆく。その出会いの初めには美しいと思っていたことさえ忘れてしまっている。この海辺での遊びはどれだけ時が流れても美しいものとして追憶したい。そのためには美しく見えている今禁じるしかないのだと思い込んだ。

校庭の松を眺めて心に甦るものの一端を述べてみた。校庭の樹々に限らず、芝高で、新発田市で見るものすべてに今は新鮮な感動を覚える。どれだけときが流れても、今美しく見えるものが、美しく見える心を持てるような生き方でありたい。

（一九九三・四・一　「新発田高校新聞」）

近　況

この四月に芝高に転勤させていただきました。前任校とは違った悦びも苦しみも多くある毎日ですが、すべて新鮮なものとして受け止めることができ、幸運に感謝しています。故郷の佐渡にも近くなりましたので五月の連休には両親の墓参りに帰りたいと思っていましたが、四月下旬に五月十日締切の、受験雑誌への原稿を依頼され、それを書き上げるために帰れなくなり、相変わらず、家に独りで閉じ籠って過ごす連休になりました。

（一九九三・八・二五　「新潟県院友会会報」第19号）

新任のあいさつ

趣味は庭を鮮やかな色彩の花で埋め尽くすこと。今ガーデニングがブームだそうだが、幼い頃、庭に四季を通じて色とりどりの花を咲かせてくれる父が好きで、父のような人と結婚したいけれど、そういう人には巡り逢えないと思うから一生独りでいようと思ったほど花が好きだった。叔母やいとこも東京でお花の先生をし、生花を通じての国際交流をめざす一員として活動しているので、花が好きなのは遺伝なのだと思う。

それから、野球。「世の中にたえて桜のなかりせば春の心はのどけからまし」という和歌があるが、私の場合は、「桜」を「野球」に読みかえても意味が通じる。

（一九八一・六・一「新潟商高新聞」）

いきいきホットライン「私の老い支度」

初めてお便りしますが、ラジオは家で仕事をしながらでも聴けるので、拝聴しています。私は「老い支度」ということを、高校生の頃に強く意識しました。第一次ベビーブームの頃に生まれた私の高校生の頃「受験地獄」という言葉が使われ始めたのではないかと思います。その受験地獄からは逃れることはできても（大学はもちろん高等学校へ行かない人が多かったので）、老いや老いて後の死からは逃れることはできないと思いました。

高校生の私が頭に描いた老いた日（年齢だけで言えば今の私の年齢）の姿とは、子供は成長して母親である私のもとから飛び立ち、夫は若い女性のもとへ去ってしまい、一人残されているものでした。そのように考える根拠が身近にあったわけではなく、子供や夫である男性の立場に立っての本音を考えればそういうことになるであろうと考えたのです。

だから私は去っていく者たちに見苦しく追いすがりたくはなかったのです。しかし心のなかでは、若い日々を子供や犬にのみ心を奪われて、老いて一人残された日々を生きていくための精神的な糧となってくれるものを蓄える努力を怠った自分自身を恨み、自暴自棄になってしまうだろうと思いました。そのようにならないために、若い日に自らの意志で努力し積み重ねた形あるものを残し続けることができるようにして生きていれば、人が去ってしまっても、生きていくことのできる自信と精神的な糧になってくれるでしょうし、老いて鏡に映る顔を微笑んで見つめることもできると思いました。

老いた日に、死に際して後悔しないようにと思って生きるということは、平穏無事な日々には安住できない生き方ですので、世間の酷《きび》しい風にさらされ続けていることでもありました、若さのもつエネルギーが、死の淵に立たされてむしろ一層生きることへの激しい熱情を沸き上がらせてくれました、生き続けることができたのです。

そして、高校時代の同級生と一昨年、お互い初めての結婚をしました。平穏無事な日々に安住できるようになったことが、老いを意味することになりました。だが、老いではなく、素直な幼子であった日々に帰ることができた喜びのなかにいます。半世紀を生きたのに、それぞれが三歳の女の子と二歳半の男の子の昔に還《かえ》って、毎日暮らしていくことができるからです。

私たちは物質的にはあまりぜいたくをする性格でもないので、地方に住んでいても大手都市銀行の住宅ローンでささやかな家を建てることもできました。経済的な基盤を築くための自助努力も若い日から積み重ねているので、今、幼い子供の昔に還って二人の時間を過ごせるのかもしれません。そして、若いときは、若さ故に一人でしか生きられませんでした、年老いては二人で、幼い子供が手をつないで歩くように二人で生きることがいろいろな意味で、必要だと思い、私の世代の一人で生きている女性に結婚を勧めたいと思っています。

今、仕事が忙しくて睡眠時間も十分取れないので、趣味の時間としてはせいぜい週末に庭の草花の手入れをする程度ですが、定年退職したら、芸術作品といえるような自叙伝を執筆したり、夫は陶芸家として家で仕事をしていますので、私は博多人形のような人形、これも芸術作品となるようなものに作り上げたいと未来にたくさんの夢を持って生きています。

美しい十代

拝啓、「歌の日曜散歩」をいつも拝聴しています。十一月二十二日にどなたかのリクエストの「学生時代」がかけられました。それを聴いているうちに涙が流れてきてしまい、夫に見られないうちに早く涙を止めなければと思ったのですが、夫が部屋に入って来ると涙が、せき止めていたものがあふれるように流れて、思わず「みきちゃんは明日同級会に行くからいいけど、私はいけないから。」と言ってしまいました。実は翌十一月二十三日の午後に高校時代の同級会が東京で開催されるのですが、私は仕事の都合で欠席し、夫だけが出席することになっていたのです。

夫が同級会から持ち帰ったものを開いて見ているうちに「美しい十代」も皆で歌われたことがわかるやいなや、この曲をリクエストしようと思いました。

実はかねてから「歌の日曜散歩」に大学時代のグループサウンズの曲をリクエストしたいと思い、たくさんの思い出のなかのどれを書こうかといろいろ考えていたのです。どうか、同級会に参加して皆と一緒に歌いたかった三田明の「美しい十代」をかけて下さい。よろしくお願いします。

＊

拝啓、先日は懐かしいお便りありがとうございました。あの頃は雪のなかにいました。つい十日くらい前、風に舞う雪をいたずらっ子たちの追いかけっこかなと思いながら見ているうちに枯れ木が美しい満開の桜の木になっていったので、あれは画家の激しい筆の動きだったのだと思いました。その雪も一日で解けて、すぐ春の陽ざしが差す日が続きました。そして三日前に、軒下の雪割草が蕾をつけているのを見つけました。水仙も小さな芽を出していました。昨日の土曜日に、ピンクのマーガレットと桃色のひな菊と、オレンジや黄色のパンジー等を買って来て植えました。そのとき、福寿草も芽を出しているのを見つけました。去年の暮れに別の軒下に植えた、三色すみれやプリムラも雪のなかでも咲き続けていました。軒下でないところの、雪に押しつぶされていた三色すみれのなかには、花を咲かせているものもあります。プリムラも雪除けの際に、または屋根から落ちる雪で葉や蕾の一部が押しつぶされていたものも、日を追う毎に、暖い陽ざしに傷が癒されてゆくように、美しく咲く日が想像できるようになってゆきます。人の生命と重ね合わせながら、しみじみとした想いで、庭の花たちを見つめています。

歌に寄せて

二月七日放送の「歌の日曜散歩」のリクエスト曲「忘れな草」を聴きながら、歌詞がなく曲だけ流れている部分で日本語の歌詞が耳に聞こえてくるような気がするのが、自分でも不思議でした。そして、私がいつも聴くことができますようにと待ち望んでいたものであったことを思い出させられました。いつもリクエストされるのは「忘れな草」ではなく「忘れな草をあなたに」なのが寂しく残念に思われていました。「三大テノール競演」というような番組がありますと、そこで「忘れな草」を歌って欲しいとの願いから、夜遅い時間であってもテレビを見ていました。高校一年生のとき、映画「忘れな草」を見ました。美しいイタリアの風景のなかで美しい民謡が流れていて、ストーリーも感動的でした。中学生の頃NH·Kのテレビ番組でも「忘れな草」が歌われていました。日本語の歌詞が字幕で流れていましたので、その歌詞がとても好きでした。

私は文学作品も音楽も映画も欧米のものが大好きです。日本のものは何か暗くてじめじめしていて、スケールが小さくて好きになれませんでした。ただ日本の古典（和歌など）の、微妙に変化する四季折々の自然の美しさと融合して生き、それを歌や文章に表現していることに共感できます。そして、ぎりぎりの選択のところで、いくら嫌っても日本人として幼いときから慣れ親しんできた伝統的な風俗習慣を捨てることが自然にできなくなって、大学では日本の古典文学を専攻し、今は高校生に教えているのです。

私のなかでは「忘れな草」を聴きたいこととグループサウンズの曲を聴きたいというのは少しも矛盾していないのです。演歌には時々下品な言葉が出てきたり、恨み辛みや未練がましさが歌われています。二月十四日のＢＳの七時二十分からの歌番組は五千人のリクエストをもとに作られたそうですが、五千人の内の多くがリクエストすれば、不健康な内容や歌詞であってもいいのかという感想をもった曲もありました。（少しボリュームを上げてお風呂のなかで聴いていた時間帯もありましたが、最初から終わりまで聴いていました。わが家は山のなかに在り隣近所とも離れていますので、迷惑にはならない程度の大きさです。ついでに申しますがＢＳばかりでなく、ラジオでも同じ歌番組を放送して下さい。ラジオはいろいろなことをしながら楽しめるので大変好きです。）

グループサウンズの曲は、大学時代は、大学の講義は休まずに前の席で真面目に受け、家では予習復習もするけれども、それ以外に夢中になれるものを何も見つけられないでいた私が、むなしいと思いながらもそのコンサートにひとときを過ごすしかないというものでした。大学紛争のまっ只中にあって学生運動に入らない学生は、ノンポリと言われていました。別に政治に興味関心がなかったわけではなく、むしろ小学生の頃からＮＨＫの国会討論等を父の傍らで見聞きし、一党に偏らないものの見方をする父にいろいろと教えられ、中学時代は政治評論家になりたいと思ったほどでしたが、学生運動をしている人たちには共鳴できなかったのです。ベトナム戦争反対を訴えていて、国内の零細商店が安心して店を開けないほど街を破壊していくし、大学にしても、真剣に講義を受けたことのないばかりか、講義にも出席したことのない人たちが大学の粉砕を叫んで、大学の破壊をするというのもおかしいと思っていました。確かに高等学校では、試験のために無意味に思われることも頭に詰め込まなければならなくて、これは本来の学問の在り方ではないと思っていましたが、大学は自分の勉強したい学部（将来の就職には有利でなかったとしてもどうしても学びたいと思って選択した学部）で、自分の意志で選択できる講義がたくさんありましたから、それらの講義は大変おもしろかったです。単に知識だけなら本を読めば済むことですが、教授がある解釈をする背景には、その教授の歩んできたどんな人生があったのだろうか、とまで思われて、自分なりに一つの物語を創ってみたりできるということもあって二倍以上楽しめました。それは遠くの席から講義を聴いていてはできないことで、一番前の席にいて、講義する先生の瞳をじっと見つめながら聴いていて可能なことだったと思います。だから講義を受けていて楽しかったし、毎日欠かさず講義を受けていたかった。それでもひまを持て余し、生命を賭けたいと思うものが見つけられなくてむなしくときを過ごしていました。（大学四年生になってやっと見つけ、古典の研究と教員採用試験合格一筋に打ち込めるようになりました。）

グループサウンズの曲を、歌詞まで味わうようになったのは大学を卒業してからです。西洋のお城があって、美しい森と湖があって、王子様や白鳥がいて、たくさんの色とりどりの花が咲いていて、おとぎ話の世界のようです。ザ・テンプターズの「エメラルドの伝説」やザ・タイガースの「花の首飾り」やザ・オックスの「ガールフレンド」等。(「長い髪の少女」や「君に逢いたい」は大学卒業後七年くらいしてからその存在を知りました。)

でも私は思うのです。たくさんの恋に出会ったと思います。恋はそれが純粋であればあるほどはかなく壊れていくものです。誰が悪いとか、恨むとかいうものではないと思います。もし強く恋するが故にこれが理想の愛し方と思う通りに人を愛することができないのでしたら、せめて、きれいに別れることができるようでありたいと思います。別れてもそれを一つの美しい恋の物語として思い出していたいのです。その人たちへの尊敬と愛情は抱き続けていたいと思いました。グループサウンズの曲の歌詞は、日本の古典の和歌などと同じように大学時代は、ああいいなあと感動を覚えるだけだったものが、社会へ出ていろいろな出逢いと別れを繰り返しているなかで、その歌詞のひとつひとつを味わい、そして、自分もその世界を生きようとするものです。いつも「忘れな草」のような美しい物語として、ひとつひとつ終わった恋を思い出していたいと思い、苦しみに独り耐えているとき、これらの歌の、その歌詞のひとつひとつを自らに言い聞かせて歌っていたのです。

いきいきホットライン「最近私は愛が欲しい」

二月十五日は、偶々《たまたま》自宅に帰ったのが五時頃でしたので、拝聴させていただきました。お名前は頭に入っていなくて申し訳ありませんが、女性の方の主張には疑問を感じました。

母親だから妻だから義務で何かをしなければならないのではなく、嫌なことは嫌と言うべきだということのようですが、その嫌だけれども義務としてしなければならないことの範囲がわかりませんのに、賛成できませんというのはおかしいかもしれませんが、拝聴していて、どこかおかしいと思いました。

勿論嫌でも義務で何かをしなければならないと申したいのではありません。中学生の頃キリスト教の教会に通っていたとき聞いた話で印象に残っているものがあります。五〇キログラムの重さのものを抱き上げることは一般の人はできないが、結婚式のとき花婿が花嫁を軽々と抱き上げて家に入ることができるのは愛情があるからだというような話でした。その後私は学問や仕事や対人関係において、本当に好きなものに対しては、その学問やその仕事やその人への愛情がなければ苦痛でしかたがないことも、喜びに満たされた気持ちですることができるものだということを実感することがたくさんありました。

嫌でも義務でしなければならないと感じるとしたら、それを嫌だという前に、なぜ嫌なのか、深く考える必要があると思います。最初からそれが嫌であったのなら全く愛情もなく結婚した（恋でしかないものを愛だと錯覚していたのか、それとも惰性や打算からなのか）と思われますし、最初は喜びであったとしたら、愛がさめたのか、疲れすぎているのか、平穏無事な生活に慣れてしまって大切なものが見えなくなってしまったのか冷静に考えるべきです。もし、愛情がわかないのだからという結論がでたら、そういう状況のなかでどういう行動を取るのがベストか判断する必要があります。

繰り返しますが、嫌だけれども義務としてしなければならないことの範囲がわかりませんので、的がはずれているかもしれません。また嫌なこととできないこととは別です。

それから、大切なのは愛情があるかどうかであって、それぞれ置かれた家の状況が違うわけですから、専業主婦（専業主夫）であってもいいし、二人とも働いていてもいいと思います。専業主婦を、夫から援助交際してもらっているのと同じようなもので、その母を真似して娘が援助交際に走るなどといったことを、たとえ他人の考えであっても番組で紹介したことにも疑問を感じました。

番組に出演された女性にうかがいたいと思いました。最近、人を愛していますか、愛されていると実感していますかと。

今それぞれの幸せのために必要なことは、たとえけんかになってでも嫌なことを嫌だと言うことではなく、真実の愛があれば、他人に対しては嫌なことでも、それをすることに喜びが感じられることを知ることだと思います。愛は償いを求めない、無償のものであること知ることだと思います。そして真実の愛に出会ってから結婚すればいいし（結婚という形態をとらなくてもいいのですが）交際すればいいのです。

禁じられた遊び

昭和三十九年の今頃NHK「みんなの歌」で歌われていた「禁じられた遊び」をリクエストさせていただきます。当時私は中学三年生でした。高校入試を控え放課後には補習授業がぎっしり組まれていましたが、私たち男女七人はこっそり抜け出して、秘密の場所で遊んでいたのです。それは大人たちに知られたら「禁じられる遊び」だったのです。といっても、冬になって観光客の訪れなくなった景勝地（通っていた中学校のすぐ近くにあり、「君の名は」で真知子と春樹の再会した橋のある佐渡の尖閣湾の揚島）で、写真を撮ったり、語り合ったり、おやつを食べたり、洞窟に下りてかくれんぼをしたり、といった幼稚な遊びでした。その頃NHKの「みんなの歌」で歌われていた「禁じられた遊び」の歌詞（記憶違いもある

かもしれませんが）

川のそばに今日も立てば青い空がほほえんでいる
青い空は過ぎた日々をみんな知っている
あれは過ぎた幼い日よ二人だけで遊んだ日よ
水車だけが回りながらそれを見ていた

このように「年月が流れても今の日々を偲びたい」と言い合いました。当時の高校入試は九科目を二日間にわたって行い、競争率も大変高かったのです。遊んでいないで教室に戻って補習を受けなさいと、大人たちに見つかれば叱られること必定だったのです。でも卒業して離れ離れになるかもしれません。私は一人だけ遠くの有名進学校へ行くのではなく、友達と同じ高校に行きたいと突然進路変更をして親や担任を困らせましたが、それほど一緒にいたかったのです。そしてあまりにも青い空と海の色は人を海辺へと誘うのです。

例年は吹雪と高波が激しく荒れ狂う冬の佐渡ですが、暖冬異変のその年は、空は青く澄み、海は地中海のように穏やかに波打っていたのです。

早春の雪割草

拝啓　三日前に庭の片隅に雪割草の小さな蕾を見つけました。水仙の芽も出ています。もうすっかり春になったように思い、昨日、ピンクのマーガレットや、濃い桃色のひな菊や、黄色やオレンジのパンジーを貰って来て庭に植えました。植えているとき、福寿草の芽も出ていたことに気づきました。でもよく見ると葉が出ているのです。確か福寿草は花が咲き終わってから葉が出てくるのだと思います。とすると、花は望めないということなのでしょうか。

雪割草も水仙も福寿草も庭で冬を越したものなのですが、雪割草や水仙は冬越しのために手を加えなくとも翌年花を咲かせるのですが、福寿草はどうなのでしょうか。

私の故郷の佐渡では、三月の終わり頃の、そろそろ稲の種を蒔く準備の始まる頃、奥山を訪れますと、福寿草の鮮やかな黄色や、濃い桃色、淡い桃色、白、水色の色とりどりの雪割草の花が一面に咲き乱れているのを見ることができます。その花たちは冬越しのために、翌年花を咲かせるために誰かが手を加えるわけではありません。

とすると、私の庭の片隅の福寿草も、花が咲くかもしれないと思い直し、庭に出てよくよく見ますと、いくつかあるうちの一つは、黄色に近く、花になるかもしれないと思われるものが見えます。どうか花よ咲いて下さいと心のうちで祈りました。

福寿草だけでなく、雪割草でも水仙でも花だけが見たいのでしたら、毎年買うこともできます。でも、私の住むところは比較的雪が多く、春から冬にかけて庭に咲いていた草の花たちを、除雪したり屋根から落ちた重い雪の下に押しつぶしたくないと思っても、降る雪にはどうしようもないのです。それだけにまた、雪が解けた土のなかから、芽を出したり、蕾をつけたりしているのを見ると、涙ぐまれるほどうれしいのです。

子供の頃、奥山に見た花たちに対して感じたのと同じ想いで見つめることができるのです。人の人生も決して平坦ではありませんから、同じ生を生きているものとして、その花の生命に共鳴できるのです。

一方、売られている鉢植えの雪割草や福寿草の花は、共鳴できるものとしては映らないのです

敬具

一九九九・三・七

花は友達

拝啓　蒲田正幸さん・壺郷佳英子さん（お名前の漢字が間違っていたらすみません）私の家では三月六日に買ってきて庭に植えたピンクのマーガレットやオレンジや黄色のパンジーや

濃い桃色のひな菊等も積雪や降霜にもめげないで元気に咲いています。

三月七日に早春の私の家の庭の様子を書いたファックスを差し上げましたが、読んでいただけませんでした。新潟県で、三月の初めの雪が解けたばかりの庭で花が咲いていることが信じていただけなかったのでしょうか。

実は私の家では真冬でも庭に色とりどりの花が咲いていたのです。晩秋に花の咲いたパンジーやプリムラを買ってきて庭に植えます。軒下では、雪が降り積もっても花は咲き続けます。ピンクや黄色や赤紫やオレンジ色の花たちが雪の白さに映えてとても美しいのです。一方、重い雪の下になっていたものは、雪が解けてすぐは痛々しい姿ですが、暖い陽ざしを浴びて蕾はふくらみ、数日で花を咲かせます。

今庭で一番美しく見えるのは雪割草の花です。花や葉の形や大きさはセントポーリアに似ています。子供の頃、故郷《ふるさと》佐渡では、暮れに奥山から雪割草や福寿草の株を掘ってきて植木鉢に植え、室内において正月に花を咲かせました。三月下旬に奥山を訪れると、あたり一帯に雪割草や福寿草の花が美しく咲き乱れていました。その花たちも乱獲されてほとんどなくなってしまったと二十年も前に亡き母から聞きました。

雪割草は私の心のなかでも咲かせている花です。今庭に咲いている雪割草や福寿草は一昨年の暮れにホームセンターで苗を買ってきて庭に植えたものです。二年目の春を迎えた今年は、一株に小さな花束のように沢山の花を咲かせています。今咲いているのは薄い紫の花びらに草色のめしべと濃い赤紫のおしべという色の組み合わせです。他の色はまだ蕾です。福寿草はちょっと変わっています。三月七日に花らしいものと見たのは間違いなく花だったのですが、背を向けたように咲いています。花を見るためには客間に回り、畳にひざをつかないとよく見えないのです。花も小さいようです。

私の夫は陶芸家なので、山林を宅地開発したところに土地を買って三年前に家を建てました。市の中心部よりも積雪は多いのです。家と家との間隔は三~八メートルはあり、高い塀や樹木はないので、風当たりは強くなく日当たりはよいので庭に咲く花たちにもよい環境なのでしょう。庭に咲く花の量や種類の多い少ないの違いはありますが、一年中花を楽しんでいます。花たちは私たちには大切なお友達なのです。

敬具

ラジオ大好き

私はラジオが好きです。それは仕事（勉強）をしながらでも聴くことができるからです。家では衛星放送やＷＯＷＯＷも契約していますが、私はほとんど見ることはありません。

朝は三時に起きて六時に出掛けるための食事その他の準備で時間に追われるために、ＮＨＫテレビを入れています。刻一刻と変わる時間がわかって便利だからです。

夜はニュースや気象情報をＮＨＫテレビで見ますが、お風呂へ入るときはラジオを聴きながら入っています。

学問をしているときもラジオをかけながらの方が私には両方に集中できます。それをしなかったら八方に神経が散乱してしまうような気がします。

入浴中は健康と美容のために四十分くらいは入浴していますが、その間ラジオを聴きながら教養も身につけられるので、四十分を無駄にしないですみます。

岡田洋子さんからのファックスにもありましたが、子供の頃のラジオ番組、「紅孔雀」などの「新諸国物語」の主題歌がとても美しく、ロマンチックな夢をかき立てられました。

いつも思うことですが、ＢＳで放送する歌番組はラジオでも放送して欲しいです。時間に追われて忙しい毎日を過ごしているとテレビの前に座ってじっとして見るなどということはできません。ラジオなら何かをしながら聴けるのでとても便利なのです。よろしくご考慮御願いします。

春の風と花

拝啓　交差点付近に濃い紫のすみれの花が咲いているのを見つけました。

先週の「歌の日曜散歩」で庭に三十種類の花が咲いているとのファックスが紹介されていましたが、私は家の三方に花の咲く木や草を植えていますので、桜（楊貴妃）・姫林檎・躑躅《つつじ》・藤などの木の花や、水色やピンクの小さな花を咲かせている忘れな草などの草花が、二十五種類、大小百五十本以上咲いています。

森田キャスターが夜七時のニュースをお休みですが、人ごととは思えず毎日心配しています。それは、私も三月下旬に高熱の風邪で一週間寝込んでしまったからです。

床を離れた暖い陽ざしの午後、庭に、知らないうちに、思いがけないところに咲いている花を見つけて涙ぐんでしまいました。長くなりますのでそれがどういう花かは書きませんが、花の咲く庭は、住む人の心に感動を与えてくれるだけではなく、訪れた人や通り過ぎる人の目を楽しませてもくれますので、四季を通じて花を咲かせています。

敬具

わが愛を星に祈りて

拝啓　サクラメールでお便りを差し上げます。私の家の桜は楊貴妃といい、今はまだ濃いピンクの蕾です。これが満開になるまではまだサクラメールも季節はずれにはならないと思っています。リクエスト曲は「わが愛を星に祈りて」です。流行していたのは私の中学時代ですが、そのときは少しきざな感じで好きだとは思わなかったのです。中学時代の同級生、以前「禁じられた遊び」のリクエストの葉書に書かせて頂きましたが、あの遊びの男女七人のメンバーの一人ですが、高校入試に落ち、就職して東京へ行きました。私には弟のようにかわいくてしかたのなかった人でした。大学に進学した最初の夏休み、帰省の汽車のなかで、私はその人と結婚はしないだろうけれど、一生友達でいるだろう。もし私の夫が二人に嫉妬して別れるように言ったら、私は夫と離婚してもその人と友達でいるだろうと思っていました。その人は七月七日に交通事故で亡くなりました。私は神様が高慢な私への天罰としてその人を私からひき離して天国にお召しになったのだと思いました。そして私は私自身への罰として、独りこの世の荒波をさすらい続けて生きて行こうと思いました。そして、天国へ召された人を想って「わが愛を星に祈りて」をひとりでに口ずさむようになりました。

遺族の方からその人の日記を頂いたのは数年後ですが、そのなかにわがままで弱い私故に、結婚して一生愛し続けたいと書いてありました。

今愛されて暮らしていても、過ぎ去った人たちはなつかしく偲ばれます。

春の手紙

拝啓　忘れな草が庭にあちらこちら水色やピンクの花を咲かせています。見上げると、楊貴妃という名の桜の花が咲き、姫林檎が小さな鈴のような濃いピンクの蕾をたくさんつけています。

この他にも約二十五種類、大小百五十本の花が庭に咲き乱れています。百合や花菖蒲の芽が一雨ごとに伸びていき、紫陽花の葉っぱは緑色の薔薇の花のように目に映ります。花ざかりの森ならぬ、花ざかりの庭です。

私の家は、二人だけで住むのでそれほど大きくはありません。夫の好みで平屋建てです。その分、家のローンの返済が負担に感じられず、余裕がありますので、家の三方に花を植えています。もう一方にも花を植えることができますが、家の裏側ですので、私が朝六時に家を出、夕方六時三十分頃に帰ってくるという生活では、花に水をやるのが大変です。そこは今は雑草の茂るにまかせていますが、将来はそこで野菜でも栽培したいと思っています。庭に植えた木や草は、雪の下で冬を越して芽を出し花を咲かせるものもあります。でも大部分は季節ごとにホームセンターから花の咲いたものを買ってきて植えます。

家は、元は山林だったところを宅地開発したところに建っています。隣近所との区画も段違いになってはっきりしていますので、塀は設けていません。そのために庭に一面に咲く花は、家の側を通り過ぎる人の目も楽しませることができます。

お礼を申し上げるのが遅れましたが、私の拙著を捜し求めて購入して下さってありがとうございました。今後も研究を続けるための中間報告的なものでした。今は大学受験の雑誌に時折依頼されたものを書いているだけです。

私の恋支度

拝啓、広瀬久美子様。昨年「私の老い支度」というテーマを募集していらっしゃるのが、土曜サロンと勘違いしてファックスを差し上げたことをおわび致します。三月十三日の、「人はなぜ恋をするか」というお医者さんの分析をお聞きして、恋をするためにも思春期の頃から「恋支度」をする必要があると思いました。「戦争と平和」「魅せられたる魂」「ジャン・クリストフ」「嵐が丘」「ジェーン・エア」「禁じられた恋の島」「風とともに去りぬ」「アンナ・カレーニナ」「復活」等を読み、自分の恋愛論を確立させておくべきです。それでも理想とする恋愛がすぐにできるようにはならないものですが、少なくとも生涯を振り返って、たくさんの素晴らしい恋に出逢うことができたという感慨に浸ることはできると思います。

フリオ・イグレシアス（歌手の名前は不正確かも知れませんが）の「黒い瞳のナタリー」をリクエストします。昭和六十二年頃NHKの教育テレビ「スペイン語講座」のなかでこの歌が流れていました。当時は英・仏・独・露語の講座も見ていました。番組のなかで流れるそれぞれの国の歌もとても素晴らしかったです。

もし恋が生物としての人間のレベルのものでしかないとしても、逆にその自覚が恋を高度に文化的なものに昇華させたいと思わせ、その願望が優れた文化を産み出す原動力になると思います。「黒い瞳のナタリー」が産み出された背景にも、そんなものがあるような気がします。

敬具

雪割草はぢさくら

私の生まれた佐渡郡相川町戸地では、雪割草のことを「ぢさくら」と言います。ぢさくらは幼いときには奥山にある畑へ行ったついでに母が摘んできてくれました。まだ家のあたりには花のない季節なので私には何よりもうれしいおみやげでした。成長してからは、鉢に植えて正月に咲かせるために、子供達で冬枯れの野に掘りに行きました。大学時代の春休みに、ぢさくらの一面に咲き乱れる奥山を訪ねました。怒濤の立つ海から吹き上げる冷たい疾風から何も守ってくれるものもないのに、美しい花を咲かせていました。それ以来、私はこの花のように強く美しく咲きたい。あすなろが、明日は檜になろうと思ったように、私は明日はぢさくらになろうと思って生きていこうと思い、今日まで生きてきました。

ぢさくらは方言なので何十年も雪割草と表現しています。今年、風邪による高熱で数日寝込んでいて、やっと庭をふらふらした足取りで歩いていた四月一日、やさしい色合いの桃色の小さな花が数十本咲いているのを見つけました。この場所に去年夫が佐渡から雪割草を持って帰って植えたのですが、秋までには消えてしまっていたのです。三条で買って植えた雪割草に一か月遅れて咲きましたが、花の色や形はとても美しく、生きることへの意欲も沸き上がらせてくれるものでした。この花は、雪割草とは言わないで、ぢさくらと呼んであげようと思いました。

母のこと

私の母は美人でもなく知性も教養もなくセンスもない女性でした。いつも父はどうしてこの女性と結婚したのか不思議でしたし、父兄会に母が来ると恥ずかしかったものでした。でも心だけは誰よりも美しい女性でした。心の美しいまま年を取っていきましたので、年老いた日の顔はとても素直な幼子のようになり、とてもかわいらしい顔になりました。

そして七十六歳で亡くなりましたが、ずっと父に手厚く看病されて息を引き取りました。我を通すこともなく、父や子供たちを愛し続けて生きた女性としての幸せな晩年であったと思います。その母を誇りに思うとともに、うらやましくさえ思っています。

雑草も美しく

雑草の花も美しいのです。例えば、かたばみ。花の咲き終わった姫林檎や桜の根本で、黄色の小さな花が愛らしく咲いています。

オレンジ色やピンクや黄色、紫色の大輪の色鮮やかな花の合間を埋め尽くすように、名前も知らない小さな雑草の花が今を盛りと咲き乱れています。ホームセンターのカートに乗りきらないほど買ってきても庭一面を花で埋め尽くせないと、いつも思っていましたので、その合間に生える雑草を抜くのが大変です。そのままにしておいたら、雑草に花が咲いて、栽培している花に彩りを添えて、趣深い空間を演出してくれているのです。

大学時代に見た外国映画に、将校と踊り子が駆け落ちして、野の花が美しく咲き乱れるなかでひとときを過ごしている場面がたくさんありましたが、あの色彩の美しさが今目の前に再現されているような気がしてきます。

自然の味

前略　我が家の料理、故郷の味のコーナーもある、歌の日曜散歩に、全然手を掛けず、素材のままの食品のおいしさを申し上げますのは失礼かと思いますがお許し下さい。

私は朝三時に起き、ＮＨＫテレビ「おはよう日本」の始まる前あたりに朝食を取り、六時には家を出ますが、朝食はきちんと食べていきます。

最近、新茶の「緑茶粉末」をデパートの通信販売で購入し、ご飯にかけて食べています。黒大豆の全粒粉も朝食のときにご飯にかけて食べています。このように、素材のもつ自然の味に慣れてしまいますと、手の込んだ料理であっても食べたいという気持ちは起きません。

今、「さくらんぼ」という歌が流れていますが、私の家の桜の木にも小さいさくらんぼが少し実っています。高くて取れませんが、まさか実がなるとは思っていなかったのでうれしいです。

薔薇の首飾り

拝啓、淡い桃色の薔薇の花が満開です。一本の木に枝もたわむばかりにたくさんの花が咲いています。一枝《ひとえだ》についているたくさんの蕾《つぼみ》のすべてを咲かせたいと思い、めしべが見える状態の花の部分だけ切ることにしました。実を取るように、一つずつ手のひらに取り、薔薇の木の根もとの土の上に並べました。そうして並べたものも、ひととき美として鑑賞できると思われたからです。

幼いとき、故郷《ふるさと》の村で木から落ちた藪椿《やぶつばき》の花を首飾りにして遊んだことが思い出され、薔薇の花の首飾りも作ってみたいと思いながら、手のひらの花を土の上に並べていました。

敬具

百合に想う

拝啓　黄色や白、オレンジの大輪の百合の花が藍《あい》色の紫陽花《あじさい》の群れの中に咲いています。この庭の花に、ふと一昨年の今頃が想い出されます。前任校の、私の担任していた二年六組の教室の黒板を背に黄色い百合の花を花瓶に生けました。若いエネルギーに満ちた先生は黒板一杯に数式を書きます。私のクラスの授業から帰って来たその先生の服に百合の花粉が付いているのを発見して、すぐ謝りましたが、その先生は笑って気にしていないと言ってくれました。私は花の水を替えるときに花粉が洋服につくことがよくありましたが、それでも百合の花が好きで教室に生けました。そしたら保護者面談のときに人輪のピンクの百合の花を両手に抱えきれない程持って来てくれたお母さんがいました。今でもうれしく想い出されます。そのクラスの生徒たちはこの春県内外の大学に旅立って行きました。

敬具

心に残る父

前略　勤務時間中なので番組は拝聴できませんが、「心に残る父」について、申し述べさせていただきます。父は家庭を顧みることのない典型的な仕事人間でした。でも家族に対しても仕事観・人生観・政治経済観をいつも話していました。四季折々の草花を庭に咲かせてくれた父は、幼い私にはこの世で只一人結婚したい人に思われました。

そんな父が、家族旅行にも他の家のお父さんたちと違って連れていってくれないなどといった姉たちの不満に答えるように、いつも、家庭も顧みないで仕事一筋に生きているのも、結局は長い目でみたらおまえたちのためなのだ、と話していました。そのときは納得できませんでした。自分が男性と同等に働かなければならない仕事のなかに生きて、やっと父のその言葉がわかるようになりました。

今日、仕事よりも家庭を顧みることが、青少年の非行を防ぐためにも必要なことのように叫ばれていますが、果たしてそうでしょうか。むしろ父親の家庭での地位の低下は、信念をもって生きる姿勢を子供の前に示せないことにあるのであって、家庭で家事育児を手伝う姿を見せることが、家庭での父親の復権につながるとは思われません。

今私は家庭で主婦らしいことをするために、家の近くのどこの職場でもいいから仕事をしようという考えはもてませんので、通勤時間が往復二時間以上のところです。そのため普段はもちろん日曜日でも、私は家でも仕事をし、掃除や炊事はほとんどしません。工房が家と続いているので、掃除も炊事も陶芸家である夫にしてもらっています。それでも私は朝三時に起き、夜十二時頃寝ています。

今日の不況と、公務員にも能力給の導入の動き等を考えますと、比較的安定した仕事に就いている私が、この先長く六十五歳位まで働き続けられるように、今を全力投球で仕事に臨まなければならないと思っています。一方芸術家の夫には、売れる売れないなど気にしないで自分の納得のいく作品をずっと創り続けていて欲しいと思っています。そのように生きている今は一層父の言葉が真実味を帯びたものとして蘇ってきます。

敬具

風に包まれて

拝啓　朝から大変暑いです。家の辺りは三十年位前迄は山林だったそうです。吹く風は大変さわやかです。下に広がる三条の市街地が海のように見え、家の辺りは海岸を見下ろす段丘の上にあるように錯覚してしまうことがよくあります。自然の松の木もたくさん生えているせいか、松茸の匂いが風に乗って入ってきます。もちろん、松茸の匂いなのではなく松の匂いなのでしょう。

新潟市に通勤するには不便ですが、家にいて聞こえてくるのは野鳥の鳴き声くらいなものですから、心安らかに過ごせます。

敬具

「黒い瞳のナタリー」

民謡になりましてから、ＢＳの阪神広島戦にチャンネルを替えましたので、もうすでにかかっているかも知れませんが、ニール・セダカの「恋の片道切符」をお願いします。小学六年生の頃、まだ人を恋するということの意味もわかりませんでしたが、何か心に強く残りました。

貴ＮＨＫにはリクエストはたびたびさせていただいて迷惑に思われているかもわかりませ

んが、昨年の暮れに一曲希望をかなえていただいているだけです。よろしくお願い致します。

薔薇の花束

拝啓　土に挿した濃いピンクと明るい肌色の薔薇の花が、雨に濡れて、瑞々《みずみず》しいです。

この薔薇は、群馬県群馬郡群馬町で生産・直売されたもので、昨日クール便で届けられました。先日群馬県渋川市から、夫の作品を観《み》に来てくれた女性が、夫の焼いた花瓶に生けて欲しいとのメッセージを添えて贈ってくれたものです。花瓶に生けた薔薇の生命《いのち》は短いので、十七本を庭に挿し木しました。

昨日と今日弥彦《やひこ》中学校の父兄が秋の文化祭の出品作品を創《つく》るために工房に来ています。雨に濡れて瑞々しさを増した薔薇は、大雨洪水注意報の出ているなかを訪れた人々を歓迎する花ともなっています。

敬具

桜を悼む

拝啓　梔子《くちなし》の純白の花が、濃い緑の葉の色に映えて美しいです。でも、その近くにあった桜の木を失った心は癒《いや》せません。

桜の木は家を新築した翌年の春に植え、その年から花が咲き、今年は小さなさくらんぼもついていました。

桜の木は根が強く張るので、下に水道管があると破裂してしまうと聞き、移植することにしたのですが、想像以上に根が強く張っていて、移植できる状態では抜けなかったのです。すべて私たちの無知故に、失ったひとつの大切な生命《いのち》なのです。心の傷を癒そうと、新しい桜の木と一緒に花桃《はなもも》の木も買いましたが、今日の空模様のように心も晴れません。敬具

「離婚願望」

七月七日朝刊の「離婚願望」で紹介されていた手紙についての感想を述べさせていただきます。

最初に「ここで離婚したら、夫とあの女の思うツボ」と離婚届けの不受理申出書を市役所に出し続けている主婦への感想です。主婦と夫の双方にお互いに対する愛情はないのに、結婚にしがみついていて幸せなのでしょうか。五十八歳で専業主婦でしたら、離婚したときに経済的に自立できない弱い立場の人なのでしょう。でも経済力のある女性にとっても愛する男性との別れは明日を生きていく支えとなる蛍ほどの光さえ見出だせないような衝撃となる

ものです。だからといって自分の存在が愛する男性にとって重荷でしかないとわかったら、その人を愛する故に自ら身を引かなければならないのです。そのような場合、酒や煙草でごまかすことなく現実を見つめることはつらいことです。でもそれに耐えるということは、草花が晩秋の野に枯れ果てた姿を晒《さら》し、続く冬に深く重い雪の下で長いこと耐え、その結果として巡り来る春には、傷ついたことも全く知らなかったかのように新鮮で瑞々《みずみず》しく愛らしい花を咲かせることができるのと同じようなものだと思います。愛のない結婚に意地でしがみついていることは、新しい幸福にも真の女性の自立ということともほど遠いことだと思いました。

次に、「同じ毎日にこりごり」という主婦。この方は三十一歳です。夫にその気がないのに趣味をもたせようとしないで自分が趣味や仕事の世界で世間に認められるようにすればよいのです。結局はこの主婦も自立はしていないし、本当に大切なものが何か見えていないのです。もし離婚してしまったら一生後悔するでしょう。「まじめに仕事に取り組み、家庭も大切にしてくれ、酒、たばこ、ギャンブルは一切やらない。月二万円の小遣いに文句も言わず」という夫は理想的な夫であり、私の夫もこの主婦の夫のような夫です。私は芸術家の夫が日本だけでなく世界的に有名になって欲しいとは願っています。そう願ってあせるより私が私の努力で有名になればよいのです。夫の功績で自分が輝こうとするのは、それも真の意味での女性の自立ということとも、私自身の新しい幸福とも縁遠いことと思っています。

ハイビスカス

拝啓　今日七月十一日の誕生日の花、ブッソウゲ（＝ハイビスカス）にふさわしく、陽ざしの強い夏空が広がっています。

ハイビスカスは、去年までは夏の庭を飾る花として毎年買って植えていましたが、今年はハイビスカスに似ていて、冬を越すこともできる凌霄花《のうぜんかずら》を植えました。

ブッソウゲが今日の誕生日の花ということは、ラジオで知りました。ブッソウゲの花言葉が、「いつも新しい愛」ということも知りました。同じ人への愛がいつも新しいのか、対象がいつも変わっていて新しい愛なのか、としばらく考え続けました。いずれにせよ、素敵な花言葉です。

赤いハイビスカスのイヤリングが好きで大学時代の夏にはいつもつけていました。布製なのでハイビスカスの花のイメージそのままでした。あるはずがないと知りながら宝石箱のなかを捜してしまいました。

敬具

野村沙知代さんの話題について

前略　七月二十日「スーパーモーニング」を仕事の合間に終わりの部分だけ拝見した感想を述べさせていただきます。

「恥を知っている人間と恥を知らない人間の戦い」という表現を滑稽だと思いました。検察の方の、

　人間は百パーセント悪人もいなければ、百パーセント善人もいなく、どちらか一方だけを集めて判断すれば悪人（犯罪者という意味ではなく倫理的に）と言えるし、他方だけを集めて判断すれば善人と言えるので、冷静に対処しなければならない

というような趣旨の発言や、これまで野村さんをもち上げてきたマスコミにも責任があるという発言をした女性には共感できました。

私は今回のような場合は、ある意味では野村さんも弱者の立場に立たされていると思います。それなのに、徹底的に叩きのめそうとするのは、疑問です。

たとえ相手がどんなに恥知らずであったとしても、ある意味では追いつめられて暴言を吐いているだけなのに、それに一切の思いやりもたず、寄ってたかって「石を投げよう」とするのは、恥知らずのすることに思われます。

視聴率が上がるから続けているような番組を流す人も恥知らずです。

それに何よりも危惧していますのは、こういう番組を見てストレスを解消しているので、小淵政権への支持率が上昇しているのではないかということです。私は自由民主主義者ですが、小淵政権の支持率が上がって当然と思いません。私は故渡辺道雄の支持者でもありませんが、かつてワイドショーにあの人が出て、税制の在り方などを討論していたこともあり、視聴者の知的レベルも向上したと感心しました。今日でも、そのような問題は山積しているはずです。例えば、サマータイムの導入ですが、今日それを行って本当に省エネにつながるのでしょうか。私は朝六時頃通勤電車に乗りますが冷房がつけられていますし、七時二十分頃職場に着きますが、灯りがなければ仕事ができません。これが更に一時間早くなってもその分のエネルギーの消費が増えるだけだと思います。人々が一時間早く眠るようになるとも思われません。こういう法案が人々が野村さんを叩きのめしているうちに可決されたらと心配です。

敬具

㉒さくらの咲き乱れる風景

NHK新潟放送局が二十一世紀に遺したいふるさとの言葉として「私の好きなお国言葉」

を募集していました。私の生まれ育った佐渡郡相川町大字戸地では、雪割草のことを「ぢさくら」と呼びますので、その花にまつわる想い出とともに書いて応募しました。でも、その花への想いや想い出は葉書一枚では書き尽くせるものではありません。それに本当に遺したいのは、「ぢさくら」という言葉ではなく、ぢさくら（＝雪割草）の咲き乱れている風景なのです。

戸地は、両津から車で、国仲平野を通り抜け相川に出て更に外海府の方へ行く途中にあります。一つ手前にある北狄は、「君の名は」の春樹と真知子が再会した揚島《あげしま》のつり橋のあるところです。そこまでの定期バスは比較的多くありますが、戸地を通る定期バスはわずかしかありません。私の子供の頃は小学校はありましたが、今は学校もお医者さんもいない、本屋も花屋もない僻地です。

真冬には、シベリアからの疾風が吹き荒れ、海には狂ったような怒濤が立ちます。その耐え難さに、風の音と海鳴りの聞こえない、夜静かに雪の降り積もる土地に逃げて行きたいといつも思いました。それでもうっすらと雪化粧した景観は墨絵のような美しさでしたから、目を楽しませることはできました。

最も耐え難いのは、雪も花もない季節でした。雪が解けると、晩秋よりも荒涼とした景色が現れ、地面は泥深くなって、花の咲く日を夢にまで見て待ちわびていました。子供心には花のない期間が大変長く感じられました。いつしか緑の草が萌え出る頃、保育園もなかった私の村では、苗代が始まると、家にいる年寄りや親戚の年寄りに子供は預けられます。預かった年寄りは子守だけに専念しないで、子守りをしながら畑仕事をするときもありました。

戸地の畑は奥山にあります。細くて急な坂道を登りつけたところに田んぼが一面に広がっています。畑に行くには更に「山」を一つ越えなければならないのです。田んぼからは見えないところ、昼間でも暗く、晴れた日でも岩から水の染み出ている険しい崖のようなところを通った更に奥に畑があるのです。そういう所が奥山の所どころにあって、田んぼのように、各家々の田んぼが一面に広がるという景色ではないのです。ですからどこがよその家の田んぼかはわかっても、どこが自分の家の畑かということでさえ、そこに行かなければわからないのです。畑は秘境の地にあるといっても過言ではなかったのです。

人手の足りなかった当時は、一人の年寄りが親戚の複数の子供を子守していました。私を子守していた人も自分の家の子供も含めて四人の子供の守りをしながら畑仕事もしようとして、私たちを奥山に連れて行きました。畑の四方は雑木林です。その人が畑仕事をする間子供たちは退屈なので、見知らぬところであってもじっとはしていません。落葉樹のなかをあちこち歩いているうちに、白、濃いピンク、薄いピンク、薄い青、濃い青、紫、色とりどりの小さな花が一面に咲き乱れているところを見つけました。そこだけがまるでこの世とは別の世界のようでした。妖精や仙人の棲む世界のようでした。そのときからぢさくらの咲き乱れる藪の中を絵に描いたり、文章にしたいと長く思い続けていました。小学生になっても、五十年近く経とうとする今日に至っても、幼い日の、奥山で見たぢさくらの咲き乱れる美しい風景を文章に綴りたいと思い続けています。

ぢさくらは幼い日の母の想い出にもつながります。私はおままごとが大変好きでした。土をこねていろいろな形のものを作って、それを野で咲いた色とりどりの花で飾るのです。家は農家でもあったので、母が私に持って帰るおみやげは、四季折々の野で摘んだ花でした。おままごとに使いなさいと言って私に、たくさんの花が手渡されるとき、とてもうれしかったです。特にぢさくらは家の辺りに他の花がまだ咲いていない頃、母が摘んできてくれるので、大変うれしくて、たった一人でも夢中になっていろいろな形に土をこねて、その上に飾って遊びました。よその家のお姉さんたちが、私が一人でおままごとをしているところへ寄ってきて、この子の色の組み合わせはとても素敵だとほめてくれたので一層うれしくなったのを今でも覚えています。子供たちだけでも野山へ歩いて行くことができるようになると、別の楽しみ方をしました。

ぢさくらが戸地の、早春の落葉樹の林の至る所に咲き乱れていた頃、小学生から上の子供たちの、冬休みの遊びの一つはぢさくらや福寿草の根を掘りに、落葉樹の林のなかへ出かけることでした。家に持ち帰って鉢に植え、正月に咲かせました。鉢のなかで花盛りを過ぎたものを、庭の土に移し替えても翌年花は咲きません。そこで、毎年鉢植えの花として鑑賞するための、ぢさくらや福寿草の根を掘りに歳末の奥山に出かけたのです。

中学生や高校生の頃のぢさくらの想い出は浮かんで来ません。戸地では、夏の海で泳ぐのも小学六年生の頃までで、中学生になると、女の子は特に海で泳がなくなります。ぢさくらの咲く山奥へもそうした傾向のために行かなくなったのかどうかわかりませんが、少なくとも私は行ってなかったです。

大学生の長い春休み、幼い子供の頃見たぢさくらの咲く落葉樹の林の美しさが思い出されて、一人訪ねて行きました。まだ苗代は始まっていないので、途中に見える田んぼには人影は見えませんでした。険しくて、昼なお暗い山道をやっとの思いで登って、やっと畑に辿り着き、更にそこから落葉樹の林のなかへ入っていきました。遠く見下ろす海には白波が立ち、海から吹き上げる風の、烈しさ冷たさは真冬とほとんど変わりません。佐渡の早春は陽ざしは照っていても、風は冷たく烈しいのです。その厳しい自然のなかで、ぢさくらは花園の花のように愛らしく美しく、一面に咲き乱れていました。花園の花でしたら、その美しさをいつも愛でる人も多いのに、その美しさを愛でる目的だけで、このような奥山に分け入って来る人は、おそらく私のような暇をもてあました大学生くらいなもので、その大学生も私しかいないような小さな僻地では、全くいないといってよいのです。

その美しさを誰も愛でる人がいなくても、海から吹き上げる冷たく烈しい風から守ってくれるものが何もなくとも、花園の花のように、優しく穏やかな、愛らしい美しさで、小さな花を辺り一面に咲かせているのです。

それなのに私はこの花のようには生きることができないのです。それが悲しくて涙がとめどなく流れてきました。

冬枯れの野辺と我が身を思ひせば燃えても春を待たましを

この伊勢の詠んだ、『古今和歌集』の恋の歌を、三省堂「全訳読解古語辞典」では、次のように解説されています。

(訳)もしわが身が冬枯れの野辺であったとするなら、あの野火に燃えても(やがて草木が芽を出すように)希望の春を待ちましょうけれど。〈参考〉『古今和歌集』の詞書《ことばがき》には、「物思ひける頃、ものをまかりける道に、野火の燃えけるを見てよめる」とある。「野火」

は、新しい草がよく生えるようにするために、冬の枯れ草を焼き払う火。冬枯れの野辺なら、燃えても、春になれば草が萌えるが、愛する人が疎遠になったわが身は、胸を燃やしてもなんの期待ももてないというのである。過ぎ去った恋への歎きを詠んだ歌である。

この歌のように冬枯れの野辺ではない私は、愛する人に愛されなくなったら、身も心も、二十歳の身でありながら、すっかり老い衰えたようになった身を人前にさらしてしまうことしかできなくなります。このぢさくらのように、厳しい北風から守ってくれるものも、美しく咲いてもその美しさを愛でてくれる人もなくとも、自らの生命《いのち》の火を燃やして、苦しみなど経験したことのないように穏やかに優しい色合いで咲くことはできません。私は弱い私自身がこの花に対して恥ずかしいと思うと同時に、この花のように生きたいと強く思うようになりました。

純粋に愛すれば愛するほど、愛はいつもはかなく壊れていきます。壊れたものを無理に繕って交際を続けて行くことはできません。仮にそのために泣くのが女性であったとしても、それを女性の地位が低いためと決めつけ、法律を制定すれば守ってもらえるようになるというものでもないと思います。

泣くことになるのは女性であっても、と先に述べましたのは、個人差がありますから一概に決めつけることはできませんが、深い恋仲となって行くにつれて変わって行くのは、女性の方が多いのではないでしょうか。ことに高い学歴の女性に次のような傾向が見られるのではないでしょうか。恋人同士にならない前は、知性と教養を高らかに誇り、男性と対等かそれ以上の位置にあった女性が、恋人同士になった途端に、一人の人を愛することしかできない、その人に愛されなかったら生きては行けない、弱くて愚かな女性に変わってしまうのです。そのように変わってしまった女性を支えて行けるだけの、しっかりした経済力と、仕事の上での基盤を築き上げてしまっている男性なら問題はないのです。お互いまだ若くて経済力もなく、仕事の上での技量を磨くことに専念しなければならない男性にとっては、女性のこのような変化はただ当惑するだけ、というよりも重荷となるだけです。そもそも恋したのは、弱くて愚かで無知で教養のない女性ではなく、いつも溌剌《はつらつ》としていて知性と教養に輝いていた女性であったのですから。

よく恋が破れたときに、相手の心変わりを責めてしまうようですが、冷静に自分自身を見つめれば、男性の心が変わって行ったのではなく、女性の方が先に変わってしまったからということの方が多いようです。もし男性の側に非があるとしたら、それは、初めて一人の人を強く愛する女性は、愛する人に愛されていると確信することが非常に難しくなってしまうものなので、その女性に愛されているという確信を与えるという配慮が不足していたということになるでしょう。

愛されていると確かに信じることができれば、女性は、毎日毎晩顔を合わせることができなくとも、逢うことの許される日を心静かに待って、その逢えない期間を、学問という地道な努力を必要とするもののなかに身を置いて、過ごすこともできるようになるのです。

いずれにせよ、若い日の一途な恋ははかなく壊れていくものだと思うのです。そういうことは法律の力で守ってもらうものでもありません。もしそういうことをしたら不自然な状態に人を縛ることになるだけで、双方に幸せをもたらすものではありません。とはいえ、理性ではよく現実を認識していても、愛する人に去られてしまったら、あの和歌のように、「冬枯れの野辺ではないので」と過ぎ去った恋を歎くしかできなくなるものなのです。それ故に、野に咲くぢさくらのようには生きられないわが身を歎いてしまうしかないのです。

若い日から今日まで、ぢさくらのように生きたいと、祈りにも似た願いを抱き続けてきました。ぢさくらは、夏は木の葉が日光から守ってくれ、日の光が弱くなる秋の終わりには周囲の木々は落葉するので、風は冷たく烈しくとも、直射日光がさんさんと降り注ぎます。それ故に、早春の奥山に穏やかで優しく愛らしい小さな花をたくさん咲かせることができるのです。私たち人間も、一人の人との別れに際して、決して泣いてすがって追いかけることをしないで、潔く耐えている姿に、共感して力になってくれる人がたくさん現れます。人々が帰省でにぎわうお盆やお正月も返上して、自分の専門分野の地道な学問に励み、そのことによって身についた実力を発揮する機会を提供してくれるのが、協力者たちです。その発表を通して、人脈が一層広がり、新しい恋にも出会うことになります。でもそのときは、真夏の太陽のような恋の嵐のなかでも進路を逸れることなく進むことができるようになります。周囲に影響されることなく勉学に励むことのできる習慣もしっかり身についていますし、どんなに純粋な恋もいつかははかなく壊れることも経験としてわかっていますから、そのときの衝撃をより少なくできるような備えもしておくことができます。ぢさくらに限らず、自然の植物の四季の姿には、人間がそれに倣って生きる姿勢としたいと思われるものがたくさんあります。

冬枯れて無残な姿を人目にさらしている野もやがて雪に覆《おお》われ、深い雪の下で新しく生きる力を密かに育《はぐく》みます。雪が解けて萌え出でる草や花は、この地上に初めて出現したもののような、清純な美しさです。老いた桜の大木に咲く花も、それが若木の頃初めて咲かせたと同じ、純粋無垢な花を咲かせます。私たち人間も秋という季節に枯れ果てて朽ちていってしまっても、人生の冬を新しく蘇る生命《いのち》の胎動とすべく、地道な努力を惜しみなく続けていることによって、巡り来る春には、新しい生命の花を開かせることができるのです。それは、恋の花だけではなく、才能の開花というものであっても、その顔は、純粋無垢な輝きに満ちたものになるのです。二十一世紀に、幼い頃と同じようにぢさくらの一面に咲き乱れる落葉樹の林を遺したいと思うのも、それが単に目を楽しませてくれるものだからではないのです。その花をはじめとする多くの自然からも、一人の女性としての理想の生き方を読みとり、そのように生きようと努力して、晩年になってその生涯を振り返って幸せだったと思えるような人生を歩いて欲しいと思うからです。

栄螺《さざえ》に故郷を想う

暑中お見舞い申し上げます。昨日新潟でも梅雨があけました。梅雨明けを待っていたかのように故郷佐渡から栄螺《さざえ》が届きました。

生まれ育った村では、夜になると潮が引き、海面のあちこちに岩が現れます。その岩には栄螺やしたらみがたくさん這っています。近所で誘い合って取りに行き、帰ってくるとすぐに大きな鍋で茹《ゆ》でて食べます。

忙しい上に、「故郷は遠きにありて思ふもの…」と心に強く言い聞かせていることもあって佐渡に帰ることはほとんどありません。

思えば故郷を離れてからの年月は、故郷で過ごした年月の二倍になろうとしています。でも故郷は懐かしく、栄螺を食べているときはおいしさだけを味わいますが、その後で故郷を思い出して涙があふれてきます。

「最近イライラしてい」ない

私は最近イライラしていません。夫といつも、互いに自分のことを故郷佐渡で飼育されている朱鷺の優優ちゃんの、妹です、弟です、と言って幼児語で会話しているからです。もちろん、百パーセント幼児返りしてしまったのでは生きていけません。私は夫を寝不足にして申し訳ないと思いながらも、朝三時から起き、夜は十二時頃寝ます。十分実力を発揮して働くためにはそうしていても時間が足りないくらいです。でもその努力は授業に反映されますから、ストレスは逆に生じないことになるのです。私にはそれが一番大切だと思っています。場合によっては過労死に至ろうと、夫と離婚することになろうと、しかたがないと思っています。

ところで、最近過熱している野村沙知代さんに関する報道は、人々がイライラをそこで発散させているとしか思えません。そのために理由もなく内閣の支持率が上がっているのではないかと私は思ってしまいます。七月二十四日か五日の早朝のＮＨＫラジオの「新聞を読んで」でお話しなさった方もなぜ内閣の支持率が上がるのか不思議だとおっしゃっていました。内閣に向けられていた――本来の政治に対するあり方ではありませんが――イライラを、野村沙知代さん一人に向けているのです。彼女を徹底的に叩くことでストレスを解消させているように思い恐ろしい気がします。

キバナコスモス

拝啓　三十七度を超えるときもある真夏の陽ざしに映えて美しいのは、オレンジ色や黄色のキバナコスモスです。

服でも花の色でもピンクの好きな私ですが、灼熱の太陽に映えるのは、深紅に近いオレンジ色やオレンジに近い黄色です。

コスモスは秋桜とも書きますので、秋のイメージが強いので話題にするのもためらわれたのですが、昨日送られて来たはがきはキバナコスモスの官製絵はがきでした。家で咲いているのは絵はがきよりも花びらが大きいです。

キバナコスモスは今取った種を蒔くと九月末に花が咲き、その種が十一月に花を咲かせるという楽しみもあります。

敬具

桜の生命《いのち》ふたたび

拝啓　桜の樹《き》が生きています！雨に打たれて朽ちた枯れ葉に混じって、新芽が見えます。

水道管を破裂させないための桜の移植に失敗したと嘆いていただけではなかったのです。ほとんど根のない桜を庭の片隅に植え、根とのバランスを考えて枝を短く切り、根の周囲にはメロンを切って埋めるなど、素人判断ですが、祈りを込めて手入れをしてきました。

子供の頃、落雷に遭《あ》って中心部を破壊された柿の樹に沢山の実がなっているのを見ましたが、桜の生命力も神秘的でした。

夏に桜の枯れ葉の舞う庭は人目が悪かったのですが、新築して最初に植えた桜です。それを失った悲しみは新しい桜の木を何本植えても癒せないと想われましたが、今では新芽から緑の枝が日々に伸びていきます。

敬具

夏休みについて

暑中お見舞い申し上げます。七月十七日の「歌の日曜散歩」で鎌田さんは、高校生を期末考査後終業式まで登校させないのはけしからんとおっしゃいましたが、私のところではそういう批判に答えて授業を続けていました。ただ冷房のないところでは生徒も大変です。十九日は終業式でしたが、夏休みといっても、前期と後期にそれぞれ進学者用の補習が一週間ずつあります。冷房を入れて夏休みをなくしたとしても、地球温暖化に拍車がかかって大変です。

私は今年もお盆に両親のお墓参りにも忙しくて帰れません。

ずっと若いときから、土曜・日曜はほとんど家に閉じこもって勉強をしてきましたし、人々がお正月・五月の連休、お盆といって、遊び回っているときも一人家に籠って東京の出版社等から頼まれた原稿を書き上げるなどしてきました。また休暇をそのように過ごすことは、人の見えないものが見えてくる時間として、私には大切な時間でした。確かに少なくとも毎月、多いときは毎週上京していましたが、それでも一人で過ごす時間の方が圧倒的に多く、毎日複数で暮らす人々以上に長い時間机に向かって勉強してきました。その努力を形あるものとしてたくさん残してきました。ラジオでもテレビでも子供のときから勉強しながら見てきたのであって、何もしないで見聴きしたことはほとんどありません。どんな剣の達人でも日々鍛練したように勉学は欠かせないのです。

敬具

「二人の銀座」

前略　和泉雅子さんが若い頃、デュエットで歌っていた「二人の銀座」をリクエストします。

私は新潟県の三条市の郊外の山林を切り開いたところに住んでいますが、東京が、特に銀座が大好きです。三年前結婚するまでは毎月上京していました。東京大学の公開講座に出席していた頃は毎週上京していたこともありました。

上越新幹線が開通してからは往復四時間ですが、長時間列車に拘束されても逢いたいと思うほど人や学問への愛が強いというよりも、むしろ東京という都市が好きなのだとさえ思われました。

私は銀座は二人ではなく、一人で歩くのが好きなのです。一人で歩いていると、水槽に閉じ込められていた魚が、大海に帰されて泳いでいるような気分になれました。林立するビルの谷間にも雑草が花を咲かせています。僅かな水と土の上に落ちた種が花を咲かせているということに、むしろ田舎で野の花を見る以上に感動を覚えました。東京の都心にも豊かな自然がありました。

そんな私には、先日の銀座での暴力団の抗争による銃の発砲という事件は大変な衝撃でした。もう一人では歩けなくなります。

一人で銀座を歩く楽しさを歌った歌は思い浮かびませんので、「二人の銀座」（ＮＨＫテレビのクイズ番組で和泉雅子さんの紹介のとき少し流れていました）をリクエストします。

敬具

「赤銅鈴之介」


前略　「赤銅鈴之介」の主題歌をリクエストします。小学生の頃、病弱な私も元気なときには男の子と一緒にちゃんばらごっこに夢中になりました。夢で誰かから必死で逃げていて、追いつかれそうになるといつも真空切りを使おうとし、そこで目が覚めたことも多くありました。

お姫様の絵を描くように、剣を取った若侍の絵も上手に描きたいと一所懸命に練習もしました。姉たちや周りの女の子はこのようではありませんでした。

私の実家の先祖（注２）は、加賀藩の家老・高岡城主の側近で、剣の達人でした。勘当中の柳生十兵衛に柳生流の奥義を伝えたという古文書もあり（その真偽についての鑑定も受けています。）この先祖の血が私には流れているためといつも思っていました。成長するにしたがって、平安王朝の文学作品が、日々の実感に近いことを表現しているように思われ、武士の世界への関心は薄れていきました。

梅雨の真っ最中と重なる期末考査の頃は、今年も例外なく疲労感に襲われています。ふと「赤銅鈴之介」の歌を聴いたら元気が出てくるような気がしてきました。

敬具

猛暑の薔薇

拝啓　庭の手入れをしていましたら、「歌の日曜散歩」を放送しますという声が聞こえてきましたので、あわてて家に入りました。

雨が降り涼しくなりましたが、新潟県では三十六、七度の猛暑が半月以上も続き、私の庭でも暑さに負けたものもありますが、移植して一時は庭に枯れ葉を舞わせていた桜が、新緑の葉を茂らせています。そのうち花も咲くのかしらと毎日見つめています。

また、六月末に群馬県群馬郡から直送された薔薇の花を、十七本庭のあちこちに挿し木したうちの一本が根づき、赤い薔薇の芽が日々伸びています。

異変が一つ、早春の花の木蓮が咲いています。花の先が茶色に変色していますが、花の中心部はピンクです。

西郷輝彦さんへ

私が高校一年のとき、雑誌が西郷輝彦さんに歌ってもらう歌詞を募集していました。

高校生の頃はたくさんの詩を創っていましたので、西郷さんに歌ってもらう詩を創りましょうと、友だちと授業のときに一所懸命になっていました。

歌詞はできず、先生からは担任に授業態度が悪いと苦情があり、私たちは担任から叱られました。

「いつでもいつでも君だけを」で始まるあの歌が大好きです。

バスケットに夢中

拝啓　鎌田正幸さん・坪郷佳英子さん、昨日の新聞の番組欄でお二人のお名前を見て、やっと漢字で正確に書けるようになりました。

明日から後期の補習が始まります。今年の新潟県は沖縄よりも暑く、冷房もないところでの授業は大変なのですが、私は明日からの登校を新しく小学生になる子供が入学式を待つような心で待っています。

それは、今年のインターハイで男子バスケットボールで優秀したのですが、その決勝戦の写真を共同通信社に勤めている義兄を通してネガごと手に入れられたからです。

学校からも応援に行きましたが、応援席からはよい写真を撮るのは難しかったそうです。

普通とA4サイズの計百二十四枚の写真を皆で見て優勝の喜びを新たにしたいです。

敬具

「夕　月」

前略　私の「思い出のメロディ」は黛ジュンの「夕月」です。二十三歳の夏の日は一瞬のうちに過ぎ去りました。二十八年前、父と協力して私の引っ越しを手伝ってくれた人がいました。

いろいろな事情からすぐにその人と別れなければならなくなったとき、父は、「男性には仕事が第一なのだから、おまえが身を引かなければならない」と一言だけ言いました。私は父の膝に顔をうずめてただ泣くだけでした。長い時間そうしていたように思います。父とは遠く離れて暮らしていましたので、そのようなときに父が側にいてくれて、その膝で泣かせてくれたことがせめてもの幸せと思われました。

愛するということは、いかなる結果に終わろうとも決して償いを求めないことだと思います。そしてまた、男性であるとか、女性であるとかというまえに、一人の人間として悔いのない人生を生きたいと思っていましたから、その人や父の考えを、理性ではよく理解していました。決して男尊女卑的な考えではありません。私も、人生の岐路に立たされたときは、男性と別れても、人間として納得できる道を選んで生きて来たのですから。

そんな私でも、「夕月」の「許して欲しいの私の罪を、許されるものなら謝りたいの。夕月浮かぶ恋の終わりよ。あまり一途に愛し過ぎたのね。」という歌詞そのままの感傷に、二十八年の年月が過ぎ去っても、いつまでも浸り続けているのです。

敬具

若　者

拝啓　高校生の茶髪やピアスは自己表現と言って理解したような発言は疑問です。今岡本さんが言ったように自分に似合うと思うからで、鏡に映った姿を自分が喜べるからです。

大人になったら好きなことも自由にできないから今のうちに好きなことをと言うよりも、大人の方が自由で幸せと言わないと若者は一層暴走したり、生命を絶ってしまいます。

私は高校生の頃よりも今の方がたくさんの自由もあり、悩みも少ないです。いわゆる青年期にはいつも自殺ばかり考えていました。死にたいというのはある意味では生きたいということの裏返しなのですが。半世紀を生きてきた今は、自らを死の淵に立たせるような無謀なことは、本当に死んでしまうと思うから自然にしなくなったので、生きやすいです。

子供でも大人でも自由というのは、自分の日々の努力によって獲得し続けるものです。子供の頃のような大人への激しい反発心も消え、机に向かって努力することを妨げるものが私自身のなかからわき起こることも全くなく、自分自身から、自由になって生きることができるのは、中高年になったからです。だから私は青年期より今の方が自由で幸せです。

さようなら、故郷

拝啓　黄金色に実った稲田が続いています。刈り取られた跡のような田も見えます。

この車窓からの田園風景に、ふと大学の夏休みが終わろうとする頃、波止場まで送ってくれる姉の運転する車窓から、同じような風景を見つめていたことが思い出されました。その風景を見つめながら、故郷を離れる悲しさというよりも、故郷にとって私は無用の存在でしかないと強く意識されました。

私が生まれ育ったのは佐渡のなかでも、病院も本屋も花屋もない僻地で、昭和四十年代では、私と同じ年齢で大学へ進学した人は、国立大学の教授をしている男性と私だけでした。病弱で農作業の手伝いもできない私は、故郷には自分の居場所がないという寂しさをいつも感じていたことを思い出しました。

敬具

薔薇の花咲く

拝啓　薔薇の花が咲きました。薔薇の花は初夏から晩秋まで同じ木に絶えず咲き続けていますから、珍しいことではありません。

話題にしている薔薇は六月末に産地から直送された薔薇の花のなかから、十七本を挿し木し、たった一本だけ根づいたものなのです。

新芽が出て一か月足らずで花を咲かせましたから、新芽として伸びた部分は二十センチくらいで、花も大変小さいです。美しい薔薇、温室の薔薇を根づかせるのは難しいと聞き、咲いてくれた薔薇が一層いとしくなりました。

ふと、思いました。若いときなら両手一杯の薔薇を全部花瓶に飾ったでしょう。今は一瞬だけの美しさに終わらせないで、長く美しさを楽しむようになったのだと。

敬具

「高原のお嬢さん」

拝啓　朝顔は夏の季語になったそうですが、私の家では九月から十月が朝顔の花盛りです。舟木一夫さんの「高原のお嬢さん」をリクエストします。高校生の頃クラスの友達がよく話題にしていました。長い年月を経ると、ただそれだけでとても懐かしく思われます。

下の写真は新学期の朝、家の前で撮ってもらったものです。このような葉書は初めての試みです。朝顔の花だけ見て下さい。

敬具

「青いフルーツ」

前略　六月二十六日の「歌の日曜散歩」で鎌田さんのお年が五十一歳とわかりました。お誕生日が何月何日かわかりませんが、いずれにせよ私と同じ年代となりますので、とてもうれしく思いました。夫とは高校卒業後約三十年ぶりに初めて東京で開催された同級会で出会って結婚しました。毎日同級会を開いているようなものなのですが、それでも同年代の人がとても懐かしく思われます。

実は私は小学を卒業して中学へ進学する頃はまだ退院の見込みもなく母がつきっきりで看病していましたので、中学へ進学しない方を選択しました。ですから、私の小学生のときからの同級生は、誕生日が何月であっても五十一歳なのです。

ところで大学時代に、同じ年の従兄弟や年下の従姉妹たちと一緒に行った新宿の「アシベ」で聴いたワイルドワンズの「青いフルーツ」（？・）をリクエストさせていただきます。「二人の願いは青いフルーツ幼く青いままにふるえていた」というような歌詞です。私の持っている「栄光のグループサウンズ全集」にも載っていません。メンバーの最近のものではなく当時の録音で聴きたいです。大学生のとき、高校時代が忘れ難くて高校に勤務することにしました。この頃は大学時代の同じクラスの人たちがとても懐かしく、そのなかにＮＨＫに勤務している人もいますので、ＮＨＫには親近感を抱いてしまいます。どうかお許し下さい。

敬具

菊を愛する

拝啓　夏から秋に季節が変わろうとする今頃は、毎週花を数鉢買ってきて植えています。昨日は大小十八鉢の花を買ってきて植えましたが、盛りのときのような美しさはなくとも夏の花もまだ咲いているので、当分は毎週数鉢買って植え替えていくことになるでしょう。

今植え替えの花の多くは菊です。先週植えるときに菊の花の蕾が折れていたのですが、切れ口を合わせて支えておきました。一週間経った今では、どれがその花だったのか区別がつかないほど、美しい花を咲かせています。

買ってきた鉢植えの花を植えるときに折れてしまった枝もあります。折れた部分でも土に挿します。菊や薔薇でなくとも根づいて花を咲かせるものも多いのです。　敬具

昔の酸味はどこに

拝啓　昨日この秋初めて店頭に並ぶ早生みかんを見つけて買いました。今朝の食事のとき初めて口にし、酸っぱいみかん本来のおいしさに、休日の早朝の眠気眼《まなこ》がすっきりしました。

この酸っぱさは美容と健康のために非常に大切なのですが好まれていないようです。果物に昔はあった酸味がないものが多いです。

先日全国的に有名なデパートからヒット商品だという減塩梅干しを買いました。塩分ばかりか、一番大切な酸味まで抜かれていました。これでは何のために梅干しを食べるのでしょ

うか。消費者のニーズにあった商品の開発は必要ですが、美容と健康に有効な特性まで除いてしまうのは疑問です。

敬具

近　況

拝啓　残暑とはいえ秋の気配の漂う庭に、黄色や濃い桃色の菊の花をたくさん植えました。

毎日忙しくて、考えてみたら私はこの二年間通勤電車と買い物のための車に乗る以外はどこへも出かけないのです。写真も撮っていなかったのですが、写真を必要とする原稿を頼まれていたため朝と夜に撮ってもらっていたのです。

どこかへ出かけるよりも、古典のなかで多くの友人と直接対話しているような実感のなかで過ぎていく毎日が好きです。

敬具

毎日が洗濯日和

拝啓　貴局の元解説委員小浜維人《おばまこれひと》氏のご逝去を悼み心からご冥福をお祈りします。

秋も秋雨前線や台風の影響で雨の日が多いです。梅雨の頃に洗濯物が乾かないぼやきが寄せられていましたが、そんなぼやきと私は無縁です。家を新築するときに一年中夜も昼も洗濯物が乾くように私が間取りをしました。

雪のなかの長い冬を考慮し、居間の三方の外窓の一方を一枚が畳の大きさで上半分は透明、下半分は半透明のガラス戸二枚にし、シーツも広げて干せる万能物干しを置きます。晴れた日、陽の光と風は三方の窓から入り外で干すのと同じです。雨と雪の日や夜は室内を仕切るガラス戸も閉めて二畳程の乾燥室に早変わりさせて除湿器をセットするとすぐ乾きます。

住宅のチラシでは浴室換気乾燥機の設備が強調されていても、私の家のような乾燥室は皆無です。私は毎日外出着も洗い、冬のコートも春先に仕舞う前に自分で洗います。

敬具

林檎の花

下の写真は、九月十日頃家の庭に咲いた姫林檎の花です。(写真の左上に姫林檎の実が一個見えています。)八月の半ば頃剪定《せんてい》した枝に咲いたものです。

林檎もバラ科の植物ですから、薔薇のように、姫林檎も剪定すると新しい芽を出し花を咲かせるのかもしれません。でも実のなっている枝に新しい林檎の花が咲いているというのは初めて見るものです。写真の姫林檎の花は既に散り、今は別の新しい花が咲いています。

新潟発のニュースが薄の花の例年より早い開花を伝えた頃、私の家の木蓮の花が咲いていました。猛暑の頃に咲いた早春の花ですから、中心部は春に咲いたのと同じきれいなピンクでしたが、花びらの外側は枯れたような茶色でした。

実は林檎の枝を剪定したときに、剪定鋏では切れないので鋸をあてたのですが、その瞬間、姫林檎の悲鳴を聞いたような気がしたのです。林檎に詫びると同時に、これからは今まで以上に大切に育てるので許して下さいと祈っていたのです。それ故九月に花が咲いたことは、姫林檎からの許しているというメッセージに思われたのです。

黒田あゆみさんへの降板への疑問

前略　昨日の朝刊で黒田あゆみアナウンサーの「生活ほっとモーニング」のキャスター降板を知りました。新聞に載った週刊誌の広告の見出しから、黒田あゆみさんが離婚を隠していた、黒田あゆみさん側に落ち度があった、とだけ想像できました。でもなぜ視聴者に離婚を公表しなければならないのでしょうか。

離婚後も前夫の姓を名乗ることが認められるようになったのは、子供のためばかりでなく、女性が離婚したことがわかって不利益を被らないためと私は記憶していました。

黒田あゆみさんの意思による降板でしたら、そこまで追い込んだマスコミに憤りを感じますし、もし降板という処置が取られたのだとしたらNHKに対して疑問を感じます。

妬んで、人を不幸のどん底に落として喜ぶという読者等の潜在的な心に迎合するような記事に人事が左右されたら大変です。

敬具

明けの明星輝く

拝啓　明けの明星が午前三時頃から東の空に輝いていました。私はいつものように、外が暗くても起きるとすぐ居間のカーテンを開けました。すると大きく輝くものがあるのです。

遠くに山小屋があって誰かが灯《とも》す灯りに見えるのですが、今日は窯を焚くので午前三時には夫も起きていたので尋ねると、やはり金星、明けの明星だと言います。

四時半頃になると同じ窓からは見えなくなったので、金星ではなかったのかしらと思い、確かめようとして同じ部屋の南の方の窓から覗くと、以前よりも大きく空の真ん中に輝いているように見えました。

坪郷さんは今朝まだ暗い空を見たそうですが、輝くものは見ませんでしたか。

敬具

冬支度としての三色菫《すみれ》 1

拝啓　今日の新潟の予想最高気温は13度、十一月半ばのようです。私は先週冬支度の一部を終えて今日は家に籠って休養しています。

私の冬支度の一つは三色菫を家の軒下に植えることでした。三色菫は雪が降り積もっても軒下で美しい花を咲かせ続けます。

今年は家の裏庭でも軒下に三色菫を咲かせようと思いました。裏庭は、屋根から落ちた雪が隣家の建物を破損しないため一間《いっけん》以上の幅を取ってあります。裏庭に花を植えるためには硬い粘土を掘り起こして、花の土に入れ替えなければなりません。私は先週の土曜日の朝六時からそれを独りでしました。

五メートルの三色菫の花畑の完成を見て、仕事の都合で睡眠時間三時間という状態にもかかわらず、活力もみなぎるようでした。

敬具

冬支度としての三色菫　2

拝啓　十月末の裏庭の三色菫です。冬支度の一つとして先日の三連休に創ったものです。私の家は雪が比較的多く、屋根から落ちた雪の高さが工房の玄関の戸の高さを越えてしまうときもあります。玄関から車に乗るわずかな間も深い靴でないと歩けません。

そんな雪のなかでも前庭の軒下では晩秋に植えた三色菫が咲いていたのです。今年は裏庭の軒下でも雪のなかに咲く三色菫が見たくて、粘土を掘り起こし花の土を入れ替えて創りました。

子供の頃NHKテレビで、雪の森に待雪草を探しに行かせられた女の子に十二の月の精が現れて雪の森に、一年のそれぞれの月の花を咲かせてあげる物語を見ました。

あの物語の森に住むような気分で雪のなかに咲く三色菫を見ていたいのです。　敬具

雪割草は友達

文化の日の店頭で雪割草の苗を見つけ、早速買い求めて、庭の藤の葉陰に植えました。私にとって庭に咲く花はただ色や形の美しさを愛でるためだけのものではないのです。冬には重い雪の下にあって雪解け直後は痛々しいほど傷ついた姿を見せる草の花たちです。でも早春の陽ざしを浴びて、傷ついていたことを全く感じさせない、その草に初めて花が咲いたときと同じ花を咲かせます。そのような生命《いのち》をもつ花たちは私に生き方を教えてくれる先生であり、友達なのです。

早春の奥山に雪割草の花の美しく咲き乱れる佐渡に生まれ育った私は、学生の頃から、「明日は檜《ひのき》に」ではなく、「明日は地桜《ぢさくら》（雪割草）に」と思って生きてきたのです。

室内で鉢に植えられている雪割草は、私の友達ではないのです。雪の重圧に耐えてなお幼子《おさなご》のような愛らしさで咲く花に私の半世紀を生きてきた姿を照らして、いつも静かに微笑みたいのです。

私の自己紹介

前略　十一月五日頃お手元に届いたと思われますお便りの添え書きは、一層誤解を深めてしまうものと、読み直して思いましたので、繰り返しお便りを差し上げます。これは誤解を解いていただくためのお便りなのです。

私は、今年の夏休み頃、NHKラジオの午後五時頃の番組で紹介された私のファックスに書いてあったように、仕事を第一と考え、夜遅くまで勉強しなければならないために、夫とうまく行かず離婚することになったり、過労死したりしても、それは仕方がないと考えています。それは、公務員に能力給の導入の動きがあるということと無関係ではありませんが、何よりも私が古典が好きだからです。私は二十年近く前に学術書「和泉式部集」を発行してからのむなしさから、生徒たちに直接役立つ大学入試のための授業の研究に方向を変え、国語の全国大会で発表したり、大修館書店「新しい授業の工夫20選」古典編と表現編に二回依頼されて執筆してきたりしました。(注3) また学燈社の「受験の国語学燈」にも、現代文の大学入試の予想問題等の作成とその解答解説を依頼されて執筆してもう十五年近くになります。

それらが可能であったのは、私がお盆やお正月をはじめ人が遊んでいる時間、一人家に籠って、地道な勉強に励んできたからです。

だからといって私は貫禄があるように見られたくはないのです。

紫式部もそうであったように、外見からはぼやっとしていて世慣れていない人に、見られたいのです。

それに私は和泉式部をふしだらとは思っていませんし、その和歌をことさら愛欲の奴隷であったかのように、文法も無視して解釈されるのにも大変不満です。研究を止めた理由はそこにもあります。

でも私は、人が和泉式部はどういう人だったのですかと尋ねたとき、今の私を見て下さい、私が和泉式部その人ですといつでも答えられるように生きて行こうと思ったのです。

私は四年前四十八歳のときに結婚しましたが、それは夫といると、幼い頃両親が素直でいい子だといつもほめてくれた頃の私に戻ることができたからです。一緒にいるときに鏡に写る私の顔は幼児のようだったからです。

西脇順三郎氏は「旅人帰らず」であかまんまの花で遊んだ頃には帰れないことを詠んでいますが、私は（私は幼い頃は母が摘んできてくれた雪割草でままごとをして遊んだのですが、その頃に）帰ることができたと思っていたのです。

私は今月の末日に五十二歳になりますが、この頃毎日、窓から青い空に向かって、逢いたくても、逢えない人の見る青い空に、私の今の姿がそのまま見えて欲しいと祈ります。昨日夫に「私はただ遠い昔がなつかしいだけで、その人と駆け落ちするなどということは考えていないから安心してください。仮に誰か別の人と結婚しても、ミキちゃんのように、食事を作ったり掃除したり、お布団を敷いたりお風呂を用意してくれる人はいないから、全部私がすることになって、そしたら私は仕事ができないから、すぐに離婚してしまうことはわかっています。それにミキちゃんのような心の優しくきれいな人を裏切ったら神様の罰を受けることになると思います。」と言いました。私が今逢いたいのは、二十八年前に別れた人です。二十八年前に、「今はあの人には私をわかって下さいと言っても無理でしょうから、何十年も生きたその後で私のことをわかって下さって許して下さったらそれでいいのです。神様いつかその日が来ますように。」と一人で雪の降る白山神社に祈っていたのです。私には去っていく人を止めることはできないのです。仮に法律でそれを止めたところで、ただ法律だけで人を私のもとに縛っておくことは、その人を愛しているからできないのです。私が「無抵抗」と書いたのはそういう意味なのです。

いつまでも青春を保ちたかったら、酒を飲まない、煙草を吸わない、そして、大学入試問題をいつも解き続け頭が十代や二十代の頃と同じように働くようにする、恋をしてもそれも十代の頃初めて人を恋したと同じ想いで恋する（「美しい十代」や「わが愛を星に祈りて」等に歌われているような恋をする）ことだと思います。

私が二十八年前に恋していたのも、今またその人に恋しているのも、そのような恋なのです。これで少しは誤解を解いて頂けたら幸いです。

拝啓　広瀬久美子様

ただ今の黒田あゆみさんに関するお言葉に大変感動しましたので、仕事を中断して書かせて頂きました。

わたくしも降板することに疑問も感じていました。また騒ぎ立てる週刊誌の見出しを見て不愉快に思っていました。

別のラジオ番組に自分の考えをファックスで送りましたが、どう受け取っていただけたのかはわかりませんでした。

私のようなものが、黒田あゆみさんに励ましのお便りも失礼とは思いましたが、心のなかではご支援の気持ちをお伝えさせていただきたく思っていました。今広瀬久美子さんの黒田あゆみさんに関するお言葉大変感動しました。

日の短さ

拝啓　夜明けが遅くなったことを話題になさっていましたが、私が出勤のために家を出る朝六時も帰宅する六時半過ぎも真っ暗で、庭の花もよく見えません。一週間経って庭の花に面会するというような状況です。

見ないでいるうちに、一度花のときを終えた菊が、最初の花よりも一層色鮮やかな色彩で咲いていたり、蕾が見えていたりしていて、毎日見ているのと違った感動でいっぱいです。

土曜日が出勤のときは、日曜日は「歌の日曜散歩」を家で聴きたいために、帰宅してから買い物に出かけます。昨日は、花もたくさん買ってきましたので、暗やみのなかで灯を頼りに植えていました。室内には一晩でも置かないで、早く土に植えてあげたいからです。

今朝見ると美しく庭に調和しています。

年賀状の原案作成

拝啓　来年の年賀状の原案ができ上がりました。年末も二十八日まで補習で忙しく、今から気が向いたときに少しずつ準備をしないと間に合わないのです。

休日は普段よりは睡眠時間を多くとるのですが、年賀状の原案を創り始めたら結局は、十二時に寝て、朝三時起床ということになってしまいました。

今は別の仕事で忙しいのですが、ファックスも送らせて頂きたくて書きました。

庭には春夏秋冬の花が咲いています。寒くなって手も荒れ易くなったので、今咲いている花だけにしておいて、花を植える仕事を今週はしないで年賀状の原案を創ったのです。

冬のマーガレット

拝啓　初雪の便りも聞かれるようになり、庭の花の色も冷たく澄んでひときわ鮮やかです。下の写真が冬の庭の花です。「蒲公英（たんぽぽ）の忘れ花あり路（みち）の霜」という蕪村の句がありますが、今庭に咲いているマーガレットも忘れ花です。
忘れ花、返り花、狂い花。その季節でないのに咲く花を表す言葉は色々です。

「忘れ草」はつらい想いを忘れるために岸辺に摘みに行ったり垣根に植えたりする草、「忘れ貝」も忘れたい想いを持つ人の拾うもの、「忘れ水」は野原の茂みのなかや岩の陰にある、人から忘れられたような水の流れ、そしてそのような人。「忘れな草」は別れの日に贈る花。

このような「忘れ」をつけて呼ばれるものが好きです。冬のマーガレットの、春や夏よりも澄んだ色で咲く花も「忘れ花」とだけ呼びたいのです。

敬具

いきいきホットライン「友情って大切なことですか」

前略　勤務や帰宅途中であったりして番組は拝聴できませんが少し申し上げさせて下さい。
私は「友情」の場合も室生犀星の詩の、

ふるさとは遠きにありて思うもの
そして悲しくうたふもの
よしやうらぶれて異土の乞食《かたゐ》となるとても
帰るところにあるまじや（省略）

「ふるさと」を「友達」に替えても同じだと思います。友情も甘えられるものとして大切なのではなく、長く続けたい友情のために、自己に厳しくなれる、いつでもお手紙を出して近況を知らせることができるようでありたいと思って、理想に近い自分でいたいと日々努力できるという意味で大切なのだと思います。恋心も友情に変われば、最上の交友関係を続けられると思います。

敬具

いきいきホットライン「ホント？ その優しさ感覚」

「散りぬとも香をだに残せ梅の花恋しきときの想い出にせむ」という歌があります。高校時代ロマン・ロランの「ジャン・クリストフ」のなかにクリストフが青年時代にあこがれていた女性が結婚して昔の面影をどこにも見出だせないほど変わり果てた姿を見て、「主よ私の愛した人はどこへ行ったのでしょうか」と、歎く場面に接して、私はかつて私を愛してくれた人に、また私が愛した人にこのように歎かれることだけは避けたいと思いました。

愛が消えたり壊れたりするのはそれは優しいとか優しくないとかの問題ではなくしかたがないことなのです。純粋に愛していたら、何の思惑も打算も無くただ純粋に愛したらその愛はいつかは壊れていくことを内部に含んでいるのです。それを無理に繋ぎ止めるのは「優しくないことです。

それならせめて、「散りぬとも香を」残して生きていたいです。四季折々の風情のなかでふと人を思い出したとき、恋しくなって尋ねたとき、愛したときの、愛されたときのまま、変わらない姿を見たいし、見てほしいです。

そのために、別れるのも桜がまだ美しいうちに散るように、まだ愛情を残したまま別れたいのです。

それは大変苦しみに耐えなければならないことでもあるのです。

昨今夫の退職金を慰謝料として取るまで離婚しないなどというような話題に触れる度に、「散りぬとも香をだに残せ梅の花」の歌のような優しさが必要なのではないかと思います。

いきいきホットライン「顔」

拝啓　霰《あられ》も降る庭の、落葉した焦げ茶色の木肌の側に、秋桜の濃い桃色の花が咲きました。

先週の木曜・金曜日から小さいラジオを鞄に入れて持ち歩いて拝聴することにしました。

「ステラ」を拝見してわかったのですが、新井さんと私とは同じ年代です。新井さんの同級生と比べて、もし私が若く見えるとしたら、それは半世紀を平板に生きていなかったからです。平板というのは、夫の庇護のもとに安穏と日を過ごしているということです。

ところで、先日の新聞に団塊の世代の男性が青春を再びとバイアグラを買い求めていると書いてありました。私はその顔は青春の顔ではなく、中高年の脂ぎったものでしかなく、青春のなかにある顔とは言えないと思いました。

青春の頃のような恋をすること、好きな人の手に触れただけでも、この世で二つとない大切な宝物に触れたような感動を覚えるような恋をすること。その感動の中にある人は鏡に映る、青春の日の純粋無垢なまま自分の顔を見ることができます。

でもいつまでもただそのような恋をするだけでしたら、私が私を絶対許しません。私の頭脳が青春の日と同じように働き、一方で半世紀生きて流した血や涙のなかで実感した人間の真実の一つ一つを、他の人たちに語る言葉としてもっていなかったら、あるときは幼児のような私の顔が鏡に映るのを私自身が許せません。

私は四十八歳のとき、三十年ぶりに開かれた同級会で出会った夫と交際し結婚しましたが、結婚前夫が訪ねて来て一緒に過ごしている私の鏡に映る顔はまるで幼子のようでした。夫も私も酒も飲まない、煙草も吸わない、そして夫は心のきれいな優しい芸術家です。

ところで、先週の金曜日に、以前の恋人との間の友情は嘘っぽいと、ゲストの方とお話しなさっていましたが、私は嫌いになって恋人と別れたということはありません。後からより強く惹かれる人が現れて、自然に以前の人と疎遠になってしまうのです。高校時代から、私は一度恋した人を恨んだり憎んだりしたくはない、いつまでも美しい思い出として追憶したいと思っていました。炎のような情愛は消えても、長く続く友情は残っていて欲しいと思いました。

私は今一か月に一度くらいは二十人以上の人たちに、私が手入れしている庭の花の風情を写真と文章で表現した手紙を送りますが、そのなかには以前の恋人たちもいます。美しい花への感動をその人たちにも伝えたい、そして私が生きていることを知ってほしいからです。以前の恋人たちに、今も青春の日に抱いたような恋心を抱いているのです。

夫を愛しています。芸術家としてまだ世間に認められているとはいえない夫に、いつまでも陶芸を続けさせたいと思って私は働いています。でも今鏡に私の顔が若い日のまま映るときは、二十八年前に別れた人が面影に浮かび、その声を耳元に聞いているようなときです。

朝、夜、髪型、日常生活、心のあり方によって
いろいろ変わる顔。
写真の左が昨夜、
中央が今朝。三年生の山田亜希子さんや土田清香さんが、三日前の補習のときいつもは結んでいる私の髪を下ろして来て下さいと言ったので、何か月ぶりに髪を下ろしました。
右がこれらより一か月前の私、
年賀状にするために撮り続けていたもので、夫が撮影しました。

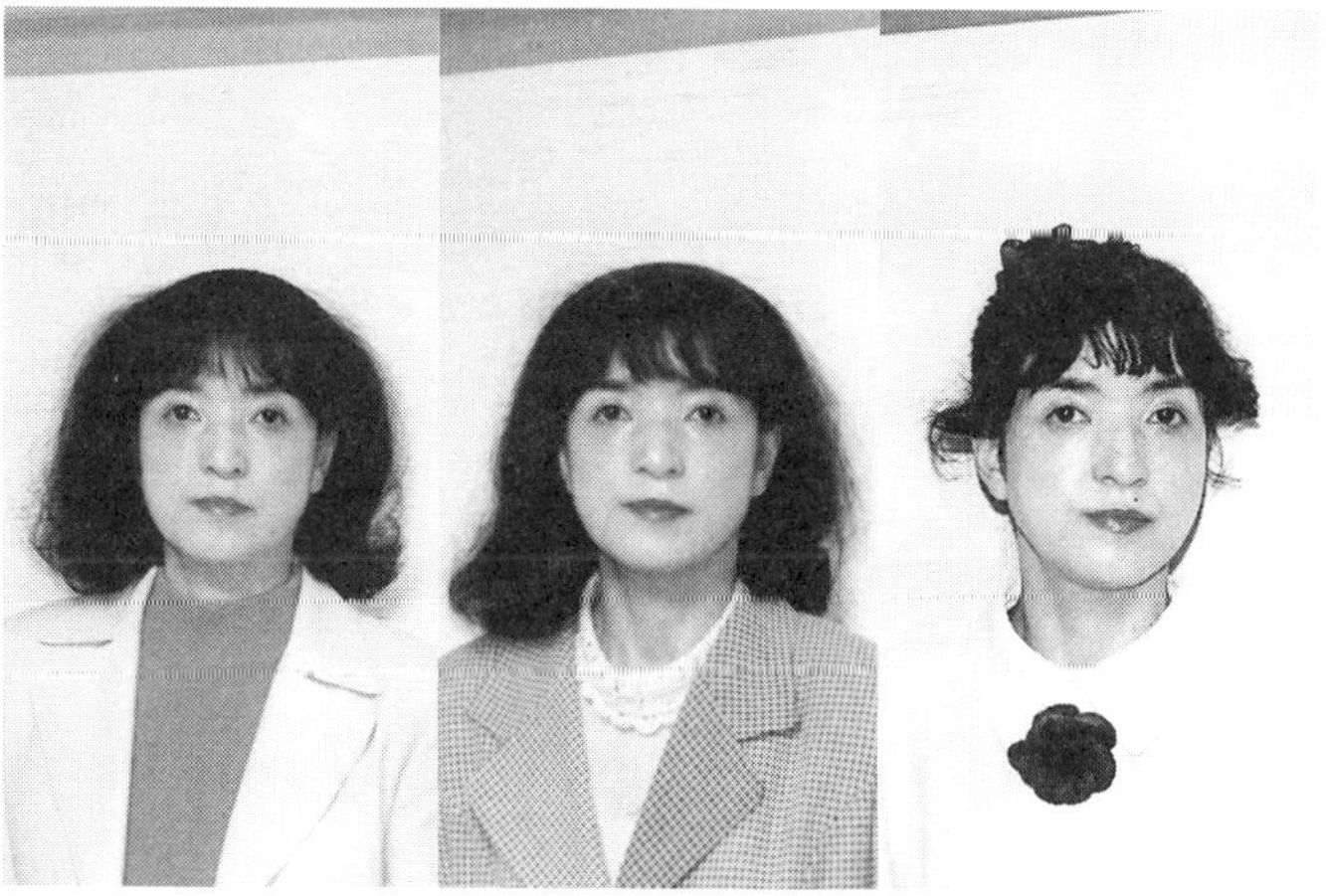

いきいきホットライン「おとなが歌える歌がない」　1・今日街角で歌った歌

今日は校内球技大会で授業がなかったので、西堀にあるメーンバンクである東京三菱銀行の新潟支店に出掛けました。西堀は古町の近くで、古町は、東京で言えば銀座にあたるところです。私は雪混じりの冷たい雨の降るなかで、行くときはグループサウンズの歌っていた「長い髪の少女」を、帰りはバスを待ちながら「ドナウ河のさざ波」を歌っていました。どのバスに乗っていいかわからなくて無駄に長い時間待つことになったのですが、歌っていたので気分はさわやかでした。ふと夫が高校時代私が「アイドルを探せ」を歌っていたというので、おとなになってその歌を歌ったことはないし歌うこともないと思っていたのですが、いつのまにか、歌う歌がその歌に変わっていました。何回も繰り返しバスを待ちながら歌いました。

私は歌は一人鼻歌を歌うのも、聴くのも好きですが、「歌える歌がない」とは思いません。歌に関して望むことは、例えばグループサウンズの歌は当時のものを聴きたいということです。今再結成した人たちが歌うのを見るのも聴くのも好みません。心のなかで大切にしているイメージが壊されるだけだからです。

夏少し疲れていたとき「赤銅鈴之助」の歌を聴いたら元気が出てくるように思われました。

子供の頃や若い日の歌はときとして止めどなく涙をあふれさせるものもあります。でもあふれる涙が、心のなかによどんでいたものを流してくれるので、心は癒されるのです。

いきいきホットライン「おとなが歌える歌がない」 2. 歌がないのではなく歌えない

昨日の放送で「おとなが歌える歌がない」と考えている人が多いとのことでしたが、「歌える歌がない」という人たちは歌があったら歌うのでしょうか、歌うのを忘れてしまっている、心から歌いたいと思うような心理情況ではないだけではないかと思います。

昔から若い人達の歌は前の世代からは理解されませんでした。グループサウンズの歌もそうです。でもいろいろとつらいことうれしいことをたくさん経験してきて、一つ一つの歌詞を読んでも十分鑑賞に堪えるものです。恨みや未練だけを並べたてたような演歌の歌詞など鑑賞に堪えるものではありません。

私は若い人の歌の多くは好きではありません。歌詞も詩的ではなく即物的です。表現する言葉の乏しいのを不幸だとも思います。

でも私自身が歌う歌には不足はありません。

遠い遠い昔夜の浜辺で若者ただ独り竪琴を弾いていた

という言葉で始まる吟遊詩人を歌った歌を中学生の音楽の授業で習いましたが、今でも時々歌っています。子供の頃ＮＨＫの「みんなの歌」の楽譜を取り寄せて歌ったり、高校も得意な美術ではなく音楽を選択して世界の民謡をたくさん習いました。歌える歌は新しいものでなくてもいいと思います。

いきいきホットライン「おとなが歌える歌がない」　3．「エメラルドの伝説」

昨日は私のお便りを読んで下さってありがとうございました。

ザ・テンプターズの「エメラルドの伝説」について前から書きたいと思っていました。

湖に君は身を投げた花のしづくが落ちるように
湖は色を変えたのさ君の瞳のエメラルド
　遠い日の君の幻を追いかけてもむなしい
会いたい君に会いたいみどりの瞳に
僕は魅せられて湖に僕はひざまずき
みどりの水に口づける
（くりかえし）

会いたい君に会いたい
みどりの瞳に口づけを

この歌はそのまま受け入れたくない現実に立たされている人の歌です。美しい物語の世界に逃げているように思われますが、そのように現実を逃避することも、酒や煙草でごまかさないで現実を直視することも倶《とも》に必要です。

秋山の黄葉《もみち》を繁《しげ》み惑《まど》ひぬる妹を求めむ山道《やまぢ》知らずも

という柿本人麻呂の反歌も、妻は秋山の美しい紅葉に魅《み》せられて道に迷ってしまったと思っていたい、現実をそのまま受け入れたくないという点で「エメラルドの伝説」と似ています。後者の「君」は死んではいないでしょうが。

人に恋をするとき、現実のその人とは異なるイメージのものを創り上げてしまいます。その自ら創り上げたイメージのものは、恋の終わりとともにこの世には存在しなくなります。それ故に、一つの恋の終わりは、恋した人の死として実感できるのです。

「エメラルドの伝説」も、柿本人麻呂の反歌も予備知識がなくそれだけ見たのではどんな出来事があったのかわかりませんが、詩が評論と違って思想をそれとなく感じさせるように、何か知らない悲しい事情があるのだと感じさせる方が余情余韻があって好きです。

いきいきホットライン「おとなが歌える歌がない」 4.「帰れソレントへ」

昨日いつもより早く午後四時三十五分頃ラジオのイヤホンを耳にするとすぐに「帰れソレントへ」が聴こえてきました。魂の奥底にまで響き渡るような歌声でした。その後の二曲は亡き母や去った恋人を想う歌ということでしたが、天国まで届くためや、去った恋人の心を振り返らせるためには迫力が乏しいように思われました。「帰れソレントへ」に限らずアメリカ・アイルランド・スコットランド・フランス・イタリア・スペインなどには素晴らしい歌がたくさんあります。その素晴らしさと日本の優れた歌との違いは、世界文学と平安時代を中心とする文学の違いとほぼ似ています。

私は一昨日浜崎あゆみの歌を聴きながらこういう歌に感動している若者がかわいそうだと思いました。またこういう歌に感動できることが若さだと勘違いしている中高年の人もかわいそうだと思いました。結局は根無し草のようにその時々の流行を追いかけるだけのことしかできないと思うからです。

私は子供の頃ひどい僻地で生まれ育ったので保育園も幼稚園にも行ってはいませんがたくさんの童謡を歌えました。誰かがレコードを聴かせてくれたからではなく、NHKのラジオやテレビから流れてきたのではないかと思います。また世界の素晴らしい歌も学校で習う前にラジオやテレビから何度も流れてきていたので知っていました。

視聴率を考慮しないで優れた歌をもっと流すことが必要なのではないでしょうか。それによって新しい歌の歌詞もメロディも今以上に優れたものがやがては創られると思います。

初雪舞う日

拝啓　朝は青空が見えていて、ここだけは新潟県ではないみたいと思っていましたら、今は雪に変わりました。

私はいつも忙しくてたまらないのに、文章を書きたくなると、まず書くことをするために、毎日三時間しか寝ていなかったのですが、風邪で休日に仕事をしないで寝込んでしまったために、期末テストの問題の作成・採点だけでも寝ている暇もないほどの状態になり、その頃心に浮かんでいた美しく色付いた唐楓《とうかえで》の樹に連想されることを書き留めることもできないでいました。採点が終わって、これで好きなだけ書くことができると思ったのですが、書く言葉が全く浮かんで来ないのです。やはり浮かんでいるときに何もかも放り出して書き、その結果夜を昼に変えても、書くことが何もないよりは耐えられるのだと思いました。

雪も白い舞姫がときには優しくときには激しく舞うのを見ているようで楽しいです。

敬具

霙《みぞれ》降る庭のカレンデュラ

拝啓　金盞花《きんせんか》に似たオレンジと黄色の花が冷たい霙《みぞれ》の降る庭に咲いています。カレンデュラです。

この花は「雪のなかで越冬します」という立て札を見て買ったものです。

二十余年前研究のために大学に派遣されていた冬、新宿駅構内で切り花として売られていたのと同じ種類です。

折れた花でも土に挿しておくと根づく花が多いことを以前申しましたが、この花も、勤労感謝の日に何かで折れてしまってしおれたようになっている部分を見つけました。折れてすぐのものではなく、二日くらい経ったと思われるものでもう手の施しようはないかもしれないと思っ

たのですが、蕾もいくつかあるのに惜しいと思い土に挿しました。今は根づいて美しい花を開かせています。

敬具

「わかってください」

拝啓　プリムラジュリアン、リーガーベゴニアが庭に姿を見せ、ハイビスカスも咲き続けている庭に立冬の訪れを告げています。

文化の日の早朝のNHKラジオから流れる、因幡晃の「わかってください」を聴きながら、私はただ泣くだけでした。

幸い夫も遠くの部屋で寝ているので、声を出して泣いても聞きとがめられることはないと思って泣きたいままに泣いていました。

一番わかってほしいのは、二十八年前に別れた人です。でも別れた理由は、周囲の人たちによって引き裂かれたというばかりではないのです。古い日記（本になっているものなのですが）を読むと、私は私の個性が抑圧され続けていることの苦しみ、下積みの苦しみは、たとえ愛してくれる人の温かい胸のなかでも癒されることがないことを綴っているのです。暖い室内を自ら飛び出して、嵐の吹く荒野で自らの体をたたき割ってしまいたいと思うほどの絶望感を抱いていたのです。その絶望感から救われる方向へは、まだ若い私たちには別々に歩いて行くことでしか到達できなかったのです。絶望感よりは懐旧の涙に苦しめられる方が耐えられると私は思ったのです。今もそのことをわかってほしいのです。それで因幡晃の「わかってください」をリクエストします。

敬具

石油タンクの下の花

拝啓　「春はただ我が宿にのみ梅咲かばかれにし人も見にと来なまし」という和歌が、冬の庭に花を植え終わったとき、心に浮かびました。

十二月に入り庭の花も一部はプランターに植え替えて室内に入れ、一部は寒さのなかで朽ち果てました。侘しい枯れ野にも、やがて雪の精たちの優しく激しい乱舞が目を楽しませてくれる日が来るのですが、それまでの日々も鮮やかな花を庭に咲かせていたくて、雪の中で越冬する花を買って来て植えました。

石油タンクの下の花たちです

ところで私の家の庭に大きな石油タンクがあります。その下の小さな空間に、私は小人たちの家で過ごす白雪姫になったような気分でそのなかを覗き込んだり体を縮めて入ったりして花を植えました。庭のなかで雪に埋もれることの少ない貴重な一つの空間なのです。カレンデュラの花を庭に植え終わったとき、心に浮かんだ和歌を私は、「冬はただ我が庭にのみ花咲けばかれにし人も見にと来なむ」という詞足らずの歌に改めたのです。

魔力を再認識させられた雪のなかでも軒下や石油タンクの下の花たちは色鮮やかです。

敬具

冬のポーチ

拝啓　昨夜雪の降るなかでポーチに置くプランターの花を植えました。寒さに強い花の鉢をたくさん置いてあったのですが、強風で倒れる心配のないプランターに移し替えたのです。

今朝は雪が降り積もっていますが、前庭や裏庭の軒下や、石油タンクの下、ポーチに地植えやプランターに植えた三色菫やプリムラジュリアン、カレンジュラの黄色オレンジ、ピンクの花の色が大変鮮やかに見えます。

またポーチにある数鉢の寒梅も、まだ堅い蕾ですが紅の花の咲くさまを想像させて楽しませてくれています。

このような花は太平洋側では冬のどこにでも見られる珍しくない風景かと思われますが、日本海側では、少なくとも自宅付近でも通勤途中でも買物のときもみたことはありません。

写真は雪が降り止んでからのポーチの右側と軒下の花の一部です。寒梅の鉢や軒下の花たちも二三日雪の下に隠れていました。

敬具

雪の中の生活と花

平成十一年十二月二十一日早朝。一晩のうちに深く雪が降り積もっていました。突然のことなので準備してなかったのか除雪車は来ません。深い雪のなかを車は進みません。歩かなければなりません。大型車が通った轍の上だけが歩けるところです。深く細く続く轍の上は平均台の上と同じです。平衡を保つことができなければ雪の上に倒れてしまいます。

夫が私の手をつないで一緒に歩いてくれました。朝六時の暗い雪道を駅まで三十分歩きました。私の心は幼い兄妹が手をつないで山の分校に通うという物語のなかにいました。

幸いいつもより三十分遅く七時五十分に勤務先に着きました。後の電車は一時間も遅れてしまったと聞きました。

そんな雪のなかに暮らす私の冬支度は、三色菫・ひな菊、寒梅、プリムラジュリアン・カレンデュラなどの寒さに強い花を前庭や裏庭の軒下、石油タンクの下、ポーチに置くプランターや鉢に植えることです。花は恐ろしい力ももった雪の降り積もる庭にあって愛らしく咲き続けます。花は語り合う言葉をたくさんもった友達です。

幼い日の年末

ふるさとで正月を過ごしたのは何十年も昔ですから今はすっかり変わっているかもしれません。私の生まれ育った佐渡郡相川町戸地では、お正月とお盆とお祭りが近づいたときだけ開かれるお店がありました。晴れ着を着たときに履く下駄を売るお店です。昭和三十年代は、テレビもモノクロ、旧暦の正月の頃の周囲は荒涼とした枯れ野か、墨絵のような雪景色でしたから、新しい下駄にのみ美しい色彩を見ることができました。私は新しく美しい下駄がたくさん並んでいるお店の前がとても好きでした。
大晦日の晩には早く風呂に入って身を清めました。心まで洗い清められたような気分で新しい着物を身につけるのも好きでした。

沢田研二「TOKIO」
前略　昭和五十四年の「紅白歌合戦」で沢田研二の歌った歌をリクエストします。
その年は私は研究のために大学に派遣されていました。友人が外国の大学に派遣されている間留守にしている家を貸してくれたので、私は東京の一軒家で誰に遠慮することもなく研究に没頭できました。和泉式部についての研究を一冊の本にまとめる絶好のチャンスと思い一日平均十五枚の原稿を書いていました。
派遣されたことでわたしは初めて自分が生きていてよかったのだと思えました。原稿を書いていて、大洋の真ん中を航海する人のように進むことをやめたら溺れるしかないと思い、大晦日もお正月もなく書き続けていました。そんな私に唯一聞こえたのはテレビから流れる音です。子供の頃からラジオやテレビを見聞きしながら勉強をしていたので、命がけで原稿を書いているときも沢田研二の歌は快く耳に入ってきました。

追憶一九八二年

下の写真は一九八二年夏、高松市の全国国語研究大会の会場の前で写してもらったものです。この大会で「和歌を利用した文法指導」を発表しました。一九八二年は拙著「和泉式部集」が刊行され、「菫色の涙」の歌に偲ばれるような出会いもありました。

私はむなしいということを知っています。むなしいときは襤褸《ぼろ》を纏《まと》い髪を乱したまま荒野をさすらい続けることしかできないのです。

子供の頃服飾デザイナーにもなりたい

と思っていました。でも、心のむなしさを隠して華やかな衣服に身を包むことはできません。
この頃は生まれてきたことを肯定できるようになっていたのです。

いきいきホットライン「父と娘」

父は幼い私が最初に結婚したいと思った人です。薔薇や牡丹や菊を大切に育てていて、私たちがちょっと触っても厳しく注意するのですが、美しく咲いた花の三本くらいを花束にして学校へ持っていって先生に教室に生けてもらいなさいと言って手渡します。お花屋さんもない私の村では子供たちのなかで私だけが美しいものを手にしているのです。そのうれしさのなかで、「私はお父さんのような人と結婚したいけれども、そういう人にはこの世で巡り逢えないと思うから一生独身でいることにしよう。」と思いました。

父は厳しい人で娯楽ということの意義を認めませんし、金を儲けるための商業主義にも批判的でした。そして私たちは父の前ではＮＨＫのラジオやテレビしか拝聴できませんでした。小学生のときから国会討論等を拝聴して一党に偏らないものの見方を教えられました。

そんな父の思い出で一番うれしかったことは、いろいろな事情で私が人と別れなければならなかったときに、「男性には仕事が大切なのだからお前が身を引きなさい」と言ったことです。父が私をどんなに大切にしていたかを一番知っているのは私です。その娘に対して誰かを責める言葉は吐かなかったのです。

幼い子どものように分別もなくしていたその頃の私は、ただ父の膝に顔を埋めて泣くだけでした。私はそのときの父の冷静な判断と、二十三歳にもなる娘がその膝のなかで泣き崩れているのを黙って見守ってくれていた優しさをいつも一番うれしかった父の姿として思い出します。

父と娘

下の写真は一九八七年心臓の手術で新潟市の病院に入院した父を見舞ったときのものです。東京駅で横浜の叔母や従姉妹の恵子ちゃんと待ち合わせ、三人で新幹線に乗りました。洋蘭の花は叔母と恵子ちゃんの父へのお見舞いです。

看病してくれている姉の幸子と叔母リツにも会えるので、毎週父のいる新潟の病院へ新幹線に乗って見舞いに行きました。

佐渡と越後は海を隔てています。そのためにどんなに苦しいときも故郷が恋しいときも帰ることはできず、「ふるさとは遠きにありて想うものそして悲しくうたうもの」でした。

母が新潟市の病院に入院していたときも毎週母のもとに帰っていました。陸続きであったらいつでも会いにいけましたのに。

父の最期も母の最期も私は看取ることができませんでした。

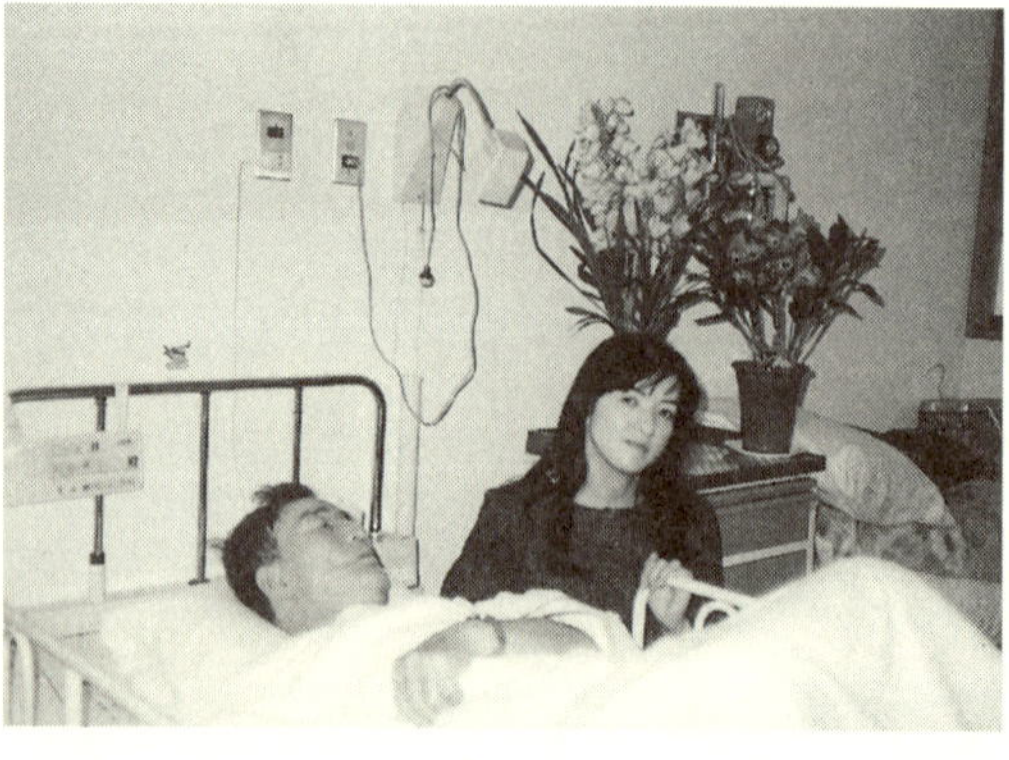

高校時代の同級会　その1

下の写真は一九九五年十一月二十三日に開かれた、高校を卒業して三十年近く経って初めての全クラス合同の同級会の写真の一枚です。

右から、中学校も同じ三人、ひろ子、千枝子、道子（父方の従姉妹）。そしてこの出会いがきっかけで五か月後に夫となった三喜廣

一緒に記念の写真を撮りたいと思って道子から頼んでもらったのです。グループサウンズのメンバーの一人が当時のままの姿で現れたという印象を受けました。

後で陶芸家で独身と知りました。

高校時代の同級会　その2

二枚の写真は一九九五年十一月二十三日に開かれた、高校を卒業して三十年近く経って初めての全クラス合同の同級会の写真の一部です。好きな友達が皆進学する学校という理由で選んだ高校で、新たに出会った人たちも素敵な人たちばかりでした。それゆえに大学生になっても忘れられなくて、高校へ帰りたいと思い続けました。再び高校生にはなれないので、教師になって帰って行こうと思っていたこと等をこの会の開催の手紙を受け取ったとき思い出しました。

この日一緒に歌った歌は、「高校三年生」、「美しい十代」「青春時代」などでした。

好則にもこの日高校を卒業してから初めて会いました。上段の写真の前列の左から純一、千枝子。下段の写真の左から好則、千枝子、章、ひろ子。

中学時代の同級会

下の写真は一九九六年八月十七日、故郷佐渡で開かれた中学時代の全クラス合同の同級会のときの一枚です。右から千枝子、万二郎、徳次郎。

この日好則も東京から帰って来ていました。この写真を撮ったのは輝機で、この会の幹事もしていました。

この年の五月結婚しましたが、家を新築中で三条と新発田に別れて住んでいました。夫も一緒にこの会の終了まで佐渡に滞在していて、両隣の揚島や平根崎まで歩きました。

この会の間ずっと、実家のまだ馴染みの浅い姻戚関係にある大勢の人たちのなかに一人いる夫が気がかりでした。

雪の庭に咲く

拝啓　百十《ひゃくとお》。この数は今日の庭に咲いている花の株の数です。スミレ科の三色菫、キク科のひな菊、冬菊、カレンデュラ（金盞花《きんせんか》に似た花）、サクラソウ科のプリムラ、オブコニカ、何科かわかりませんがストック、ゼラニウム、カーネーションです。

でもこれは暖冬のせいではありません。十二月二十一日に除雪車が来ないと家から車で出られない程雪が降り、その雪の下に一週間も圧迫されていたものもあります。そのころ室内（夜中と早朝は暖房のない工房）のプランターのなかで、ハイビスカスやベゴニアのあるものは寒さに朽ちてしまったのです。

室内のプランターの花は前にあげた数には入っていませんが、そこではマーガレット、サイネリア、桜草、リーガーベコニア、アザレアが咲いています。

雪が降ってもこれらの花は咲き続けています。但し雪の下にならない、軒下やポーチなど

植える場所が限定されます。

敬具

岩海苔摘み、そして母

拝啓　明るい青空の厳しく冷え込んだ朝です。雪の上を歩くとバリバリと氷の割れる音がします。このような朝はいつも故郷の佐渡の、私の生まれ育った、シベリアからの風がまともに吹きつける海辺の集落では、寒海苔の口が開くような天気だなあと思ってしまいます。

冬の晴れた朝は冷え込みが厳しいのですが、海苔を摘むには絶好の天候です。厳しい自然の条件は海苔の味を大変良いものにしますから、高値で売買されます。また摘んですぐの海苔を家でおみそ汁に入れると大変美味しく、佃煮にしても美味しいので、故郷を離れた子供たちにも送りたいと母親たちは海苔を摘みに海の中にある岩場に出かけていきます。厳しい寒さの上にすべって海に落ちて亡くなるというような危険もあるのですが、母親たちは早朝の岩場に出ていきます。

大寒の海で早朝から海苔を摘んだ母は十二年前に亡くなりましたが、子供のために身を削っていてもそれが生きがいだと言っていた母まで思い出させる、晴れた寒い朝です。

冬の花園 — 雪のなかに咲く三色菫

下の写真は二〇〇〇年一月の雪のなかの、裏庭の軒下に咲く三色菫です。前庭の軒下、ポーチにも花が咲き乱れていて冬の花園のようです。

長い冬の陰うつな空の色と降り積もる雪。そういう固定観念のある新潟の冬。その冬に庭には花が咲き乱れていて冬の花園のようです。

「神曲」のダンテが辿り着くことのできた天国とはこの世にあったのです。地獄から煉獄、煉獄から天国へと至る旅は生きているときにするものだったのです。そのような旅を可能にしてくれたもの、それは知と愛です。

花を心の寂しさを慰めるものにはできないのです。心が満たされたとき花が顧みられなくなるのが嫌だからです。心のなかに花が咲いているとき庭にも花を咲かせるのです。

雪にも負けず――芽吹きの頃

拝啓　小高い丘のようになっている屋根から落ちた雪。その上を踏むと氷が割れるバリバリという音がします。その音を繰り返し聞きながら両手で如雨露《じょうろ》を持って踏みます。ポーチや前庭や裏庭の軒下や石油タンクの下に咲く花に水をかけるためです。

先週は今年一番の冷え込みと雪のなかにあった花ですが、雪が解けて現れたのは霜枯れ色あせた無残な姿でした。でもよく近づいて見ると古い花の間に新しい無傷の鮮やかな花の蕾がたくさんあるのです。

古い花を摘み水を注ぐと生き生きした美しさになりました。古い花を摘み取っていてふと見ると裏庭の軒下の三色菫やプリムラの間にチューリップの芽も出ていました。

敬具

いきいきホットライン「自分の言葉で語っていますか」 自殺について

民放のニュースで樹海で自殺したい人を引き止めてレポーターが「命は尊い」のだからと言って自殺を無理矢理阻止した。

「命の尊さ」は、その言葉を発する人の体験を通してその人の言葉になったものではなく、ある一つの事例に、決まって使われる言葉でしかないから、果たして「命の尊さ」という言葉が死を選ぶしかないと思っている人や、今後死にたくなるという場面に直面したときに思い出させて生きさせてくれるものではないといつも感じてきた。

よくドラマなどで自殺を図った人が早期に発見されて、目が覚めて、助かってうれしい、もう死ぬなどということは二度と考えないと言って泣いて喜ぶというような場面があるが、それも、あるパターン化された言葉のように嘘っぽく響く。

前述した番組の担当者は人助けをしたと自己満足しているかもしれないが樹海で自殺しようとした人は、別の日か別の方法で結局は死を選ぶような気がする。なぜなら自殺しようとした原因の根本にあるものはなんら解決されていないからである。

「命の尊さ」といった単なる美辞麗句を並べるだけでは自殺するしかないと思い込んでいる人を救うことはできないということを認識して、各自が自分の体験を、例えば、自殺が成功しなくて生きていて、そのときはただ死神からも見放されたというむなしさだけを噛みしめて、単に呼吸だけしているような日々を過ごした日々もあったが、しかしその後の人生の方が、素晴らしい人々との出会いや自己の夢の実現を可能としてくれたこと等、今生きていてよかったと思っていることを話すべきだと思う。そのためにはただ人生が人並みに平穏無事であればよいといったような生き方でないことが必要となる。

いきいきホットライン「自分の言葉で語っていますか」 くどき文句について

くどき文句の善し悪しはあまり重要でないと思います。ただ「好きだ」とその一言ははっきり言わなければならないと思います。

言葉で表現してくれなければ、心は伝わらないのです。中学時代とても仲の良かった友達がいました。当時は高校入試で不合格になる生徒の数も多く、半数近くは高校へ進学しなかったので、落ちたら中卒で就職する人もいました。私の友達もそうでした。

高校二年生の冬休みに私の家へ訪ねてきたとき、その人が帰ってから母は私に「おまえのようなひねくれた娘でも訪ねて来てくれる人がいて私は大変うれしかった。」と言ってくれました。でも私は別に母が喜ぶほどのことでもないのに、いつも隣に住んでいる○○子さんがちょっと訪ねてきたのとちっとも変わらないのに、なんて単純な母親なのだろうと思っていました。私はその人が訪ねて来たことをその程度にしか受け取っていなかったのです。

でもその人が亡くなって、私のことがたくさん書いてある日記を読みました。こんなに心に思っていても一言も言ってくれなかった、悩んでいたことの一つだって打ち明けてくれなかった、知っていたら私だって意地を張ることはしなかった、そうしたらその人がストレス解消のためにバイクで遠出をすることもなかったし、事故で亡くなることもなかったのにと、さらに悲しみが増してきました。

その人が亡くなってからは私は簡単に自殺ということを考えてしまうようになりました。死ぬことはその人の側へ行くことなのだとも思えたからです。

誠意のこもった「好きだ」の一言で心は通じますので、言葉で心を伝えて下さい。

ひな菊に偲ぶ

一九九九年も暮れようとする、夕暮れ、ドミンゴの唄う「帰れソレントへ」がラジオから流れていました。それは魂の奥底にまで響き渡って眠っていたものを呼び覚ましました。

突然中学校を卒業の頃の日々が甦りました。尖閣湾がノルウェーの峡湾ではなく南の国のナポリやソレントの入り江に見えていたあの暖冬異変といわれた冬の日々。雪の降り積もった日もあって、邦行が家から出てくるのを待っている私の足元の積もった雪の間に濃い桃色のひな菊の花が咲いていました。

邦行の三十三回忌が過ぎた今年の冬も私の家の庭にはひな菊が咲いています。

この度原稿を整理するときに、私の夫と好則の許しを得て、私の許にある邦行の日記の私に関する部分だけ一緒に載せることにしました。そしてあの「帰れソレントへ」の唄に呼び覚まされた遠い日々の物語も。

〈注1〉

戸地学友会歌

一、きんぽくのゆき　とけそめて
金北の　　雪　　とけそめて
くさきはみどりに　もえいでる
草木　は緑　　に　燃えいでる
ひばりのうたに　あわせつつ
雲雀の　歌に　　合わせつつ
われらははるを　たのしまん
我等は　春を　　楽しまん

二、うみのかなたに　くもわきて
海のかなたに　　雲わきて
かもめのまゆる　なみのまに
鴎のまゆる　　波の間に
おどるかいわん　われほこる
踊る　怪腕　　我ほこる
ついにはこえん　はてまでも
ついには越えん　果てまでも

三、めぐるいなだの　みのるころ
めぐる稲田の　実るころ
かいかをあわす　がくゆうの
会歌を　合わす　学友の
しるしはのぼらん　たからかに
印はの登らん　　高らかに

すすまんかなや　たおるまで
進まんかなや　倒おるまで

四、シベリアほっぷう　ふきすさび
シベリア北風　吹きすさび
しかいのなみの　たつところ
四海の　波の　立つところ
よするどとう　われわれの
寄する怒濤　我々の
つよきちからの　あらわれぞ
強き　力の　現れぞ

学びの窓

一、ゆうしせんしゅう　うごきなき
勇姿千秋　動きなき
きんぽくさんは　ひがしに
金北山は　東に
いちぼうばんり　はてしなき
一望万里　果てしなき
にっぽんかいは　にしのかた
日本海は　西の方

二、せんをかぞふる　みほとけの
千を　数ふる　御仏の

はぐろのおかの　まつあおく
羽黒の　丘の　松青く
ちんじゅのみやを　なかにして
鎮守の　宮を　中にして
とわにさかえん　わがさとは
永久に栄えん　我が里は

三、ながれたゆせぬ　とじがわの
流れ　絶ゆせぬ　戸地川の
きよきせおとに　すめるちは
清き　瀬音に　住める地は
ここぞわがさと　がくゆうの
ここぞ我が里　学友の

しるしはおおしく　かがやけり
印は　雄々しく　輝けり

四、たてよがくゆう　わがさとの
立てよ学友　我が里の
たじつのせめは　われわれの
他日の　責めは　我々の
ふたつのかたに　かかりこん
二つの肩に　関りこん
いざやはげまん　はらからよ
いざや励げまん　同胞よ

応援歌

みどりぞ　いろこき　はぐろの　おかの
緑ぞ　色濃き　羽黒の　丘の
じゆうの　かねのね　ひびきてゆけば
自由の　鐘の音　響きてゆけば
えいこうはてなき　われらのせいは
栄光　果てなき　我等の　精は
れいめいつげんと　あまかけるかな
黎明　告げんと　天駆けるかな
おおしくながるは　とじがわのほとり
雄々しく流るは　戸地川の畔

げっかにおどるは　われらがともよ
月下に　踊るは　我等が　友よ
ただしくのびゆく　むごんのりそう
正しく　伸びゆく　無言の　理想
おごそかに　ほっきょくせいを　あおぐかな
厳かに　北極星を　仰ぐかな

元気よく大きな声で歌おうお盆までに
必ず覚えてね！！

氏名

戸地学友会

〈注2〉

我家の歴史

我家の先祖、伊野清之助は加賀金沢百二十四万石の大名　前田綱紀（前田利家から五代目）の一番家老の側近で武術にすぐれ柳生十兵衛三厳が父但馬守宗矩に勘当され諸国武者修業の折、頼まれて柳生流の極意宝正伝を教えたお礼として、お盆に一ぱいの黄金をもらったと伝えられている。そのお盆は今も金津嘉右エ門家の家宝として残っている。ある年の盆の十六日の虫干に加賀家の重宝一品を紛失し、又松の木を植えた鉢をあやまって割ったかどにより、主家を追われ浪々の身となる。寛文の始め頃（二十歳前後と思われる）佐渡に渡り身分を隠して、名を嘉兵衛とかえ戸地の車町（第二発電所の上の一帯）に住んでいた。金沢屋と名乗り加賀の金沢と物資の交流（問屋）を行い相当に繁盛していたものと思われる。金を貸してそれがとれないので田や屋敷を代わりにとり、田畑山林も相当求めていることからもうかがえる。

宝暦二年、桃園天皇の御代嘉兵衛の伜嘉右エ門が誰かに頼んで（仲介人故山本愛蔵）父の前身を調べてもらった（抜粋して解読したもの）。それが金津嘉右エ門家にあり、それに以上のようなことが書いてある。前佐渡高校の田中圭一先生（現筑波大学教授）並び前相川高校の佐藤利夫先生に見てもらっ

たところ、その内容には間違いはないものと言われた。(古文書のないのが残念である)

寛文八年二月十一日、嘉兵衛は戸中村三郎兵衛から買った車町の屋敷を代官曽根五郎兵衛の代、相川金山から来ていた買石金右エ門善兵衛にとられた。その後金右エ門善兵衛が相川へ引き上げて空屋敷になっているので稗田にしたいから返してもらいたいと嘉兵衛名儀で一度嘉右エ門名儀で一度・二度も羽田組地方役に願い出ているが、いれられなかった。その古文書が我家にも一部ある。

寛文十年八月八日、嘉兵衛は今の屋敷(嘉右エ門、藤右エ門一枚屋敷)を善左エ門、甚五郎、与三の三人から譲り受けて車町から引き上げてここに移住し今日に及んでいる。

元文二年十一月(一七三七)嘉兵衛は末子藤右エ門を連れて田畑山林、屋敷合わせて十五ケ所と備前吉井の住人、清則の名刀(脇差)一ふりを持って奥へ隠居した。そのとき証文には、(田畑、山林は地名と反別が記してある)おくりくれ主、親戸地村嘉兵衛、嘉兵衛二代嘉右エ門、五人組、次兵衛、組頭、治右エ門、名主、源兵衛、それぞれ記名捺印し、藤右エ門殿と書いてある。そのなかのかやの上々田一反八畝十一歩(中かやのの上の弥次平田の下)とかやの北またの下の方、佐エ門次郎田の下の三角田上田二畝二十八歩、かやの上々畑六畝二十歩

（新でん）の三ケ所と嘉永三年三月に車町の丸塚の土地を戸地村興治右エ門から買ったものと合せて四ケ所、金津藤四郎が隠居の際持たせてやった。それが何年のいつ頃か、七十八枚の古文書のなかには見当たらないのが残念でならない。今あるかやの、北また上々田三反十二歩は享保十二年（一七二八）兵左エ門に金を貸したが返せないし、年貢もおさめられないからとってもらいたいと、本人ならびに親類作兵衛、百姓代、弥吉、組頭、権左エ門、名主四郎左エ門、それぞれ記名捺印し、藤右エ門殿と書いてある。

寛永五年（一六二八）車町には前述のように買石、作右エ門、治右エ門、金右エ門、善兵衛等が居て、相川金山から金鉱石を運んで来て水車で石うすをまわし粉砕して選鉱作業を行っていた。なかでも金右エ門は最も財産家で、家の壁には金の粉をちりばめ、床置には金の鶏を置き、燦然と輝いていたと伝えられている。（佐渡相川の歴史より）

昭和になってから（早い頃）藤四郎へ女の法華経の行者が来て、車町の丸塚に金の鶏が埋まっているというので、私の父を始め大ぜいの親類が何日も堀り返したが金の鶏は遂に出てこなかった。我家にある打羽太鼓は、その女の行者からもらったものである。前述の金右エ門善兵衛にとられた屋敷もこの丸塚ではなかったかと思われる。

天保八年（一八三七）七月十一日、藤右エ門と伜太郎連書で末子友吉に長沢の田一ケ所譲った証文があるが、この友吉がその後相川奉行所の役人に抜てきされて奥田友吉と名を改め、天保九年四月に羽茂村上山田の善兵衛が佐渡一国の総代となり、年貢が高いから安くしてもらいたいと相川奉行所に訴状を出した。その写が我家の古文書のなかにある。この奥田友吉が晩年相川に住みつき藤右エ門屋と名乗り隠居した。今も藤右エ門屋の講中の太鼓を入れる箱に奥田藤右エ門とはっきり書いてある。（明治になり福田と改姓した）

天保七年（一八三六）九月、長次郎屋敷（今の由平土蔵と納屋）奥行四間五尺、巾八尺（六坪五歩）更に二〇歩合わせて六坪二五歩、長次郎が藤右エ門から金を借りてそれが返せず、年貢も納められないから取ってもらいたいと親長次郎伜万治郎、親類長右エ門、弥右エ門それぞれ記名捺印し、更にもう一枚には屋敷主長次郎、親類、作左エ門、五人組、嘉右エ門、名主伊左エ門それぞれ記名捺印し藤右エ門殿と書いてある。その外に藤右エ門納屋と由平納屋、土蔵の間のシヤツコ（境界）の山側に八五五番地の二に十三坪の土地があり、更に嘉右エ門土蔵と藤右エ門外の便所の間のシヤツコの西側八五五番地の三に九合五勺の土地（金津ハナ名儀）由平便所と藤右エ門畑のシヤツコの西側に八五五番地ノ四に三合九勺の土地（大正十一年十一月十八日までは大林藤松名儀、それ以後売買により山本治作名儀）登記簿にはっきり載っている。（いずれも我家の枝番地）明治十四年十二月に市右エ門がこの長次郎屋敷に家を建てたいから売ってもらいたいとの申し出があり、かなえてくれて有難かったと礼状が来ている。宛名は大林藤作（祖父藤松の父）私と同じ名前なので驚いた。

大正六年、祖父藤松が部落総代の年に北狄～戸地間の県道が開通し、市右エ門が千佛堂下に移転したのでその空屋敷を由平が買い、大正十一年に土蔵と納屋を建て、そのときに北側の我家の土蔵との間の土地を汚し紛争となり、この次の建替のときは十対八の割合で境界（シヤツコの奥の境石）より下がると本人並に親類六辻周蔵、山口六蔵、それぞれ記名捺印し、十一年旧暦二月二十五日付で詫状が我家に入り今日に至っている。

大家の嘉右エ門と隠居の藤四郎が金津なのに、我家だけが大林なので不思議に思い大林一族なる本を調べたところ江戸の幕臣に大林なる人がいて、寛政五年六月に佐渡奉行となり善政をしいた名奉行だったとのこと。明治になり百姓にも苗字が許されるようになったので祖父藤松の父藤作がその名奉行にあやかりたいと思い大林という苗字にしたものと思われる。

この由緒ある先祖の名を恥ずかしめない

よう、自粛自戒清く正しく余生を送りたいと日夜念願している。後に続く子や孫達一同、少なくとも他人に後ろ指を指されないよう頑張ってもらいたいものである。

文政十一年（一八二八）太郎右エ門より出火し部落の大半（六十七軒）が焼け大火にも類焼をまぬがれ、更に大正四年旧九月十五日（夜祭）六右エ門納屋から出火したときの火災にも住宅は全焼したものの、土蔵が無事だったため、我家に残る七十八枚の古文書のうち主なるものは前相川高校の佐藤利夫先生が解読してくれ、更に戸地出身の三浦啓作君が七十八枚全部解読してくれた。思い出しては読みふけりながら、どうにか我家の歴史をまとめることが出来た。

お二人に厚くお礼を申し上げる。

平成二年六月二十五日

大林　藤作

〈注3〉

研究経歴書

一九七〇年一二月卒業論文「和泉式部論」をまとめる。指導教官佐藤謙三学長（当時）
一九七二年度新潟県教育センター国語定期研修員として「高等学校における文法指導の問題点」というテーマの実践研究を発表
一九七七年第一八回全国高等学校国語総合研究大会（宇治市にて開催）「古典甲の授業における教材の精選」というテーマの実践研究を発表
一九七八年度新潟県教育センター国語定期研修員として「古典指導における語句の効果的な取り扱い方―内容理解を深めるために」をまとめる。
一九八〇年二月研究書『和泉式部集』の原稿をまとめる。
一九八二年一月研究書『和泉式部集』を白帝社より刊行
一九八二年八月第二三回全国高等学校国語総合研究大会（高松市にて開催）「学習意欲を高めるための古文の授業における創意工夫―和歌を利用しての文法指導」を発表

一九八三年八月第二四回全国高等学校国語総合研究大会（栃木県鬼怒川にて開催）にて「国語科における大学入試対策」というテーマの実践研究を発表
一九八四年一〇月発行教育出版センター『実践国語教育情報』に『国語Ⅱにおける古文の指導について』を発表
一九八五年八月第二六回全国高等学校国語総合研究大会（岐阜県下呂にて開催）「大学入試問題文の分析」を発表（なおこれは同年の八月号『受験の国語學燈』に「私がススめる国語の勉強法」の欄のものを具体例をあげて説明する形で発表したもので、特にこの発表のための原稿はまとめではなく授業で扱うプリントを参考資料として紹介した。）
一九八六年九月刊行大修館書店「新しい授業の工夫二〇選」に「和歌を利用しての文法指導」を執筆。
一九八七年「月刊国語教育」九月号に「歴史的背景を持つ作品とその指導」を執筆
一九八七年十二月号・一九八八年二月号「高校教育展望」（小学館）に「表現力を高めるための授業」を執筆
一九九二年新潟県教科指導員としての共同研究「大学入試の二次試験の記述力を高めるため

の授業―現代文―について」を担当して執筆
一九九三年東京法令「月刊国語教育」に「原文で読む古典のおもしろさを実感させる」を執筆
一九九八年九月刊行大修館書店「新しい授業の工夫二〇選」に「古文学習と関連させた表現指導の工夫」を執筆

おわりに

仕事に追われて睡眠時間も三時間という生活が続くと休日に鍬を持って土を耕して花を植えたくなってしまうのです。そのためには休日であっても午前三時に起きて、六時には庭で動いていなければ、仕事に差し障りが出てきます。コートの上から体を濡らすほどの大雨の中で花を植えたり、雪の降る夜に外でプランターに花を植えたりします。こうして花に接していると、いつも新しい発見に感動し、感動が言葉になるのです。

仕事中心の生き方を見直そうという考えもありますが、仕事、私の場合は古典の授業ですが、それを第一と考えて生きているので、花一杯の庭を見たくなって、突然雪の中を花苗を買いに出かけたいとせがんで夫を困らせます。それほど夢中になるので流れるように言葉が溢れてくるのだと思います。忙中閑ありという状態故に結果として、思いがけないことなのですが、「冬の花園」が生まれました。

最後に「冬の花園」の出版のためにご尽力下さった白帝社社長佐藤康夫氏はじめとする皆様に心から感謝申しあげます。

二〇〇〇年四月

臼杵　千枝子

冬の花園　定価【本体一四〇〇円+税】

初版発行……二〇〇〇年五月三十一日

著　者……臼井千枝子

発行者……佐藤康夫

発行所……株式会社白帝社

171-0014　東京都豊島区池袋二―六五―一

TEL〇三（三九八六）三二七一

FAX〇三（三九八六）三二七二

組版・富士リプロ　製本・蒼洋社

E-mail : info@hakuteisha.co.jp　ISBN 4-89174-443-X　C0095

http://www.hakuteisha.co.jp/